Tiancom 天维

U0961890

银行绩效管理

理论与实践

天维银行绩效考核最佳实践研究所◎编著

BANK PERFORMANCE MANAGEMENT THEORY AND PRACTICE

中国经济出版社
CHINA ECONOMIC PUBLISHING HOUSE
·北京·

图书在版编目（CIP）数据

银行绩效管理理论与实践 / 天维银行绩效考核最佳实践研究所编著. --北京：中国经济出版社，2019.6（2024.3 重印）
ISBN 978-7-5136-5556-9

Ⅰ.①银… Ⅱ.①天… Ⅲ.①商业银行-企业绩效-研究 Ⅳ.①F830.33

中国版本图书馆 CIP 数据核字（2019）第 034259 号

责任编辑 张利影
责任印制 马小宾
封面设计 任燕飞

出版发行 中国经济出版社
印 刷 者 宝蕾元仁浩（天津）印刷有限公司
经 销 者 各地新华书店
开　　本 710mm×1000mm 1/16
印　　张 22.75
字　　数 340 千字
版　　次 2019 年 6 月第 1 版
印　　次 2024 年 3 月第 3 次
定　　价 52.00 元
广告经营许可证 京西工商广字第 8179 号

中国经济出版社 **网址** www.economyph.com **社址** 北京市东城区安定门外大街 58 号 **邮编** 100011
本版图书如存在印装质量问题，请与本社销售中心联系调换（联系电话：010-57512564）

序　言

金融业开放、互联网金融的发展、移动支付的出现大大加剧了银行业的竞争局面，中国银行业面临前所未有的压力，银行业务由卖方市场转变为买方市场。当前，银行业已进入大变革、大转型的时代，面临开放竞争和经济下行的双重压力，构建精细化管理体系迫在眉睫。

“L”型经济走势下，大量的企业经营出现困难，尤其是在“三去一降一补”和生态环境保护宏观政策下受到冲击的行业，其经营压力直接传导到银行业，具体表现为明显的存款下降、不良贷款上升，在部分地区这一表现尤其明显。在这种背景下，“转型创新”成为商业银行的发展战略目标，而要实现这个战略目标，激发员工动力，打破“大锅饭”，加强绩效管理是当务之急。

按照内蒙古自治区联社张建成主任的话说：“精细化管理是所有银行绕不过去的一道坎，而绩效考核是精细化管理的核心，是保证银行战略落地的‘指挥棒’，是所有银行必须首先解决的问题。”

精细化管理体系是银行走向现代化企业管理必须跨过去的一道门槛。绩效考核是精细化管理体系的动力系统，没有绩效考核体系，精细化管理体系不可能构建起来，精细化管理体系中的管理会计系统、客户关系管理系统、全面风险管理系统等离开绩效考核系统的支撑都无法落地。

绩效考核是什么？绩效考核怎么做？绩效考核谁来做？虽然很多银行不断探索尝试绩效考核模式，但仍然存在一些问题，绩效考核工作成为银行管理者最头疼的问题。

天维秉承一贯的专注精神，将先后服务过的近 500 家银行的绩效考核方案、绩效管理经验纳入“天维智库”，并于 2008 年成立业务咨询部，于 2012 年成立“天维银行绩效考核最佳实践研究所”，专门对入库材料进行归纳总结、提炼升华，逐步探索出一套银行绩效考核理论，并在此基础上形成管理方法论、管理流程和管理工具。

这套理论的核心是“效果理论”，简单说就是以“九分业务、一分技术”“三分打造、七分运营”两个核心理念构建的“四个体系、三个阶段”理论体系。“四个体系”包括管理体系、文化体系、制度体系和软件体系，“三个阶段”包括建设期、磨合期和成熟期，简称“四三方法论”。天维公司围绕“四三方法论”构建了绩效管理各个阶段的最佳模型，实现了绩效管理简单化、标准化、流程化、系统化的“四化”建设。这套理论体系在实践中得到了很多银行客户的广泛认可。

改革开放40年中国经济发展取得了辉煌成就，党的十九大又做出了“两个十五年”的战略部署，中国未来还将处于中高速、高质量发展的战略机遇期。与此相适应，银行的发展空间还非常大，中国银行业将面临数量、质量两个层面的大幅度提升，并且随着金融业改革步伐的加大，将会逐步放宽上市融资、股权投资、收购合并、混业经营、异地机构设立等限制，银行业将会出现“差异化”经营的百花齐放的局面，真正的商业银行、真正的银行家将会批量出现。

绩效考核是商业银行转型的重要工具，是实现战略目标的“指挥棒”，是“一把手工程”。根据“三分打造、七分运营”的理念，运营绩效考核“指挥棒”的重要性将远远高于打造“指挥棒”的过程，天维公司将积极探索创新银行绩效考核机制与方法，使之更加科学、更加有效。

知也无涯，哪个能未卜先知？

长路漫漫，我们将砥砺前行。

在不远的将来，我们还会不断将成熟的理论、案例汇集成册，弥补该领域理论研究的不足，供大家参考及批评指正。

广州天维信息技术股份有限公司董事长兼总经理
丁家奎
2019年1月22日

前　言

绩效管理是商业银行管理的核心与枢纽，是提高组织绩效、实现组织战略目标的保障。因此，探索和研究商业银行绩效管理体系设计和实践方法，对我国商业银行绩效管理体系的完善与改进具有重要的现实意义。

银行绩效管理体系的构建是一个非常复杂的系统工程，涉及多个学科的专业知识，包括金融、人力资源管理等。本书对银行绩效管理的理论、运营构架、考核制度以及信息化等方面进行理论阐述与实践总结，并系统阐述了不同考核模式、考核对象下的应用场景，对绩效运营效果实现路径提出了相应的解决方案。

本书共分十章，其中，第一章和第二章分别为理论方法篇，概括银行绩效管理最新理论与工具；第三章至第六章为绩效管理考核对象篇，分别针对银行分支机构、职能部室、岗位和业务（或产品）进行阐述，既有理论分析，又有方法与案例的介绍；第七章至第九章为绩效管理运营篇；第十章为银行绩效管理发展趋势。本书具有以下特点：

第一，指导性。本书根据商业银行绩效管理实践中所面临的各种问题，围绕建立以效果为核心的绩效管理体系来编写，具有较强的指导作用。

第二，实操性。本书在介绍商业银行绩效管理理论和方法的同时，融合了大量案例，兼顾了专业性和可读性。本书坚持以解决银行绩效管理实践中的具体问题为出发点和落脚点，设计了银行分支机构、职能部门、岗位、业务等考核方法和模板，是笔者多年银行绩效管理经验的提炼，具有很强的实用性。

第三，系统性。结合当前我国商业银行的经营管理特点以及分支机构、岗位等职责，系统介绍了商业银行分支机构、职能部门、岗位、业务等绩效考核体系，帮助各大商业银行确立、完善绩效考核体系，帮助一线人力资源从业人员设计、应用具体的绩效考核模板。

第四，创新性。在考核方法上，总结了“五结合”“效果理论”“业绩关系”等理论，并对其应用做了详细论述，为快速、高效建立绩效考核体系提出了新的思路和途径，降低了建立绩效考核体系的难度，提高了绩效考核工作的效率。

本书由蔡华统稿。具体编写分工如下：第一章银行绩效管理导论，由蔡华、杨家泉撰写；第二章银行绩效管理方法，由李聪健、黄海涛撰写；第三章银行分支机构考核，由苏家怡撰写；第四章银行职能部门考核，由顾玲玲撰写；第五章银行岗位考核，由王毅撰写；第六章银行业务考核，由王营撰写；第七章银行绩效管理运营体系，由王远光、刘汉祥撰写；第八章银行绩效考核系统建设，由周艳、钟国文撰写；第九章银行绩效管理效果评估，由蔡华撰写；第十章银行绩效管理发展趋势，由蔡华撰写。

本书能够顺利出版，要特别感谢以丁家奎董事长为代表的高管团队。从立项论证、出版资助到内容质量把关方面，丁董事长都亲力亲为，给予支持。为保证书稿质量，公司多次组织业内权威专家与学者进行评审；感谢公司各职能部门与省中心的大力配合，没有他们的协助，书稿很难如期完成；感谢研究所黄文静女士，在组织协调方面做了大量的工作。本书在编写过程中，吸取了部分学者的研究成果，使本书的内容得到了丰富和完善，因此，对这些学者表示衷心的感谢。本书可供银行绩效管理理论研究与实践的同行参考，也可以作为高校教学范本之用，以及人力资源管理和工商管理专业等相关领域人员阅读。由于水平有限，本书难免有疏漏不妥之处，敬请读者批评指正。

目　录

第一章　银行绩效管理导论

第一节　银行绩效管理概述

什么是绩效管理？如何进行绩效管理？若已经实施了绩效管理，有没有效果？关于这些问题，几乎所有的组织都会遇到。如何保障银行绩效管理效果，则需要对绩效、绩效考核和绩效管理有一个全面的了解。

一、绩效、绩效考核和绩效管理的含义

（一）绩效的含义

从管理学角度看，绩效是指组织、团队和员工个人在一定时期内，对目标实现程度和完成效率的衡量和反馈。具体到不同主体的层面上，对绩效的认识有所不同。

1. 组织绩效

从组织层面看，绩效是整个组织的任务在数量、质量及效率等方面完成的情况，是组织战略目标的完成度。

2. 团队绩效

从团队层面看，绩效是团队对组织既定目标的完成情况，体现了团队成员的协作能力以及团队在组织内部的竞争力。

3. 个人绩效

从个人层面看，绩效是个人在完成组织和团队任务的过程中所体现出的个人业绩。

（二）绩效考核和绩效管理的含义

早期的企业管理中，一般用“绩效考核”来表示对绩效的评价。随着经

济发展步伐的加快，市场竞争日趋激烈，企业管理者发现，对于绩效不能仅仅停留在考核层面，还必须进行有效的管理，使其在促进企业可持续发展方面发挥应有的效果。

1. 绩效考核

绩效考核概念是随着人力资源管理理论的发展而逐渐被提出的。绩效考核也称绩效考评、绩效评价等，是指考核主体对照工作目标和绩效标准，设计一套适用的考核指标，运用各种考核工具和考核模式，评定考核对象的工作职责履行程度和考核对象的发展情况，同时，将考核结果应用于组织的相关人事决策（晋升、解雇、加薪、扣罚等），并将评定结果反馈给考核对象的过程。绩效考核是人力资源开发与管理中的一项核心工作，是调动员工和管理者积极性的重要手段。

2. 绩效管理

绩效管理是将组织战略、资源、业务和执行有机地结合起来所构成的一个完整的管理流程。绩效管理包括绩效计划制订、绩效辅导沟通、绩效考核评价、绩效结果反馈、绩效结果应用和绩效目标提升。绩效管理作为一种管理思想，渗透在企业管理的整个过程中，与企业战略计划、企业文化、组织结构、人力资源管理、领导风格、激励制度、内部控制等方面都有密切的联系。

二、绩效考核与绩效管理的区别

绩效考核与绩效管理的区别主要体现在以下五个方面。

（一）对人性的假设前提不同

绩效考核把人看作“经济人”，人的行为在于追求自身利益最大化，人工作的动机就是为了获得经济报酬。这种人性观认为员工在没有监督的情况下会尽量少工作，因此，需要通过考核提高员工的工作绩效。而现代人力资源管理推崇的是“以人为本”的管理理念，绩效管理作为人力资源管理的核心环节，体现了这种管理理念，认为人不是简单的生产工具，而是需要被信任、授权和激励。

（二）目的不同

绩效考核重点在于考核，目的是通过设定考核指标，采用适当的考核方法对员工的工作绩效进行评价。绩效管理更强调管理，除了评价员工绩效，还对员工的绩效进行监控、反馈、辅导，协助员工改进绩效，使员工绩效与组织绩效相一致，从而实现组织与个人的双赢。

（三）时间跨度不同

绩效考核是对组织内的成员一段时间的工作、绩效目标等进行考核，是前段时间的工作总结，注重过去发生的结果；而绩效管理是基于组织的战略目标和年度计划，结合前一阶段的绩效结果，制定下一阶段的绩效规划，是过去、现在与未来的结合。

（四）参与者的角色定位不同

在绩效考核环节，管理者是单向行动的，包括制定考核规则、评价指标等，被考核者是完全被动的；而绩效管理从制订绩效计划阶段开始就要求被考核者参与其中。

（五）管理的宽度不同

绩效考核围绕绩效结果来进行，涉及的范围相对狭窄，程度相对较浅；而绩效管理不仅强调绩效结果，而且重视日标达成的过程，在这个过程中，需要考虑影响绩效的所有因素，包括企业的经营管理、制度文化、人员素质和能力等。

三、银行绩效管理

银行是间接金融机构的重要组成部分，主要经营存款、贷款等业务，在市场中充当信用中介的角色。为了便于研究，本书所指的银行绩效指商业银行绩效。商业银行的绩效是多重因素共同作用的结果。现代商业银行是按照现代公司制组织形式成立的金融机构，本质上来说，商业银行与其他企业一样，以追求企业价值最大化为经营目标。但是商业银行具有其自身的经营特殊性，它除了盈利目标，还有安全性和流动性的经营管理要求。此外，由于商业银行在金融领域具有较强的影响力，还承担着稳定金融市场的职责，其经营风险控制能力要求比一般企业高。因此，可将商业银行的绩效定义为：在市场机制的作用下，在一定经营期间内，商业银行按照“盈利性、安全性、流动性”的基本经营原则，围绕企业价值最大化的目标，合理配置、充分使用自身所拥有的经济资源，提供适应市场需求的金融产品和金融服务所表现出来的经营业绩、运作线路、风险管理以及持续发展的能力。

基于绩效管理的定义和银行本身的特性，可以将银行绩效管理界定为：在市场机制的作用下，在一定的经营期间内，银行各级管理者和员工为达到银行目标而共同参与的绩效计划制订、绩效沟通辅导、绩效考核评价、绩效反馈与结果应用、绩效目标提升的持续循环过程。在此过程中，按照绩效管理的基本原则，合理配置和充分利用自身所拥有的资源，提供适应市场需求的金融产品和服务，目的是激发员工的积极性，推动银行业务发展，为银行的转型和创新提供动力。银行绩效管理是一个持续改进、不断完善的过程，它与银行的内外部环境、条件因素紧密相关。银行绩效管理体系建设与运营是一个系统工程，包括管理体系、制度体系、文化体系和软件体系。四个体系的建设是一个持续改进、不断优化的过程，四者相辅相成、缺一不可。

绩效管理是人力资源管理的核心，是企业经营管理最重要的环节，可以把绩效管理流程看作一个 PDCA 循环过程。管理工作一般可以划分为四个阶段：计划（Plan）阶段、实施（Do）阶段、评价检查（Check）阶段和行动（Action）结果反馈阶段。绩效管理按 PDCA 循环顺序展开工作，将工作任务落实到各个环节，形成一个循环机制，推动绩效管理逐步提升。一个绩效管理循环结束后，根据整个过程反映出来的问题，又开展新一轮的绩效管理循环。

绩效计划阶段：主要把经营目标分解成考核指标，制定考核方案，各级管理者将考核周期内的工作目标、工作内容、工作完成具体要求等做出明确说明，并且与被考核者达成一致。绩效实施阶段：主要包括对相关岗位培训、与银行沟通；考核制度的推行、信息收集与分析、直接主管对员工的指导与帮助等。绩效考核评价阶段：主要依据考核制度进行评价，其主要内容包括考核的方法、指标等，由考核者对被考核者进行考核，从而得到考核结果。绩效反馈与结果应用：主要把绩效考核结果反馈给被考核者，通过员工座谈会、绩效工资分析会等方式对考核结果进行总结和分析，把考核结果应用到相应的地方，如绩效工资、等级评定等。

四、银行绩效考核体系

一套完整的绩效考核体系需要结合考核对象、业务内容以及结果的使用。在设计考核方案时，首先，需要对考核对象进行分解；其次，结合考核对象角色来设定评估内容，并根据考核内容选择合适的评估角度和考核指标体系；最后，对绩效结果进行应用，同时也需要运营来保障效果。换句话说，最终追求的效果就是在战略导向下，根据组织价值链体系中员工做出的贡献来实施激励或惩罚。

在制定相关的考核制度以及整体绩效计划阶段中，需要考虑考核对象、考核主体、考核内容、考核指标体系与考核方法、考核结果保障与应用等要素。绩效考核体系如图 1-1 所示。

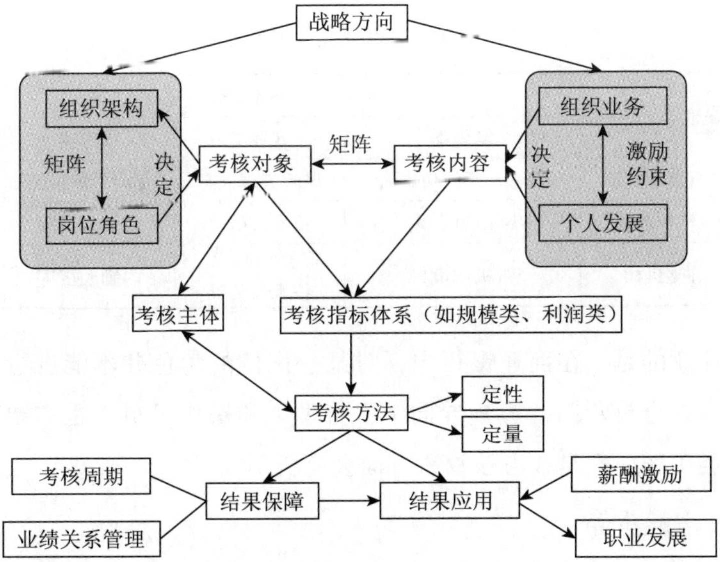

图 1-1 绩效考核体系

（一）考核对象

绩效考核对象可以从两个维度设计：一是岗位角色，二是组织层面。岗位角色中，一般按照管理、专业、操作以及营销四大类别进行划分。在银行业中，管理角色包括分支机构负责人、职能部门负责人等；专业角色包括各类专业人才及技术人才岗位；操作角色包括柜员等内勤工作人员；营销角色包括客户经理等。此外，对分支机构（或部门）、团队以及岗位等不同层次的考核其实也是对岗位角色的考核。例如，一般来说，对分支机构（或部门）和团队的考核主要是对负责人的考核。

组织架构可以参照分支机构、非经营性职能部门和经营性职能部门进行划分。分支机构的层级设立以及职能部门的划分一般是由银行的组织架构决定的。总体上，根据商业银行的业务和战略导向，可以对各个考核角色划分考核内容，然后根据战略方向和角色定位的不同有不同的侧重。总体考核角色如表 1-1 所示。

表 1-1　考核角色矩阵

考核部门		岗位角色			
		管理类	专业类	操作类	营销类
组织层面	非经营性职能部门	高管、部门负责人	风险管理人员	部门一般员工	
	经营性职能部门	部门负责人	技术人员等	内勤人员等	客户经理等
	分支机构	经营机构负责人	风险管理人员、技术人员等	内勤人员等	客户经理等

值得注意的是，在商业银行中，对某一岗位的角色并不能进行明确的划分，例如，在全员营销的考核导向中，管理类和操作类员工也需要履行和被考核营销类工作，但是在考核权重方面会有所不同。

（二）考核主体

考核主体是考核的实施者，也是组织绩效考核人。不同的考核角色的考核者也有所不同，银行绩效考核中的考核者一般包括上级领导评估以及总行进行垂直评估。例如，在经营机构的操作类和营销岗位中，一般进行垂直考核和二次分配，垂直考核是总行作为考核者，直接对员工的价值贡献进行评价；二次分配是机构负责人作为考核者，对行员在机构组织发展的贡献进行评价。而在总行职能部门和一些事业部中，则是部门负责人作为考核者对被考核者进行评价。

（三）考核内容

考核内容的设定一般参照组织业务发展和个人工作的内容。在商业银行基本业务中，包括负债业务、资产业务和中间业务。在设计考核方案时，一般会对各项业务再进行细化和划分。2012 年，中国银行保险监督管理委员会在《银行业金融机构绩效考评监管指引》中提出了五类考核内容指标：经营效益、合规经营、风险管理、发展转型、社会责任。

对于每个考核对象都会有不同的考核内容与权重。考核内容一般是根据岗位角色的定位而设计的，同时，结合银行的发展方向来设计。考核内容的权重也会受考核角色和银行战略导向的影响而发生变化。例如，对客户经理考核中，虽然都有存款、贷款、电子银行等考核内容，但是参照角色定位和激励导向，这些考核内容会有不同的权重。权重的划分既体现了对业务薪酬计划的划分，也反映出岗位角色激励导向情况。考核对象与考核内容可以形成如下矩阵（见表 1-2）。

表 1-2　考核对象与考核内容矩阵

考核对象	考核内容				
	存　款	贷　款	中间业务	履　职	……
支行行长					
柜员					
客户经理					
职能部门负责人					
职能部门员工					
……					

（四）考核指标体系与考核方法

考核指标体系是指将考核内容转变成可测量的指标。考核指标主要参照考核对象与考核内容进行设计。绩效考核指标体系可以通过多个角度来进行划分，如可以按照工作流程（行为、过程、结果）、利润类指标（如 FTP）、规模类指标等划分方法，针对不同的考核角色设计不同的指标体系。在设计指标的时候，需要将指标细分到可测量的程度，同时也可以结合该业务的不同要素进行细化。

考核方法一般分为定量考核、定性考核和定性与定量考核相结合三类。定量考核方法是参照客观数据进行评估，一般包括计价制、目标完成率、得分制等。定性考核方法一般是以主观描述为主，通过制定的描述标准进行对比，如行为锚定法。定性与定量相结合的考核方法是定性与定量考核方法的综合运用，结果一般用于二次分配。

（五）考核结果保障与应用

考核结果保障的内容一般包括考核周期的制定和业绩关系的管理。绩效考核周期也称绩效考核期限。在银行绩效考核中，需要结合考核对象的特点、系统完善情况、考核内容等要素制定考核周期。业绩关系管理是通过把客户和业务分户到人，把业绩分到个人。在业绩关系管理中，一般包括认领、分配和转移三大方面。

考核结果应用需要配合激励体系进行，从而发挥出绩效考核的激励作用。激励体系包括短期激励和长期激励。短期激励可以配合计价制、目标完成率来实现组织短期业绩的发展。短期激励需要注重绩效考核中评估的周期，考核的周期确定了激励的及时性。同时，通过长期的激励机制，如股权激励，可以把员工的发展和银行的发展紧密结合在一起，提升员工的敬业度。绩效考核结果的应用不仅体现在激励体系方面，还体现在职业发展方面。职业发展的内容包括等级评定、职位晋升、定向培训等。结合银行人才管理的策略，银行可以参照绩效考核结果对考核对象在薪酬分配、职位晋升和职业发展等方面进行有侧重的奖励。

五、银行绩效管理的作用

银行绩效管理的有效性综合表现在银行的成长，但从绩效管理的职能入手，绩效管理有何功能？绩效管理作为人力资源管理的一项核心职能，绩效管理的作用表现在以下几个方面：

（一）绩效管理有助于提升组织业绩

有效的绩效管理可以改善员工的工作绩效，进而有助于提高企业的整体业绩。目前，在西方发达国家，很多企业纷纷加强员工绩效管理，把它作为提高公司竞争力的重要途径。根据 Hewitt 对美国所有上市公司的调查（见表 1-3），具有绩效管理系统的公司在企业业绩的各个方面明显优于没有绩效管理系统的公司。银行业绩的内涵比较丰富，主要体现在以价值增长为导向的各类指标，分为三大类指标：第一类是规模指标，如存款规模、营业收入等；第二类是效益指标，如经济利润、资本成本等；第三类是关键盈利指标，是基于上述规模与效益指标计算而得，如风险资本回报率、平均资产收益率、非息收入占比、成本收入比、净利润贡献度等。

表 1-3　绩效管理对企业绩效的影响

指　标	没有绩效管理系统	有绩效管理系统
股东整体收益率	0.0%	7.9%
股票收益率	4.4%	10.2%
资产收益率	4.6%	8.0%
投资现金流收益率	4.7%	6.6%
销售实际增长率	1.1%	2.2%
人均销售额	126100 美元	169900 美元

资料来源：于秀芝．人力资源管理［M］．北京：经济管理出版社，2002：224.

（二）绩效管理有助于保证员工行为和银行目标的一致性

银行绩效的实现依赖于员工的努力工作，但员工努力程度与企业绩效之间，有一个关键的中间变量，即努力方向与企业目标的一致性问题（见图 1-2）。要保证员工行为与企业目标一致的一个重要途径就是绩效管理。这要求在设计绩效管理制度时既要考虑机构或团队利益，也要顾及个人积极性的调动。绩效管理在银行经营中发挥“指挥棒”的作用，从而避免过多强调个人绩效而忽视整体绩效，避免局部利益与整体利益相冲突等现象。为了保证目标的一致性，要求把银行的战略目标分解成年度计划，将绩效管理与年度计划或战略目标对接。

努力方向与企业目标的一致性 \ 员工努力程度	高	低
高	企业绩效大幅度提高	企业绩效有所提高
低	企业绩效降低	企业绩效无明显变化

图 1-2　企业绩效与员工努力程度的关系

（三）绩效管理有助于提高员工的满意度

提高员工的满意度对于银行来说具有重要意义，而满意度是与员工需要的满足程度联系在一起的。在基本的生活得到保障以后，每个员工都会有自我实现和尊重的需要。绩效管理通过两个方面满足员工这种需要：一是通过有效的绩效管理，员工的工作绩效能够不断得到改善，这可以提高他们的成就感，从而满足自我实现需要；二是通过完善的绩效管理，员工不仅可以参与管理过程，还可以得到绩效的反馈信息，这使他们感到自己受到重视，从而可以满足尊重的需要。因此，员工满意度可作为衡量绩效管理效果的另一个重要指标。

第二节　银行绩效管理理论

国内人力资源管理专家和银行人力资源专业人员对银行绩效管理理论和实践进行了深入的探索，各家银行都在持续引入并实施绩效管理的方法，如目标管理法（MBO）、关键绩效指标（KPI）、平衡计分卡（BSC）、目标与关键成果法（OKR）；有些采用百分制，有些采用计价制、积分制等。

在多年银行绩效管理咨询业务实践的基础上，笔者通过归纳总结、提炼升华，逐步摸索出了一套以“效果”为核心的银行绩效管理理论体系，该体系以“五结合”理论为建设理念，以业绩考核到人为基础，以“九分业务、一分技术”和“三分打造、七分运营”的四个绩效管理体系为设计思想，通过“三个阶段”建设，实施八项工作内容，最终达到绩效管理的核心“效果”（见图 1-3）。

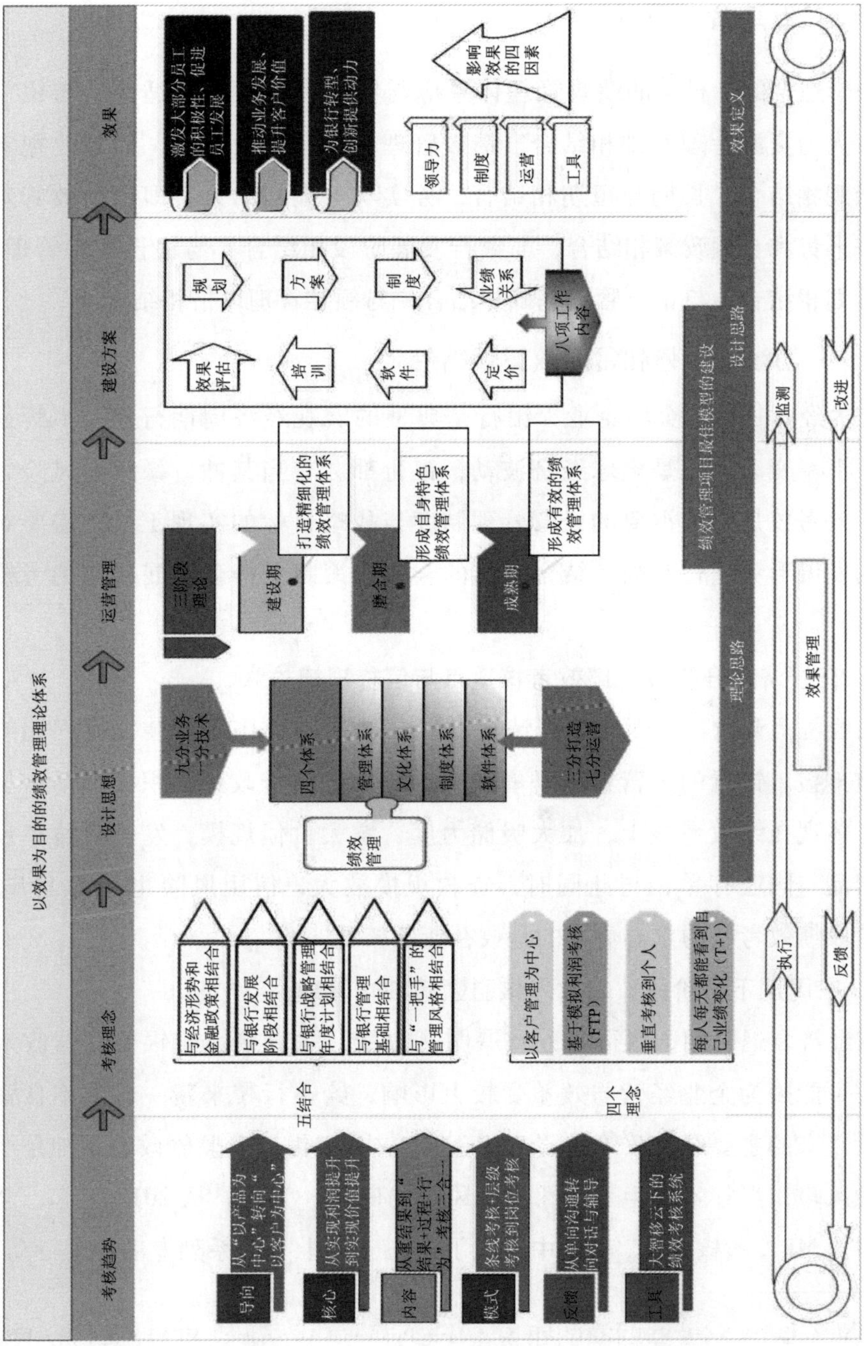

图1-3　以效果为目的的绩效管理理论体系

一、“五结合”理论

一套适合的、科学的绩效管理体系应与银行经营环境相适应，与银行定位及人力资源管理基础相结合。绩效管理不是一蹴而就的，而是要把宏观与微观相结合、长期与短期相结合、务实与务虚相结合，即把绩效管理与经济形势和金融政策相结合，与银行发展阶段相结合，与银行战略管理/年度计划相结合，与银行管理基础相结合，与领导管理风格相结合。

（一）与经济形势和金融政策相结合

作为经营货币的金融企业，银行是典型的宏观经济周期行业，不管是利率、汇率变动，还是全球经济波动，银行都会首当其冲，暴露在风险之下。绩效考核是银行重要的经营管理制度与战略目标的实现工具，需要对经济的发展形势进行判断，结合当前的金融政策制定符合发展趋势的考核制度。

1. 在经济上升阶段，绩效考核重点与信贷规模扩张

在经济上升阶段，因为盈利情况良好，贷款质量往往不会发生问题或风险被掩盖。银行的经营策略是增加人手，放宽信贷政策，积极推动信贷扩张。体现在绩效考核上，加大吸储力度，增大负债规模，发行收益率较高的产品与同业存单，与此同时，贷款规模放大，信用风险也开始上升。在此阶段绩效考核的重心更多的是放在业务拓展一线。

2. 在周期下行阶段，绩效考核引领精细化管理

在经济衰退时期，银行业务发展明显放缓，除直接影响银行经营收入外，还可能因为企业经营与效益受较大影响，给银行带来新一轮的不良资产。近年来的主要经济政策是“三去一降一补”，银行业监管政策精神是严控金融风险，严守不发生系统性金融风险的底线。为此，从 2017 年起，全行业引入 MPA 考核办法，① 年中实施了“三三四十”等系列专项治理行动。

---

① MPA 考核体系全称宏观审慎评估体系（Macro Prudential Assessment，MPA），是中国人民银行提出的对商业银行考核的监管体系。总共分为资本和杠杆情况、资产负债情况、流动性、定价行为、资产质量、外债风险与信贷政策执行七大类 14 个指标。

在此阶段，在稳定业务发展和优化业务结构的同时，也开始关心化解风险问题，消化不良资产，同时控制银行杠杆的比率，防范和控制流动性风险。当银行盈利能力下降时，银行也重新开始定位与实施差异化战略。考核精细化管理除了关注业务规模与利润，也开始重视业务的含金量、资本消耗等价值理念。考核不仅关注前台业务转变，也开始关注中后台的精细化管理与岗位价值，改变经营繁荣时期单纯的以结果为导向的考核，向注重行为、过程与结果“三位一体”的考核方向转变。

3. 适当超前的绩效考核思维可以熨平经济周期对银行的不利影响

宏观经济形势与金融政策对银行绩效考核具有重要影响，这种影响是单向的、被动的。适当超前的绩效考核思维有助于银行经营管理，提前做好风险应对预案，适应新的竞争形势对银行的发展影响。这与银行对经济形势的提前预判密不可分。例如，国内某些股份制银行，在多年前，即在黄金发展时期，就提出向零售银行方向转变，当其他银行忙着“排雷”时，这些银行已经安全度过了经济下行周期对它们的冲击和影响，成功实现了转型，助力银行“二次腾飞”。在当前，银行也同样存在这样的机遇，不是被动地收缩业务，而是做好研究分析，迎接新机遇，提前对下一轮即将兴起的行业进行资产布局，主动引领银行转型发展，而非被动应对周期波动。

（二）与银行发展阶段相结合

每个企业都有自己的生命周期，企业生命周期是指企业从创立、成长、成熟到衰退所经历的发展过程。企业在其生命周期的不同阶段，所面临的内外部环境不同，企业内部的生产经营和管理活动也不同，具有不同的特点。银行的发展也如企业生命周期理论所描述的那样，一般要经过创业期、成长期、成熟期和衰退调整期四个阶段。银行的每个发展阶段都有其不同的特点和管理方式，从一个阶段到下一阶段的转化，都将面临一场制度变革，同时也面临一系列的影响生存和发展的问题与机遇。以银行的营业收入为主要指标，并辅以规模、市场份额、效益等其他指标作为银行发展指标，用以反映银行发展的趋势。在创业阶段，营业收入逐步增长，增长率较低；在成长阶段，营业收入增长速度加快，银行规模和市场份额不断扩大；在成熟阶段，营业收入、规模和市场份额都趋于稳定；之后，营业收入开始下降，效益下滑，银行进入衰退期。

银行在不同发展阶段的战略重心不同，采用的业务模式、管理模式、组织形式、制度规范、企业文化、人力资源等均会有较大差异，相对应的绩效管理模式也会呈现出不同的特点。

1. 创业阶段的绩效考核

在创业阶段，由于战略目标模糊、不清晰，需要对目标计划不断地修正、补充和调整。因此，在这一阶段绩效考核的重点应放在目标计划管理上，制订绩效目标计划，以任务考核为主。这个阶段不适合使用系统的、全面的绩效管理模式，不宜过多强调绩效辅导、绩效沟通和过程性指标设置。银行在这一阶段尚未形成完整的、科学的绩效考核体系，应重点对经营机构进行考核评价。在创业阶段，员工的管理以传统的人事行政管理为主，故对员工的考核一般采用的是大一统的考核评价模式，强调的是对员工的品格或特征的定性，由管理者对员工的工作表现进行评价。在创业阶段，评价结果与绩效收入挂钩不紧密，对于机构内的员工的赏罚相差不大，收入差距小，赏罚趋于平均主义，机构内绩效分配“大锅饭”情况严重。此阶段通过目标管理，把对绩效的评估简化为对几个关键指标的考核，相对适宜的考核方法是目标计划管理法（MBO）和关键绩效指标（KPI）考核法。

2. 成长阶段的绩效考核

在成长阶段，要建立以绩效考核为核心的绩效管理制度，包括绩效计划与绩效评估这两个环节。在该阶段，绩效管理体系初具雏形。处于成长阶段的银行，目标是发展壮大，因此，财务指标在考核指标中占有重要的地位。对于反映银行成长能力的指标，如产品的规模与收入增加、目标市场销售额增长以及客户群体数量增长、市场占有率等应给予更多的重视；同时，也要考虑盈利水平，如利息收入、利润总额、净利增长率等指标。另外，由于资产规模的增加、员工的增多，银行的管理难度也相应增大。在银行发展扩张的同时，要重视风险防控、内部管理、队伍建设等过程性指标，吸引人才，规范管理。在成长阶段的后期，银行要想在市场上具有竞争优势，就必须在产品创新、客户服务质量等方面进行不断加强，提升客户的满意度，提高市场占有率。在成长阶段后期，不仅要对新产品数量和客户数量进行考核，也要重视对客户服务质量的考核，如客户满意度、有效客户、价值客户等。在这一阶段，组织绩效、部门绩效与个人绩效的层次相对清晰；员工绩效管理与银行目标之间形成的紧密联系是通过绩效计划和绩效考核评价完成的。在明确地界定各个部门和岗位的工作职责与职权之时，同时还需要建立完善的绩效管理体系，对基层进行有效的监督，以便规范基层员工的行为。此阶段为绩效管理循环中绩效考核环节制度化、规范化的重要阶段，可以初步构建绩效管理体系，相对适宜的考核方法是基于 KRA 或 KSF 的 KPI 考核。

3. 成熟阶段的绩效考核

基于成熟期的特点，银行绩效管理的定位是全面实施绩效管理，与其他管理体系协同，充分发挥战略牵引、管理改善、人才培养以及薪酬激励等的协同作用。在这一阶段，银行为了保持市场竞争的地位，降低消耗，控制成本，通过对客户管理和产品服务质量的控制，使利润最大化。这一阶段应做好软指标与硬指标、短期指标与长期指标、局部指标与全局指标间的平衡，关注各项指标的改进与提升。绩效考核覆盖全面，一般会突出利润增长、成本控制、运营管理、产品管理、客户管理、人才队伍建设等领域，指标设置由阶段性地侧重某一方面向系统性、平衡性发展。在成熟期的中后期，业务增长、产品使用数量、产品创新和变革类的指标需要重点加强，强化组织—部门—个人绩效的关联性，建立基于价值链的“团队—个人”的利润分配机制，区别不同的工作类别和管理层级，实施差异化的考核方式，强化推进结果运用，充分发挥绩效作为价值评价的关键维度的作用，促进“目标一致、利益一致”的激励氛围的形成。此阶段相对适宜的考核方法是 BSC 以及基于 BSC 的 KPI 等考核方法的结合。

4. 衰退阶段的绩效考核

在衰退阶段，企业业务发展阻滞，组织需要变革，绩效考核处于次要位置，绩效考核对企业的促进作用减弱甚至是丧失。银行要想走出泥潭，进入新一轮的更生期，就需要进行战略性内部重组、业务转型、人力资源整合，加快转型升级步伐，进入新一轮的成长周期，绩效考核也会随着进入一个新的创新发展期。

（三）与银行战略管理/年度计划相结合

商业银行战略管理的目的是摆脱“周期律”的束缚，在外部环境的变动中保持盈利性、安全性和流动性的平衡。战略管理一般需要3~5年，甚至更长的时间。战略的实施要分解到年度计划，最后由绩效考核对战略规划进行落地执行。

1. 银行战略管理

综合历年来上市银行年报中的战略概述，结合银行业近十年的经营表现来看，在业务方面，商业银行实施了以下五大战略。

（1）零售银行战略。业界普遍认为零售银行业务具有稳定性高、风险低、客户潜力大、可持续性强等战略价值。加之美国等国优秀零售银行的案例佐证，几乎所有的银行都将零售银行业务作为最主要的转型方向。代表性银行为招商银行。

（2）小微金融战略。大型企业尤其是国有企业具有风险小、成本低、资源利用度高等优点，成为商业银行最青睐的服务对象，也是商业银行最主要的盈利来源。但银行尤其是中小银行意识到，大客户业务也有竞争激烈、集中度高、定价弱势、稳定性差等缺点，无法作为长期发展所依赖的力量。中国的小微企业占总体企业数量的90%以上，具有巨大的金融服务需求潜力，并可较好满足利率市场化对银行定价的要求。再加上监管和产业政策的鼓励，中小微企业曾经在某段时期被公认为银行的蓝海业务，几乎每个银行都将小微金融作为重点战略之一。民生银行是小微金融战略的典型代表。

（3）互联网金融战略。当前，信息革命对商业银行业产生了较大的冲击。尤其是2013年互联网金融元年以后，银行体制外的互联网金融企业比如第三方支付、P2P、股权众筹等发展迅速。在这种背景下，大中小银行都纷纷加入互联网金融大潮中，从网上银行、手机银行、P2P平台，到建立自己的电商平台、直销银行，不惜重金希望在互联网金融领域确立自己的优势。最近几年，IT 科技领域成为商业银行投入的重点。

（4）同业金融战略。自监管部门 2011 年前后加强存贷比考核和对房地产及地方政府融资平台的限制以来，同业金融因其不占贷款额度，可以绕过“两高一剩”的限制行业，同时节约资本和易于与“大资管”对接，逐渐成为银行的战略方向，无论是所谓的“一体两翼”还是“四轮驱动”，各家银行都明确将同业业务作为转型的重点。兴业银行是同业金融战略的先行者，被誉为“同业之王”。

（5）其他战略。除业务层面的战略之外，银行在中后台管理和组织架构方面也积极进行转型升级，管理的精细化、服务的综合化、资本的集约化、资产的轻型化成为主要转型方向。在组织架构方面，事业部制改革则成为各家银行推动专业化战略的重要方向。

2. 战略绩效管理、年度计划与绩效考核

制定战略之后，需要把战略分解到年度，制定银行年度目标，对接年度计划。组织银行全体员工为实现年度目标而服务，让员工行为与银行目标保持一致，进而与银行战略保持一致。因此，许多国内外标杆的商业银行已经把绩效管理提升到了战略层面。

战略绩效管理是指对企业的长期战略制定实施过程及其结果采取一定的方法进行考核评价，并辅以相应激励机制的一种管理制度。战略绩效管理以战略为导向，并促使企业在计划、组织、控制等管理活动中全方位地发生联系并适时进行监控的体系。其活动内容主要包括两方面：一是根据企业战略，建立科学规范的绩效管理体系，以战略为中心，指导企业各项经营活动；二是依据相关绩效管理制度，对每一个绩效管理循环周期进行检查，对经营团队或责任人进行绩效评价，并根据评价结果对其进行价值分配。绩效管理与战略管理相结合，与战略管理方向保持一致，最终为实现战略目标而服务。没有战略管理指导的绩效考核，必定会失去方向，难以取得理想的考核效果。

（四）与银行管理基础相结合

绩效考核效果如何，与银行管理基础紧密相关。银行绩效的管理基础是指岗位职责、企业文化与晋升通道以及组织架构等。管理基础扎实，其绩效制度与政策执行到位，效果会比较明显；反之，若银行管理基础薄弱，仅靠一纸空文，则难以取得理想效果。

（五）与领导管理风格相结合

现代管理学之父彼得·德鲁克说：管理就是界定企业的使命，并激励和组织人力资源去实现这个使命。界定使命是企业家的任务，而激励与组织人力资源是领导力的范畴。在这一论断中，无论是“企业家的任务”还是“领导力的范畴”，均将企业兴衰的责任指向了企业的“一把手”。“一把手”位置重要、责任重大。

1. 领导风格的类型

企业领导风格一般是指习惯化的领导方式所表现出的种种特点。习惯化的领导方式是在长期的个人经历、领导实践中逐步形成的，具有较强的个性化色彩。每位领导者都有其与工作环境、经历和个性相联系的，与其他领导者相区别的风格。领导风格分为以下四种类型：

（1）支持型领导风格。支持型领导是一种关心、尊重和促进下属成长等行为的领导方式，其领导行为是开放的、友善的和平易近人的，领导者能够创造一种团队氛围，对下属平等相待。

（2）指导型领导风格。指导型领导包括领导指示行为和使团队成员行动结构化以帮助他们完成工作的领导行为。其领导行为包括制订计划、制定工作进度表、建立绩效目标和标准以及规章制度。

（3）参与型领导风格。是指领导者在做决策时征求并采纳下属的建议。其领导行为包括向下属征询意见和建议，鼓励下属参与决策，鼓励集体决策和书面建议。

（4）成就导向型领导风格。领导者能够为下属确立清晰明确的、具有挑战性的目标。其领导行为的特点是强调高质量的绩效和成就。

2. 领导风格与绩效考核

绩效考核是一种分配机制的改革，触及每个人的切身利益，领导的勇气和管理风格直接决定了绩效考核改革的力度和进展。

（1）指导型、成就导向型领导风格与绩效考核。指导型领导与成就导向型领导个人意志比较强，做事有魄力，面对既定目标时具有较强的坚定性，这有利于克服绩效考核中遇到的各种困难。绩效考核牵涉每个行员的利益，一些行员会对绩效改革有意见，“一把手”对这些意见要进行区分与辨别，进一步完善绩效考核机制。因此，指导型领导与成就导向型领导比支持型领导与参与型领导在绩效改革推进中更加坚定，更具有决心，改革的力度也会更大，对绩效的激励程度也将更大，绩效改革的效果也会在较短时间内体现出来。

（2）支持型、参与型领导风格与绩效考核。支持型与参与型领导平易近人，鼓励下属参与决策，但是绩效考核的推动会相对缓慢。一旦形成新的绩效考核办法，员工的满意度相对比较高。该类型的领导比较关注绩效考核给员工带来的影响，因此，应采用渐进式的绩效管理方式。但当遇到利益矛盾冲突时，往往难以协调，严重时会导致绩效改革停止，因此，绩效管理能力的形成与绩效管理效果相对较慢。

综上所述，绩效考核“五结合理论”是指导绩效管理工作的重要理论支撑。这五个方面的关系是以绩效管理为主线，相互联系，一脉相承，“五结合理论”是经过多年的绩效实践提炼而成的，是绩效考核发挥效果的重要基石。

二、业绩关系理论

绩效考核体系一贯被称为银行战略管理的“指挥棒”，引领着银行发展的方向。如果这个“指挥棒”无法指挥到一线作战的士兵，势必极大影响“指挥棒”作用的发挥。对于银行来说，把目标管理量化到个人，建立量化机制考核到个人，构建按岗、按能和按绩付薪的考核模式、薪酬分配机制已经是大势所趋。

通过把客户和业务分配到员工个人，可将存量业务和新增业务考核到个人。具体需制定业绩贡献计算规则，按产品营销、岗位条线、工作量大小、贡献度等因素实现将业绩准确衡量到个人，制定与业绩结果相应的工资挂钩比例，将考核激励落实到个人，使每个人能够通过自己努力实现多劳多得，从而打破“大锅饭”分配的格局。以考核为导向，能激发员工主动营销、维护客户、争做业绩的积极性。业绩考核到个人对于促进银行客户结构、业务结构、收入结构的优化，提高业务竞争力和创利能力具有重要意义。

（一）业绩关系的定义

简单地说，业绩关系是指业绩归属于哪些被考核对象，包括业绩归属条件、归属比例、变动及转移规则等，业绩关系管理是业绩归属及变动的所有相关规则及管理活动的总和。特别地，业绩关系到个人，是总行垂直考核到员工个人的基础，没有员工个人的业绩，总行垂直考核到个人只能是“空中楼阁”。因此，为了充分发挥绩效考核的“指挥棒”和“发动机”作用，需要对业绩关系进行日常维护和管理，从而保证业绩关系的准确性和合理性。业绩关系管理包括业绩认定、业绩转移、分配角色以及组织与流程四大部分的内容。

1. 业绩认定

业绩认定分为存量业绩认定与增量业绩认定。

（1）存量业绩认定。存量业绩是指到规定认定时间为止的之前业务业绩，如 2017 年 12 月 31 日前发生的存贷款业务，把存量业务、客户资源尽量认定到个人。其中，不能认定到个人的部分锁定为公共资源，分配给支行虚拟行员。

（2）增量业绩认定。对新拓展业务的业绩认定，对该笔业务的实际贡献进行业绩分配。业绩认定的业务产品可以是存款、贷款、中间业务、电子银行产品等。

2. 业绩转移

业绩转移主要针对出现员工同岗位跨支行调动，或者退出本专业序列转任其他岗位，或离职等情况时，其名下业绩的承接与管理。业绩转移的情况包括但不限于如下内容：行员发生岗位或者机构调动，其岗位职责、业务权限等发生了变化；由于客观原因，导致重要的客户流失，从而对被考核对象的业绩产生了重要的影响；当发生争议时，需要对业绩关系进行调整的；多个被考核对象共同享有的业绩，其享受比例需要重新进行调整的；属于个人营销但是没有及时记入个人名下的业绩，需要补办手续的；其他需要进行业绩关系调整的情形等。

3. 分配角色

各项业绩分配角色包括开发人、维护人和协办人三类。其中，开发人是指通过自有或公共渠道拓展业务的人员，其享有业务渠道，承担业务谈判职责，对客户开发起到关键作用；维护人是指具体跟进该客户，对日常的客户管理起到重要作用的人员；协办人是指协助维护人完成业务，协助进行客户管理的人员。

4. 组织与流程

建立一套适合本行的客户业绩关系管理规则和流程，并确定管理组织，统一管理和协调业绩关系管理中遇到的问题是十分关键的。

（二）业绩关系的类型

在营销过程中，客户、产品、人员之间实际存在着三种关系认定，分别是客户维护关系、业绩认定关系和资源转介关系，如图 1-4 所示。

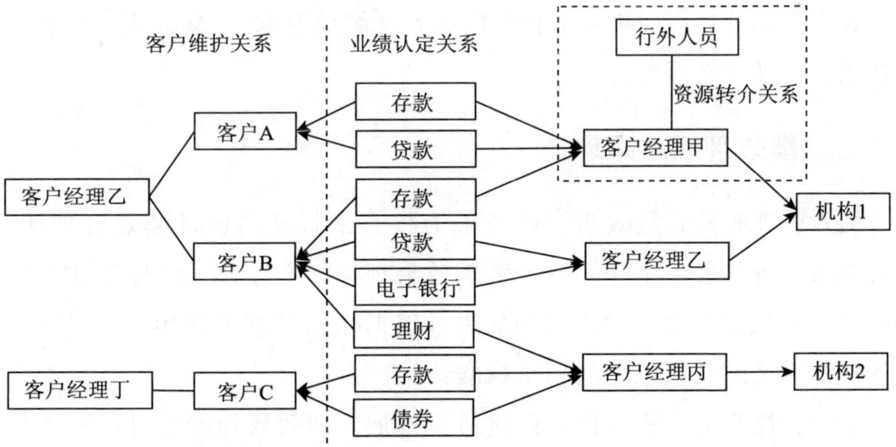

图 1-4　客户、产品、人员三者业绩关系图

第一，客户维护关系。客户维护关系是指行员对客户的维护关系，是考核客户维护人业绩核算的基础。客户维护关系是客户与银行关系存续期内的一项长期稳定的关系，不会随着客户或产品或服务的改变而发生改变。银行通过这种关系的维护，能全面地掌握客户需求，并通过协调各种资源以满足客户的需求，达到提升客户价值的目的。客户是银行的资源，而非客户经理的个人资源，如果出现客户经理转岗或离职等情况时，其名下的客户资源需被重新分配。客户维护关系管理需要明确包括管户的对象（客户分层）、分配角色（管户人）、分成比例、分配规则等内容。

第二，业绩认定关系。业绩认定关系是指对客户名下某个产品、服务或交易行为参与营销行员业绩贡献的关系认定，如存款业务、贷款业务、卡、中间业务产品等。每种业务和产品与人员关联的关键字段（分配粒度）是不一样的，如存贷款是账号、卡是卡号、代理保险是保单号等。业绩认定关系管理需明确包括分配的业务（绩效对象）、分配角色（考核对象）、分配粒度、分配模型（百分比或阈值）等内容。

第三，资源转介关系。资源转介关系是指在一定期限内非营销人员通过把客户资源介绍给营销人员，从而促成交易的对应关系。此关系的建立要满足多种类型人员转介绍，如行内非营销人员、其他条线营销人员、客户、合作伙伴、行外人员等。转介绍的客户或产品的范围和标准是不一样的，转介关系管理需明确包括转介的业务（绩效对象）、转介人、销售、分成比例、分配规则等内容。

三、绩效管理效果理论

绩效管理的核心是效果，以效果为核心来打造与设计绩效管理体系，做好绩效管理的各项工作。绩效管理效果理论即在绩效管理体系建设的不同阶段（三阶段）会产生不同的效果。根据绩效管理的作用，衡量银行绩效管理体系最终“效果”有三个标准：

第一，提升员工积极性，促进员工发展。绩效管理能提升员工工作积极性、主动性，促进员工个人发展，实现个人价值。绩效管理的目标最终落到个人发展层面，这既是绩效管理的核心目的，也是绩效管理的最终效果体现。

第二，促进银行业务发展。绩效管理帮助银行、机构和个人提升业绩，促进银行业务发展与创新。绩效管理的最直接效果体现在银行业绩的提升，如果银行业绩没有提升，绩效管理就无效果可言。银行业绩提升与员工个人成长相辅相成，相互促进。银行业绩提升既体现了战略目标、经营目标的实现过程，也体现了组织理念的实现。

第三，提升客户价值。绩效管理能帮助银行提升客户的价值贡献、价值创造，帮助银行实现自身的价值提升、利润增长。绩效管理的重要效果还体现在客户价值的增长，以客户为中心，围绕客户设计组织流程、产品及相关组织架构，以及为此进行的绩效管理。

四、绩效管理“三个阶段、四个体系”理论

（一）三个阶段

企业的绩效考核管理体系建设一般会经历建设期、磨合期和成熟期三个阶段。这也符合员工的认知与心理转变和企业管理能力不断提升的过程需要。绩效管理体系建设的项目风险更多爆发在“磨合期”，能否度过“磨合期”，是项目绩效改革成败的关键。

（1）建设期：初步建成绩效考核“四个体系”。

完成标志：开始兑现绩效工资，正式打破原有分配体系。

周期：6 个月~1 年。

（2）磨合期：各层级员工对新的考核管理体系了解、重视、认可和接受。

完成标志：连续、稳定、及时按照绩效管理体系兑现绩效工资 2 年。

周期：1~3 年。

（3）成熟期：能自如使用“指挥棒”，充分调动员工工作积极性和主动性，推动企业业绩和价值的不断提升。

绩效管理体系建设是一个不断循环持续改进的过程，没有终点，成熟期无完成标志。

周期：3 年以上。

上述三个阶段是绩效管理体系建设的必由之路。绩效管理体系成熟运

行后，由于外部环境、内部战略的变化，需要通过不断地改进优化，以达到绩效管理作为银行经营管理的“指挥棒”的长期目标。

（二）四个体系

绩效管理体系建设的四个体系包括管理体系、文化体系、制度体系和软件体系。绩效管理体系是促进企业业务发展的“指挥棒”和增强员工动力的“发动机”，是支撑企业战略目标落地的重要工具之一。在绩效考核管理体系建设过程中，必须对四个体系进行系统化的建设，四个体系建设贯穿绩效考核管理体系建设项目的整个生命周期，相互关联、缺一不可。

1. 管理体系

管理体系解决的是“谁使用”“怎么使用”“使用工具”问题，管理体系包括绩效考核管理体系的组织、流程、能力、工具等。

2. 文化体系

文化体系是员工对绩效考核的认知程度、价值观、态度转变与心理变化，从而产生相应工作行为等过程。绩效文化让员工逐步确立企业所倡导的共同价值观，逐步形成以追求高绩效为核心的优秀企业文化。拥有高绩效文化的企业会清晰的向员工传递组织的目标。同时，企业的战略目标与每位员工息息相关，成为员工的个人目标。

3. 制度体系

制度体系是构成考核“指挥棒”的衡量标准体系。随着企业不断发展，通过不断更新、不断完善这套体系，逐步建立一套适合企业区域经营与政策环境、发展阶段、战略导向、绩效管理发展阶段和管理能力与管理风格的，并能被广大员工普遍接受的绩效考核管理体系。

4. 软件体系

软件体系是考核“指挥棒”的落地工具，是科技支撑体系。随着企业的不断发展，建设一套匹配自身绩效考核管理办法与考核发展需要的信息管理平台，涉及一系列的软件子系统，如绩效管理信息系统（PAS）、移动版 PAS（MPAS）、360 度打分系统、业绩预约系统、辅助定价系统、存量分配系统等。

五、“三分打造、七分运营”的理念

传统的银行绩效管理体系更多考虑的是引入先进的绩效管理方法，建立完善的绩效管理制度，存在“重打造，轻运营”的问题，更多关注的是考核制度如何设计，产品营销计价如何制定，业绩关系规则如何处理，系统功能如何实现等。但推行绩效考核制度以后，行员接受度不高，行领导信心受动摇，牵头部门推动乏力，得不到支持，不清楚如何改进等问题，导致考核最后实施效果不佳，甚至考核制度被束之高阁。要把绩效考核管理体系建设好、运作好且产生效果，需要做好“打造”和“运营”工作。其中，“打造”工作仅仅完成了绩效考核管理体系的初始建设，而要达到绩效考核预期效果，需要通过运营才能真正实现。众多银行有效的绩效管理体系的实践证明，成功且有效的绩效考核管理体系三分靠打造，七分靠运营。

三分打造：对银行绩效管理体系的打造将从管理、文化、制度、软件四大体系着手，建设一套适合银行自身经营与政策环境、发展阶段、战略导向、绩效管理发展阶段、管理能力与管理风格的绩效管理体系。

七分运营：银行绩效考核管理体系的运营将从团队管理、流程建设、文化建设、制度磨合等方面着手，持续不断地优化完善，逐步形成一套能被广大员工普遍认可、接受并执行的绩效考核管理体系，实现绩效考核管理体系的高效运营。其中，团队管理：打造有效的绩效考核管理团队，包括银行方绩效考核管理团队、公司方绩效考核管理团队；流程建设：打造绩效考核管理体系的流程，包括建设、管理、推广流程的最佳模型；文化建设：打造“规则公开与公平、过程透明、结果公正”“多劳多得、按绩取酬”的绩效文化，包括各种绩效管理会议（关键是“两会”和支行行内绩效座谈会）、理念宣贯与培训、标杆打造与宣传表彰、软文推广、制度宣导、系统培训和岗位淘汰等；制度磨合：好的绩效考核管理制度都是磨合出来的，只有通过不断地磨合实践、优化完善与调整，才能逐步形成一套适合银行的绩效考核管理体系。

六、八大任务

要建设“四个体系”即制度体系、管理体系、软件体系与文化体系，需要完成八大任务，这八大任务包括：考核规划、方案设计、制度设计、业绩管理、定价、软件实现、考核培训推广、效果评估。

· 考核规划：结合银行中长期战略，对接年度计划，制定绩效管理中长期规划。

· 方案设计：结合先进的考核理念和成功应用案例，提交给各银行可落地的绩效考核方案。

· 制度设计：根据绩效考核方案形成可以落地的、完整的考核管理制度，每年根据年度计划和博弈结果进行调整。

· 业绩管理：梳理业绩关系，建立合理、准确的业绩分配机制，包括分配模型、分配规则、分配角色和约束四个部分。

· 定价：对考核制度中涉及的产品营销计价的价格进行充分、细致的测算，既不能突破薪酬、费用总盘子，又必须保证足够的激励性，同时兼顾公平。

· 软件实现：承载绩效考核管理思想，制度落地的实现工具。

· 考核培训推广：通过绩效考核的培训进行推广，统一中层管理干部的认识，帮助银行员工深刻认识绩效考核系统与个人利益、个人发展的关系，减少抵触情绪，提高系统使用效率，发挥“指挥棒”作用。

· 效果评估：把握各银行的考核思路变化，分析当前考核运行情况，结合先进考核理念，进而提出考核方案改进思路，完善制度、系统等配套措施。

第三节　银行绩效管理组织模式

组织结构是指商业银行作为企业，用来协调组织内部各利益主体的机制设计和对业务如何分工、协作和执行的制度安排。现代商业银行大都是按照公司法组建的股份制银行，其内部组织结构可分为两大类：第一类是公司治理结构层面的，是指银行协调内部各利益主体的机制设计，其基本内容与框架一致；第二类是业务运行和管理层面的，是指银行管理层对于业务如何分工、协作，以加强管理执行力的制度安排。这类组织结构根据银行的规模、经营领域的覆盖面以及经营地域的跨度范围不同，具有很大的差异。

一、银行内部组织结构

银行公司治理层面的组织结构基本相同，一般分为四个层次：决策层、执行层、监督层和经营管理层。商业银行的决策层次主要由股东大会和董事会以及下设的各种委员会构成。但世界各国商业银行组织结构的形式很多，在大的类别上可以归为以下五类。

（一）总分行科层制

总分行科层制是20世纪60年代以前，世界各国大多数银行的传统组织结构设计形式，也是20世纪中期到21世纪初，我国四大国有商业银行和大型股份制银行的内部管理组织结构形式。在我国，该组织结构典型形式是以纵向（条）职能部门化与横向（块）行政区域部门化结合的“条块”组合为主要特征。除此之外，我国的科层制组织结构还具有以下特点：第一，总行一层按照主要业务进行部门化的机构设置，银行在全国按照行政区划设置分支机构和网点；第二，各省和直辖市的一级分行实行财务独立核算，财务报表和绩效考核主要是块状结构，即按照总行、分行和支行的层级进行；第三，各一级分行在分行行长的直接领导下，分行内再设立各职能部门对应总行的职能部门。然而，这种划分是粗线条的，大银行之间的组织结构又有不少差异，并不断地变化。根据管理和控制幅度的需要，又可以把这些银行划分为高长型和扁平化的组织结构。再如，中国银行的境外业务具有传统优势，在国外有大量分支机构，在组织结构设计上就添加了矩阵式的内容。

21世纪以来，随着金融业务领域的不断拓宽，国内四大银行和大中型股份制银行都逐步转变为金融控股公司，各银行的组织结构形态也呈现出多元变化的趋势。

（二）功能部门化结构

功能部门化结构是指根据银行业务的职能来实行部门化的组织结构的设计。在这类组织结构设计中，人员和单位根据银行最核心的业务进行部门化的分类和配置。

功能部门化结构的主要有以下四个特点：①每个部门由专业人士组成，银行可以对各职能部门进行有效地专业化管理；②分管行长或经理只需要对相关专业技能和管理了解即可；③部门内部的工作协调比较容易；④有利于实施集权化管理，银行总裁（CEO）可以方便地监督和协调组织内的全部活动。然而，随着组织规模的扩大，这种组织结构的缺陷也逐步凸现出来。如银行 CEO 的全面管理和协调会变得越来越困难；决策速度可能变慢，组织官僚化；员工和部门领导只关注本部门，而忽视了银行整体的发展需要；对责任和绩效的监督和分解也会变得越来越困难等。上述特点使得这类组织结构比较适用于那些小型银行。

（三）事业部结构

事业部结构也称 M 型结构，是对银行内部相关多元化业务进行组合的结构设计，其战略理念是实现相关业务多元化，提高银行整体效率。在事业部组织结构下，银行根据自身所能提供的主要产品或服务对象的不同，对事业部进行划分。总行将某些业务分权给各事业部，事业部由各自的总经理负责，他们拥有相当大的权限。在银行内部，事业部有着较完整的职能部门，相对独立，制定经营计划和预算，从而形成管理会计意义上的“利润中心”。事业部结构设计的最大优点是优化内部竞争，即通过在银行内部的事业部之间对资源的健康竞争和专业化处理，对所专注的业务有着较高管理效率，从而提高银行整体运作效率。该组织结构的不足是，对跨事业部之间的交叉业务的协调以及业绩的分解存在难度，不利于较大规模银行多品种经营“范围经济”的实现。

（四）矩阵结构

矩阵结构的设计可以概括为由至少两类以上组织结构叠加而成的组织

形态。要设计典型的矩阵结构，首先，需要设计一组职能部门；其次，再将其他产品部门叠加在职能部门上。矩阵结构是在经营管理的高度和宽度同时增加的情况下，企业为了进一步提高效率而设计的一种组织形态。该组织结构常常出现在银行面临以下环境状态时：第一，激烈的外部竞争对营销部门形成强大的营销冲击，而产品线的多元化又需要银行围绕客户需求进行产品设计；第二，随着经营宽度和高度的增加，需要银行提高处理信息的能力；第三，银行内部各部门之间和上下级机构之间对分享信息有较高的要求；第四，当银行经营跨境，变为国际组织时，管理的半径过长以及东道国环境和金融监管的特殊性，对分支机构提出了明确的分权要求。

矩阵结构有以下主要优点：一是组织富有弹性，可以随时组建、重组，甚至撤销；二是团队中的成员有较高的决策权，其激励作用较大，对银行发展有重要影响；三是团队成员保留了职能部门的身份，从而在银行职能部门与团队之间维系了沟通关系，减少了信息损耗；四是对于大型银行，矩阵结构是一种有效的分权工具，它除了可充分调动员工的积极性外，还将日常运营分离出去，最高层可以有更多时间从事长期规划和战略工作。当然，矩阵结构也有其不足，在复杂的矩阵组织中，群体比个人需要更长的时间才能做出决策，这种状况有时会带来混乱，若安排和控制不恰当，要么会出现过度分权独裁，要么会出现多方的过度妥协。因此，矩阵组织在决策前协调所花费的时间往往是最多的。

（五）混合结构

有些银行采取上述两种和更多组织形式的混合形态。如将总分行科层制与事业部结构组合，或者将功能部门化结构与矩阵结构结合。在现实中，很少有哪家银行是上述纯粹意义的某类组织形式，其做法都是选择一种基本组织结构作为运营的基本形式，再在实践中不断根据自身需要对各种组织结构元素进行增减或调整。

二、绩效管理组织机构及职责

绩效管理涉及对企业战略的分解，各级考核者和被考核者需要充分沟通以确定目标责任和工作计划，通过绩效监控系统对银行各层级的绩效状况进行监控并为各级管理者提供决策支持。各级管理者在绩效管理实践中的责任和作用如图 1-5 所示。

在现代人力资源管理中，越来越强调绩效管理不仅仅是人力资源部门的事情，更是银行各级管理部门、各级管理者及全体员工的责任。因此，有必要对绩效管理体系的参与者进行明确的界定，并且对其职能进行合理定位。

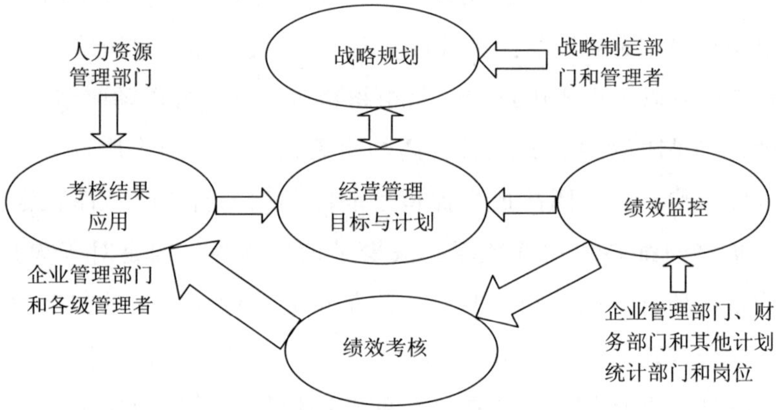

图 1-5　各级管理者在绩效管理实践中的责任和作用

（一）总行考评委员会

银行成立总行考评委员会，其权责为审定本行年度经营目标和计划；审定本行各部门和分支机构的考核指标、目标值；负责对本行部门经理和分支机构负责人实施绩效考核工作；协调和解决本行部门在绩效考核中出现的问题；审定绩效考核结果应用。

在绩效管理组织模型中，建立上至董事长牵头、下至支行专员的“一纵一横”组织结构（见图 1-6）。在银行组织层中，董事会下面设有薪酬委员会，由薪酬委员会负责协助董事长做决策，然后分别有考核办主任、总行专员及支行专员构成组织架构中的“一纵”；“一横”是由总行各职能部门协助绩效考核管理工作。

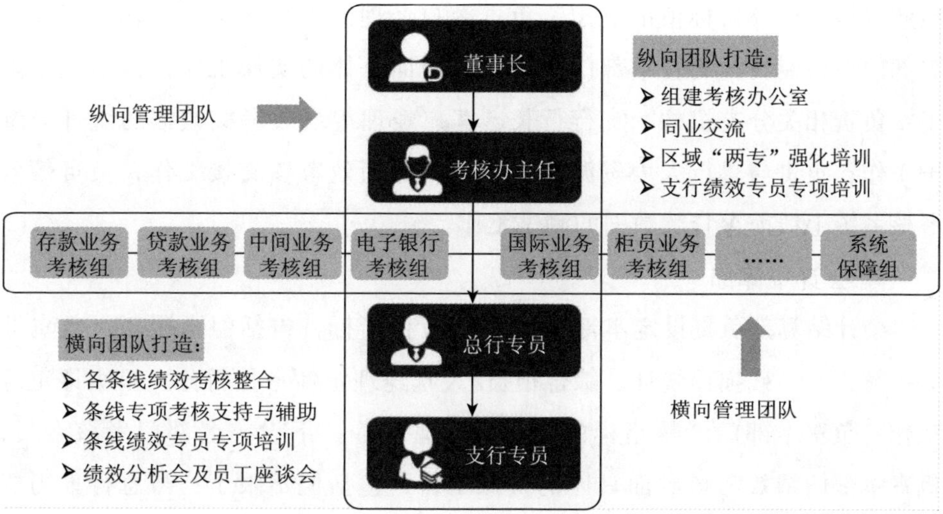

图 1-6 “一纵一横”组织模式

（二）总行部门管理职责

1. 人力资源部

人力资源部作为绩效管理的牵头部门，其负责牵头组织实施绩效管理工作，负责制定和完善绩效管理实施细则和办法。在人力资源部下设一名绩效考核专员（业务），负责全行绩效考核层面具体的实操工作，包括但不限于：组织、督促、检查和协调本行绩效考核的实施；及时收集本行各种考核信息，并进行整理和分析；负责受理员工绩效考核的申诉与处理工作；负责绩效管理培训工作；负责牵头落实绩效考核结果应用工作。

2. 计划财务部

计划财务部负责设定本行业务经营考核指标，包括但不限于基层单位经营目标、事业部考核指标、专项考核指标等；负责设定本部门负责的业务经营考核指标，包括但不限于存贷款 FTP 价格、拓展费用指标等。在计划财务部下设一名部门考核专员，负责本部门绩效考核层面具体的实操工作，包括但不限于：与总行人力资源部对接，负责提供各分支机构相关经营指标数据工作；负责绩效考核系统上线前会计口径的数据核对工作。

3. 业务管理部

业务管理部负责收集各分支机构经营数据，协助计财部做好本部门的绩效考核指标及目标值的制定，负责客户经理的等级评定等工作。下设一名部门考核专员，负责本部门绩效考核层面具体的实操工作，包括但不限于：负责相关分支机构、支行行长、客户经理等绩效考核数据的统计与维护工作；负责与总行人力资源部进行相关的绩效考核交接工作；负责绩效考核系统上线前存贷款数据的测试工作。

4. 会计结算部

会计结算部负责设定本部门的经营考核指标，包括但不限于：负责业务折算系数、残损币统计、综合柜员/大堂经理定性考核得分、星级评定等工作；负责本部门考核指标的优化和完善工作。下设一名部门考核专员，负责本部门绩效考核层面具体的实操工作，包括但不限于：与总行人力资源部对接，负责提供综合柜员、大堂经理指标数据工作；负责绩效考核系统上线前业务量指标的核对、测试工作。

5. 电子银行部

电子银行部负责设定本部门的经营考核指标，包括但不限于：负责电子银行业务目标、单价的制定、电子银行相关数据的统计等工作；负责本部门考核指标的优化和完善工作。下设一名部门考核专员，负责本部门绩效考核层面具体的实操工作，包括但不限于：与总行人力资源部对接，负责涉及电子银行业务的数据收集、汇总、测算工作；负责绩效考核系统上线前电子银行业务的测试工作。

6. 合规与风险管理部

合规与风险管理部负责设定本部门的经营考核指标，包括但不限于：负责机构分类、不良贷款责任的界定等工作。下设一名部门考核专员，负责本部门绩效考核层面具体的实操工作，负责对不良贷款责任进行界定、上报总行人力资源部门进行贷款绩效的调整工作。

7. 科技信息部

科技信息部负责总行下发数据提取和分析，配合考核系统开发和测试。下设一名总行绩效考核专员（技术），负责整个绩效考核系统技术层面的维护工作。

8. 审计部

审计部负责审计绩效考核系统相关数据的准确性，负责对绩效考核的相关制度执行情况进行审计。

9. 分支机构

各支行与其他分支机构协调和解决下属员工在绩效考核中出现的问题，并负责解释考核方案。下设一名绩效考核专员，负责本支行绩效考核的相关实操工作。

（三）考核专员的配置和组织管理

根据绩效考核权责的要求，分层次设置不同类型的绩效考核专员，承担特定的工作职责。

绩效考核专员是绩效考核工作最终落实的执行者，是机构、员工业绩绩效和绩效考核系统间的纽带，是银行实行绩效管理的重要岗位，主要包括总行绩效考核专员（业务）、总行绩效考核专员（技术）、部门考核专员、支行绩效考核专员。

在总行绩效考核牵头部门（人力资源部）下设一名绩效考核专员，负责全行绩效考核业务层面具体的实操工作。总行科技信息部下设一名绩效考核专员，负责整个绩效考核系统技术层面的维护工作。计划财务部、业务管理部、会计结算部、电子银行部、合规与风险管理部下设一名考核专员，负责系统上线前各分管条线的测试工作以及与人力资源部对接相关绩效考核数据的工作。各支行设置一名绩效考核专员，负责本支行绩效考核的相关实操工作。

对总行绩效考核专员的任命和管理工作由总行绩效考核工作领导小组负责，对部门考核专员的任命和管理工作由各部门负责人负责，对支行绩效考核专员的任命和管理工作由支行行长负责，支行的绩效考核专员任命结果须上报总行备案。

（四）考核专员岗位职责

总行绩效考核专员（业务）岗位主要负责全行绩效考核业务层面的工作。包括考核系统中考核方案、业务参数、价格、权重等的维护；考核系统中机构、人员和权限的维护；监督、协调考核期末业务数据的准备与在考核系统中的录入；对跨支行业绩关系、人员调整的监督与在考核系统中的录入；人员调动、调岗时，负责任务与基数的调整；收集绩效申诉并进行妥善处理；采集和分析业绩、绩效数据，提供决策支持；对总行相关部门及分支机构进行考核相关的业务培训。

总行绩效考核专员（技术）岗位主要负责系统的运维工作，保证考核系统的稳定运行。包括后台跑批数据的检查；系统数据出错的跟踪处理；系统数据的备份及清理等；收集系统功能方面的缺陷和改进之处，提出优化方案；配合总行绩效考核专员（业务）完成系统权限、参数等的设置工作。

部门考核专员的岗位职责：负责系统上线前各分管条线的测试工作以及与人力资源部对接相关绩效考核数据的工作。

支行绩效考核专员岗位职责：主要负责本支行绩效考核的相关工作，涉及跨机构的处理须上报总行备案；负责本支行日常业绩的维护与管理，跨支行业绩的分配管理，人员支行内转岗的业绩调整；负责本机构业绩、绩效数据的采集和分析，为决策提供支持；将不能处理的情况申诉上报。

年底，绩效考评委员会对绩效考核专员工作进行评价，并作为其年度履职工作评价当中的重要依据。

（五）绩效管理工作组织实施

考核期初（年初、季初等）主要的工作目标是将本考核期的绩效考核进行初始化。具体工作内容主要包括：负责考核方案、系统参数的配置；协助各业务部门完成对机构、个人期初业绩（基数）的调整；监督业务部门和经营机构完成对支行、个人的任务下达；负责定价、任务、基数的系统录入工作，如图 1-7 所示。

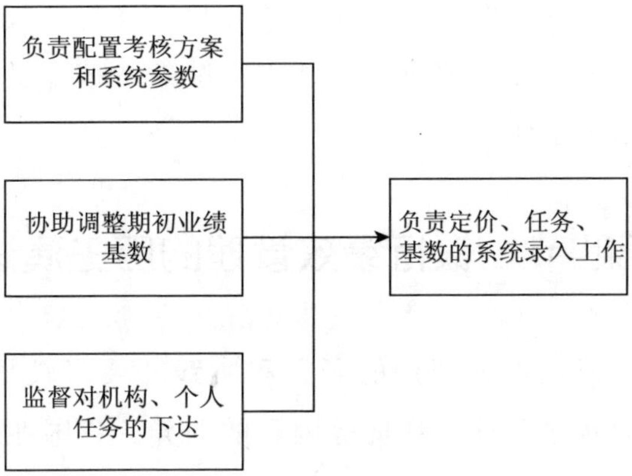

图 1-7　考核期初工作实施

考核期中主要的工作目标是维护考核工作正常运行，并处理临时突发事件。具体工作内容主要包括：维护、录入日常业绩；监控业绩关系，如支行业绩的突增突减；考核方案、价格、参数等临时调整；人员调岗后，对基数、任务等数据进行调整；系统数据出现异常时及时处理，确保系统正常运行。

考核期末主要的工作目标是对整个考核期工作进行收尾，具体工作内容主要包括（见图 1-8）：监督各业务部门和机构完成考核指标的手工统计部分；监督各业务部门和经营机构完成机构、个人业绩的调整；负责完成考核指标手工统计部分和机构、个人业绩调整的系统录入工作；负责整体考核结果的核对和分析工作。

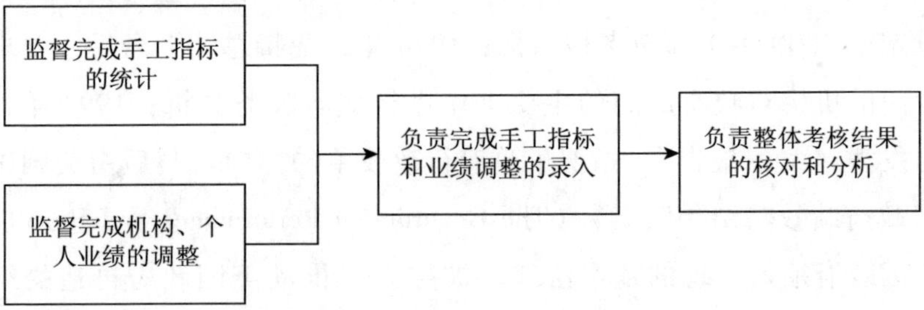

图 1-8　考核期末工作实施

另外，为确保绩效考核专员紧跟总行绩效考核思路，掌握岗位工作技能，顺利推进绩效考核工作，总行每年组织1~2次对绩效考核专员的培训工作。各层次绩效考核专员必须参加，支行绩效考核专员归行后，对机构其他行员进行转培训工作。

第四节　银行绩效管理的历史演进

国外对于银行绩效管理理论的研究和实践开展得较早，兴起于19世纪。由于经济发展水平、社会环境等因素的差异，我国在绩效管理经验积累、实践创新等方面与西方发达国家相比还存在一些差距。20世纪初期，成本绩效管理研究是当时国外主要研究方向。20世纪30年代，西方企业开始对考核指标进行研究，财务绩效是当时国外学者的主要研究方面。20世纪70年代后期，美国管理学家丹尼尔斯提出绩效管理的概念。随着社会经济的快速发展和科学技术的突飞猛进，从20世纪90年代开始，绩效管理创新成为国外学者的研究重点。从商业银行的实力和竞争力来看，目前，美国、欧盟、日本等发达国家的商业银行实力雄厚、竞争力强，因此，研究这些发达国家商业银行先进的绩效管理理念，有助于完善我国银行绩效管理体系。

一、美国银行业绩效管理

20世纪70年代，美国成为绩效管理研究领域的引领者。1973年，尼克松政府颁布了《联邦政府生产率测定方案》，针对各行业的生产要求，此方案设定了3000多个绩效考核指标；1974年，福特总统上台后，要求成立一个专门的机构对政府部门的主要工作进行成本收益分析；1993年，克林顿政府发表《戈尔报告》，指明了政府行政改革的方向。其后由美国国会通过的《政府绩效与结果法案》（The Government Performance and Results Act）成为美国政府绩效管理的基本法律，被称为“推动美国政府再造的纲领性文件之一”。由此可见，美国对政府绩效管理的重视和实践，也给美国各行业提供了企业机构改革转型的参考示范，其中就包括银行业。

美国商业银行绩效管理体系的初步形成以1978年美国联邦金融机构检

查评议委员会通过的《统一鉴别法》为标志。该文件统一了对商业银行的检查标准，规定了对商业银行检查主要包括五个方面，即资本充足率（Capital Adequacy）、资产质量（Asset Quality）、管理水平（Management）、盈利水平（Earnings）和流动性（Liquidity）。由此逐步形成了目前大多数国家都采用的商业银行业务经营综合评级体系——“骆驼评级体系”（CAMEL Rating System）。该体系通过对上述五个方面的分别评价，对商业银行的总体经营水平给出综合等级评定。

美国商业银行将绩效管理定义为与员工具体工作相关的行为以及该行为所产生的结果。由此可见，美国商业银行的绩效管理主要着眼于员工层面的绩效，而非组织层面的绩效管理。美国商业银行高度强调绩效与员工个人具体工作的强相关性。员工的能力不是绩效管理的对象，能力只在员工获取该职位之前，即在招聘或晋升等时才有意义。同样，工作态度也不是绩效管理的对象。作为管理对象的绩效只应该是员工在工作中的行为及其结果，因为工作的结果往往是不可控的，或是过于关注结果而导致对行为过程的忽视，所以员工在工作中的行为成为重要的绩效管理的考核对象。

（一）美国银行绩效管理发展阶段

美国的银行绩效管理发展可以划分为以下三个阶段：

第一阶段（1970 年之前）：在严格的银行管理监管体系之下，以银行成本效益和负债管理需求为内在要求，将资产的收益率、贷款的回报率、投资的收益率作为主要的评价标准。

第二阶段（1970—1990 年）：随着金融市场愈加宽松的监管体制以及越来越激烈的银行业界竞争，同时伴随着《巴塞尔协议》的出台，对于银行系统的考核指标日益增多，对于风险指标也更加地重视，产生了投资回报率、利差率、不良贷款率、内部收益率等考核体系。

第三阶段（2000 年至今）：随着经济金融全球化，国际银行大规模地兼并重组，新的金融寡头开始出现，新的金融产品不断地出现及信息技术广泛应用于金融交易等，还有新巴塞尔协议要求商业银行在内部业务流程中应用绩效考核，促进商业银行的绩效管理体系更加完善。

（二）美国绩效管理发展现状

目前，美国的商业银行在绩效管理中广泛地引入了诸如平衡计分卡、经济资本、经济增加值、风险资本调整收益等思想或方法。如运用平衡计分卡思想建立全面的绩效评价体系，依据需求随时监督和管理业务流程及目标业务和目标客户群。通过比较所耗的资本成本，动态地反映银行分支机构的绩效。

20 世纪 90 年代以来，美国商业银行逐渐把客户满意度放在首位，通过重组业务流程，积极进行金融创新，以满足客户需求。银行绩效受到越来越多的非财务性因素的影响。财务指标和非财务指标相结合、定量评价和定性分析相结合是目前美国银行业绩效管理的主要形式。美国商业银行对绩效管理的理解是：明确个人工作目标和绩效标准；有效连接银行、团队、个人的绩效目标；通过绩效管理，不断提高员工的素质、市场价值和竞争力，促进员工的发展，帮助员工实现自身的价值。

经过多年的发展，美国商业银行的基础管理已经做得很扎实，主要体现在：认为绩效管理是由直线经理和员工共同完成，而人力资源管理部门的职责是制定绩效管理政策流程和提供专业培训。在绩效考核中，直线经理发挥着重要的作用：一是帮助员工设定绩效目标和衡量标准；二是在考核期内对员工进行持续的辅导和反馈；三是收集员工实际工作中的典型事例；四是对员工进行周期考核，提出员工晋升和奖惩的建议。人力资源管理部门在绩效管理中的职责是：制定绩效管理政策，包括标准流程、考评方法、评估等级等；营造绩效导向的文化和氛围；为直线经理提供有关绩效管理的专业培训和辅导。

美国商业银行的绩效考核内容主要包括：一是工作结果，即个人业绩指标的实现情况；二是素质的评价。对工作成果一般采用量化指标，对素质评价一般采用定性衡量指标。此外，还通过开发素质能力模型对员工的行为能力进行评价。美联银行开发了具有本行特色的能力素质模型，一般地，业务部门负责建立业务条线岗位群的能力素质指标，人力资源部门负责相应的技术指导，最后形成业务条线的素质能力指标。

以美联银行为例，其绩效管理包括：绩效计划的制订、过程的监控和指导、绩效评估三个阶段。一是制订绩效计划阶段。制订计划是开展绩效管理的首要工作，主要是明确绩效目标，为在考核期内正确考核员工的绩效制定标准。在制订计划时，重视管理者与员工的沟通，了解员工职业生涯发展的期望和设想，制定个人发展目标和技能提高计划。管理者与员工制定年度工作目标并具体设定完成期限，最后形成标准的工作计划和员工发展计划表格，双方签字后交人力资源部，在考核周期末，作为对该员工考核的依据。二是过程的监控和指导，该阶段非常重视直线经理的作用：①实时记录员工的工作成果和表现；②管理者要定期对员工绩效的完成情况进行核定；③指导和辅助，一旦发现员工存在问题，要及时沟通，给予必要的指导和辅助，确保该员工完成阶段性的目标。三是绩效评估阶段。首先是员工自我评价，其次是经理的评估。美联银行认为：公平地管理员工意味着要客观地评估每个员工的工作业绩，并给予真诚和直接反馈。关于员工考核的内容，要将考核的内容与银行发展战略结合起来，将考核结果与员工的工资、奖金和职务晋升联系起来。

二、欧洲银行业绩效管理

世界上最早的商业银行诞生于欧洲，早在 1580 年，历史上第一家商业银行在意大利著名的商业城市威尼斯成立，而世界上第一家股份银行是 1694 年在英国伦敦创办的英格兰银行。经过多年的发展和积累沉淀，欧洲银行业在各方面的运作都比较完善和成熟。罗伯特·欧文最早在 19 世纪初就将绩效考核概念引入苏格兰，欧洲商业银行的绩效管理在理论和实践方面比较成熟和完善。

1. 鼓励和促进员工自我发展和实现自我价值

在绩效管理过程中，指导员工制订个人成长和发展计划，弥补自身的不足，把个人的专长与银行的工作有机统一起来，不断发展和完善自己，实现个人价值。

2. 标准化管理，提高服务效率

银行通过工作标准手册和员工守则等管理制度，把银行内部职能部门、各岗位和各项事务的工作流程、职责要求、行为规范等规范化，目的就是设定职能标准，支持分权管理，鼓励最佳表现，从而提高服务效率，实现绩效管理与业务管理的最佳结合。

3. 把经理培养成领导者的思想

在管理人员培养方面，欧洲商业银行从传统业务主管向业务、人事和公司文化综合管理转变，促使管理者对事业、对客户充满热诚；勇于设定团队目标并指明努力的方向；善于沟通并激励员工；以身作则，带领下属积极完成工作。这体现的不是一种简单的管理者与被管理者的关系，而是通过管理者的组织有效地使用人力资源，实现企业目标和组织内部精诚合作，使管理者与员工在沟通、合作中获得共同发展。

第二次世界大战后，特别是20世纪70年代以来，随着欧洲金融监管政策的放松、经济全球化的发展加快和现代信息技术在金融领域的应用，欧洲商业银行业务经营模式发生了显著的变化，由分业经营发展为混业经营。为应对这些变化，欧洲商业银行在绩效管理层面更加注重对风险防范的监控，提升精细化管理水平。

三、日本银行业绩效管理

日本在绩效管理方面的探索虽不如部分欧美国家成熟，但是作为一个经济发达的国家，研究其绩效管理的历史发展变迁，或许能够给我国银行在绩效管理和机构改革转型方面提供经验或教训。日本银行在绩效管理方面有以下特点：

1. 注重过程指导，防止滥用绩效考核

日本银行绩效管理目标主要包括两个方面：一是从经营的角度看，是为了有效实现对员工的指导，把绩效考核作为员工的行动指南；二是把绩效考核作为各经营机构经营活动中奖励的依据。日本的银行绩效管理更多的是为了指导日常工作的开展，评估的作用相对较弱。

2. 注重对收益部门的考核和指标的合理选取

日本银行每年（4月、10月）都会对收益部门进行两次检查，主要目的是检查半年内的市场开发、事务处理情况、安全性等。检查的对象是营业、营销部门和贷款业务管理部门以及资金融通部门。这种检查的特点是不但检查业绩，而且分析收入的方法、收入来源的基础和可持续性。同时，按照自有资本比率的规则检查资本使用效率。因此，日本银行的这种检查是综合性的，单纯的收入增加不能代表一切，只有建立了一个良好的市场基础、有效的内部管理机制及市场开发体制，才是优秀的银行。

3. 薪酬差异不大，绩效影响薪酬相对较小

日本政府对金融行业的干预较多，政府持有相当一部分的银行股份，是银行主导型金融系统。在薪酬制度上，日本银行薪酬标准较低，并且高管与普通员工之间的差距不大。同时，日本企业重视团队文化，薪酬激励采用年功序列制，薪酬与工作年限和职位相关。因此，更多的是考核个人的团队精神和奉献精神。

4. 坚持评估与指导相结合，致力于完善内部检查机制

日本的银行除了对总部的绩效考核和对分支机构的人事考核外，还存在比较有特色的内部检查机制。经过多年的发展，日本银行业的内部控制制度已发展得比较完善，基本可以做到防患于未然。

四、中国银行业绩效管理

纵观世界主要发达国家的银行绩效管理发展历程，与该国的政治、经济、文化、管理实践等密不可分。虽然中国企业管理日趋现代化，但是与发达国家相比，无论是在理论创新上还是实践上均存在较大差距。这除了与企业的组织架构、企业文化、人才资源等因素的影响有关，还与我国的经济制度、社会文化、历史因素等宏观层面的影响因素密不可分。在研究我国商业银行的绩效管理发展进程时，需要综合考虑我国的国情。

（一）近代中国银行绩效管理

中国近代新式银行制度是在中国传统金融机构（如典当、印局、账局、合会、钱庄、票号等）长期积淀的种种内生性条件和国外现代化银行组织机构、运营方式等外生性因素的共同影响下形成的。在结合西方现代银行与中国传统金融机构的做法基础上，中国近代银行业逐步摸索和完善自身

的治理结构，采用了不同等级的基本工资激励制度，确保员工的收益能够随业绩等不断递增，提高员工的积极性。2013 年，兰日旭在《中国近代银行制度变迁及其绩效研究》中以近代上海储蓄银行为例，为突出个人绩效，调动员工的积极性，吸引和留住优秀人才，探索了一系列的激励措施：采取不同等级的基本工资激励制度；实行股权激励制度；推行公积金激励制度；制定详细的规章制度以对行员进行公平、公正的考核，真正实现行员收益与银行业绩相挂钩。中国近代银行业激励制度对当今中国银行业的发展和改革仍具有一定的启发意义，如确立行员持股计划、制定合理的薪酬制度、建立公平和公正的评价体系等。

（二）现代中国银行绩效管理

改革开放以后，我国人力资源管理体系在引进国外发达国家理论的基础上逐步建立起来。随着市场体制的成熟和完善，我国的人力资源管理日趋成熟，这其中包括绩效管理体系，如目标管理法、平衡计分卡、末位淘汰、360 度绩效评估等。就银行绩效管理来说，其演变是与我国银行体制改革的发展一脉相承。回顾我国银行绩效管理的演变发展历史（见图 1-9），根据绩效管理的精细化程度可以把银行绩效管理的演变划分为四个阶段，即粗放式绩效考核阶段、精细化绩效考核阶段、全面绩效管理阶段和战略绩效管理阶段。

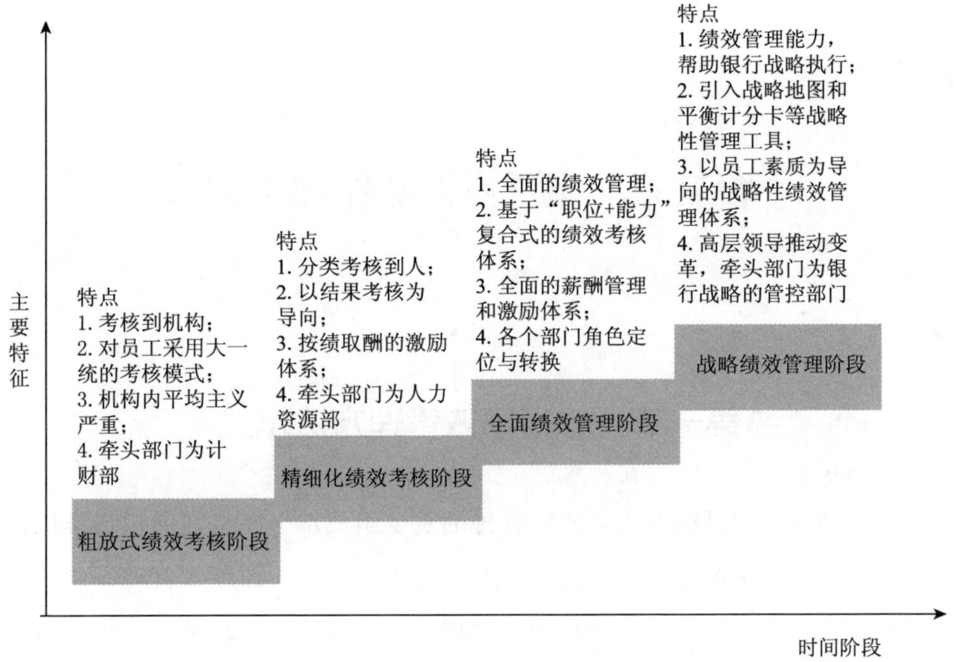

图 1-9　我国银行绩效管理发展演变

不同发展阶段银行绩效管理会呈现出不同的特点。由于目前我国商业银行的经营环境和管理水平的差异，其绩效管理发展阶段并不完全相同。银行管理者只有充分认识到绩效管理建设发展中的特点，结合银行内部的管理基础、现状和发展方向，才能准确地找到符合本行的绩效管理发展道路，从而通过卓有成效的绩效管理来保证银行战略目标的实现。

第二章　银行绩效管理方法

第一节　银行绩效管理方法概述

银行绩效管理是银行人力资源管理的重要组成部分，是帮助银行维持和提高竞争力、实现银行战略目标的最有力的手段之一。而绩效管理方法在绩效管理中占有重要地位，是银行绩效管理得以实施的有效保证。从历史的角度看，绩效管理方法的发展与绩效管理的发展相辅相成，不同阶段的绩效管理需要不同的绩效管理方法的支撑，而绩效管理方法的发展也必然推动绩效管理的发展。

一、银行绩效管理方法的发展历程

从历史的角度看，绩效管理方法的形成最初并不是从银行业开始，而是从制造业开始，而后被银行业采用，银行绩效管理方法才得以逐渐成熟。因此，总结银行绩效管理方法的发展历程就是总结绩效管理方法在银行业的应用实践与改进的过程。纵观国内外银行绩效管理方法的应用实践历程，大致可分为以下四个阶段。

（一）第一阶段：20 世纪 50 年代之前

20 世纪 50 年代之前，企业的绩效管理还仅局限于绩效评价的范畴，主要是由主管根据绩效周期内员工的工作表现（包括工作成果的数量、工作的行为等），对其做出评价，这种模式被称为表现性评价或是描述性评价。在这一时期，银行同样采用表现性评价的方法实施组织的绩效考核工作。

其中，比较有代表性的评价方法有19世纪初罗伯特·欧文（Robert Owens）使用的“四色通道”、20世纪30年代的图解评定尺度、40年代的关键事件技术以及50年代的特征评价方法等。表现性评价的优点在于操作起来比较简单，但其最大的缺陷在于没有很好地与整个组织的战略相承接，只是一种纯粹的人事评价方法。因此，20世纪50年代以后，表现性评价便被更先进的绩效管理方法所取代，或沦为辅助性方法。

（二）第二阶段：20世纪50年代至20世纪70年代

1954年，美国管理学家彼得·德鲁克（Peter Drucker）在其著作《管理的实践》中提出了目标管理（Management by Objectives，MBO）的概念。20世纪50年代到70年代，由于目标管理法适应了当时的环境变化和企业管理实践的需要，获得了极大的成功，被很多组织采用。同样的，目标管理法也被广泛应用于银行绩效管理中。但是后来的应用中逐渐暴露了一些问题，尤其是目标管理假定员工愿意接受有挑战性的目标，允许他们设定各自的目标与绩效标准，忽视了组织中的本位主义及员工的惰性，对人性的假设过于乐观，使目标管理的效果大打折扣。

（三）第三阶段：20世纪70年代至20世纪90年代

20世纪70年代，“绩效评估”正式发展为“绩效管理”，并逐渐成为人力资源管理的研究重点，绩效管理方法也随之得到了长足的发展。这一时期，银行业也开始将绩效管理与组织战略相结合，将结果导向与行为导向的评估方法的优点相结合，强调工作行为与目标达成并重，关键绩效指标（Key Performance Indicators，KPI）考核便是其中的一个突出代表。KPI强调的是对银行绩效起关键作用的指标，它提供了这样一种管理思路：绩效管理应该抓住对银行整体发展有重要意义的KPI，通过KPI使员工的行为为组织的总体战略服务，通过KPI落实银行的战略目标和业务重点，传递银行的价值导向，有效激励员工，促进银行和员工绩效的改进与提升。KPI作为一种战略性绩效管理工具，至今仍被广泛应用于各类组织之中。

（四）第四阶段：20世纪90年代至今

20世纪90年代之后，世界经济环境发生了重大变化，银行面临更严峻的挑战。一方面，为了应对经济环境的挑战，银行需要培养长期的竞争力；另一方面，传统的财务成本会计模式不利于银行的长期发展。在这种情况下，银行业广泛采用日趋成熟的平衡计分卡绩效评价体系，从四个维度将银行的短期发展与长期战略目标有机结合，给银行将无形资产转化为有形成果带来了新思路。这一时期，为了满足不同的发展需求，银行不仅广泛应用平衡计分卡理论，而且引入了多种绩效管理方法，如 360 度绩效评估法和 EVA 考核评价法等。

二、银行主要的绩效管理方法优劣势对比

现代银行业普遍采用的绩效管理方法有：目标管理法（MBO）、关键绩效指标（KPI）考核、360 度绩效评估、平衡计分卡（BSC）以及 EVA 考核评价法。将这五种方法的优劣势进行详细比较，如表 2-1 所示。

表 2-1 银行主要的绩效管理方法的优劣势对比

绩效管理方法	优　势	劣　势
目标管理法（MBO）	（1）有利于评价者与被评价者对工作绩效目标的认同； （2）提高工作效率； （3）激发员工潜能	（1）倾向于短期目标； （2）片面关注财务指标； （3）目标设置专业性要求高
关键绩效指标（KPI）考核	（1）目标明确，有利于商业银行战略目标的实现； （2）有利于组织利益与个人利益达成一致； （3）有效把握工作重点	（1）有些考核内容 KPI 难以界定； （2）KPI 会使考核者误入机械的考核方式； （3）KPI 缺乏对绩效过程的管理
360 度绩效评估	（1）有助于全面了解信息； （2）有助于员工自我能力提高； （3）有助于组织与员工之间的沟通、互动	（1）评估结果的主观性与不确定性； （2）实施的难度大、周期长
平衡计分卡（BSC）	（1）使整个组织保持一致，服务于战略目标； （2）实现了组织的五大平衡； （3）实现组织的可持续发展	（1）实施难度大； （2）构建指标体系较困难； （3）实施成本大
EVA 考核评价法	（1）关注财务效率； （2）真正反映组织的经营业绩； （3）注重组织的可持续发展	（1）理念难以统一； （2）构建指标体系较困难

三、银行绩效管理方法的选择

由于每种绩效管理方法都有其优劣势，而绩效管理方法只是银行进行绩效管理的手段，不可一味强调方法的先进性，而忽视方法与银行自身的匹配性，否则就会本末倒置。因此，银行在选择绩效管理方法时，需要注意以下几点。

（1）单个绩效管理方法都有其局限性，可以通过多种方法组合使用的方式提高其信度和效度。如某商业银行结合自身的使命、价值和愿景，构建了一套以银行价值最大化为战略目标，以 EVA 为导向牵引、平衡计分卡为框架体系、KPI 为实施工具的“三位一体”商业银行绩效评价体系。

（2）注意绩效管理方法与银行所处的发展阶段的匹配性。银行在选择具体的绩效管理方法时，应该充分认识到，在组织不同的发展阶段，只有选择适合组织发展的绩效管理方法，才能有效发挥绩效管理“指挥棒”的作用。根据企业生命周期理论，银行会经历创业阶段、成长阶段、成熟阶段和衰落阶段，在这四个阶段中，银行应该根据每个阶段的特点来选择合适的绩效管理方法（见表 2-2）。

表 2-2 银行不同发展阶段的绩效管理方法的选择

	创业阶段	成长阶段	成熟阶段	衰落阶段
绩效管理的特点	没有绩效管理的概念；聚焦在目标计划管理，以任务考核、主管评价为主	以绩效考核为核心，重视员工绩效考核；重视结果，关注过程	绩效管理循环全面实施；保持有效的绩效沟通和反馈，持续重视绩效结果的应用，保留人才，实现员工的职业发展	绩效考核处于次要位置
合适的绩效管理方法	MBO 或 KPI	基于 KRA 或 KSF 的 KPI，KPI+KOI+KBI	BSC，KPI，KPI+KOI+KBI，EVA	KPI

（3）方法的选择和使用，前提是 HR 对组织、职位和方法本身的了解程度。绩效管理方法的选择，首先需要 HR 对每种方法的利弊有深刻认识，做到心中有数，并且对每种方法的适用对象、场景、结果应用都熟稔于心；其

次需要结合本组织的发展现状和职位要求，选择合适的绩效管理方法，只有这样，才会使绩效管理方法在实际运用时实现成本最小化、产出最大化。

第二节　基于目标管理的绩效管理体系

目标管理法是现代商业银行最早使用的绩效管理方法之一，体现了目标管理的核心思想。本节介绍目标管理法在银行绩效管理中的应用，主要从三个方面阐述：一是简单介绍目标管理法的概念、核心思想与特点；二是详细介绍银行如何构建目标管理考核评价体系；三是简要说明目标管理法本身的优劣势。

一、目标管理法（MBO）简介

（一）概念

目标管理法（MBO），是一种以组织的发展目标为核心目的的绩效管理方法。20 世纪 50 年代中期出现于美国，以泰勒的科学管理和行为科学理论（特别是其中的参与管理）为基础形成的管理方法。

（二）核心思想

目标管理法的核心思想是使管理活动围绕和服务于目标中心，以分解和执行目标为手段，以圆满实现目标为宗旨的一种管理方法。其目的是将组织的整体目标逐级转化为下属单位和个人的子目标，形成一个完整的目标考评体系，以此来提高组织绩效。1954 年，德鲁克在《管理的实践》中，首先提出了“目标管理和自我控制”的主张。之后，他又在此基础上提出：企业的目的和任务必须转化为目标，企业的各级主管必须通过这些目标对下级进行领导，以此来达到企业的总目标。

（三）特点

1. 注重目标的统一性与整体性

组织的总目标通过层层分解落实到每一位员工身上，各经营单位、各部门和个人目标构成组织整体目标体系。同时，目标是经过上下级反复沟通共同制定的，统一了组织中每位成员的思想和认识，有利于实现组织的业务发展目标。

2. 注重员工的自我发展

在目标管理中，员工承担完成个人目标的责任，上级承担检查、指导、协助以及创造良好环境帮助员工实现个人绩效的责任，员工通过对照目标任务评估自身业绩，进行自我约束，并注重自我发展。

3. 以结果导向为主

目标管理法只看目标有没有完成，至于完成目标的过程很少受到关注。完成目标则给予奖励，未完成目标则给予惩罚，干和不干不一样，干多干少不一样，干好干坏不一样。

二、目标管理考评体系在银行绩效管理中的应用

目标管理考评体系的整个过程实际上是一个循环系统。这个循环系统从设定组织的总目标开始，经过循环最终又回到组织的总目标。银行构建目标管理考评体系一般流程如图 2-1 所示。

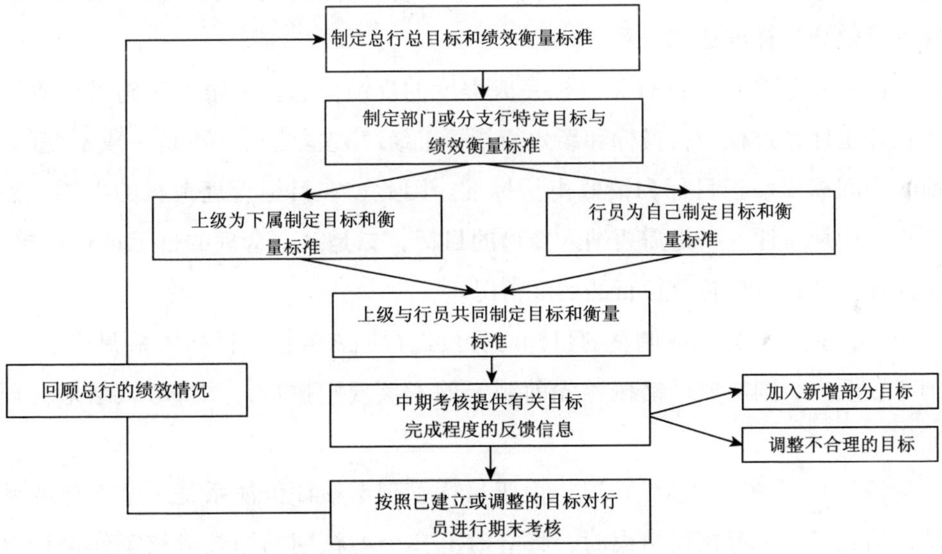

图 2-1 目标管理考评体系流程

（1）制定总行总目标和绩效衡量标准。银行实施目标管理考核评价体系需要确定总行级别的总目标以及衡量目标完成的标准。总行级别的目标可以通过管理者头脑风暴法或者通过咨询专家来共同制定，在总行级别的目标确定之后，要确定衡量目标完成的统一标准。

（2）制定部门或分支行特定目标与绩效衡量标准。在银行确定好总行级的目标和绩效衡量标准之后，就需要把总目标分解到各部门和分支行等经营性机构，而且每个部门和经营性机构需要在满足总行级别的绩效衡量标准的前提条件下，再结合自身的现状制定绩效衡量标准。

（3）上级为下属制定目标和衡量标准以及行员为自己制定目标和衡量标准。总行级别的目标分解到部门和经营性机构之后，各部门和经营性机构管理者需要在其机构内部进一步将目标分解到具体岗位，并制定绩效衡量标准。在这一环节，目标分解分为自上而下和自下而上两种方式。第一，上级为下属制定目标和绩效的衡量标准；第二，结合自身的情况，每个行员制定目标和绩效衡量标准。

（4）上级与行员共同制定目标和衡量标准。在上级为下属以及行员自己制定的目标和绩效衡量标准的基础上，双方需要进行沟通、协商，最终就目标和绩效衡量标准达成一致。

（5）中期考评提供有关目标完成程度的反馈信息。在银行实施目标管理考核评价体系过程中，目标和绩效衡量标准统一建立之后，不是一成不变的，而是中间需要修正目标和绩效衡量标准。因此，在目标管理考核的中期，需要进行中期考评，一是需要纳入新增的目标，二是对不合理的目标进行调整，从而保证考核目标符合银行的实际情况。

（6）按照已建立或调整的目标对行员进行期末考核。目标体系调整之后，到考核期末，则需要严格按照先前制定的考核规则执行，并将考核结果合理应用。

（7）回顾总行的绩效情况。由于目标管理考核评价体系是一个循环的系统，因此，一个考核期结束时，将会对上一个考核期的绩效考核工作进行效果评估，有助于下一个考核期的工作开展。

三、目标管理法的优势与劣势

（一）优势

1. 有助于评价者和被评价者对工作绩效目标的认同

通过实施目标管理，组织的总目标通过层层分解落实到每一位员工身上，各经营单位、各部门和个人目标构成组织整体目标体系。同时，目标是经过上下级反复沟通共同制定的，大大加强了管理者与员工之间的相互沟通，培养了组织内部的团队意识，有助于企业文化建设。

2. 有助于提高工作效率

在组织总目标和个人目标的基础上，组织成员必然会努力工作，想方设法完成目标，因而工作效率会得到很大提高。

3. 有助于激发员工潜能

目标具有前瞻性，如何完成目标是对员工的考验。如果目标设置合理，激励到位，员工会对工作充满激情，有助于员工潜能的激发。

（二）劣势

1. 倾向于短期目标

在目标管理实施过程中，大多数组织的目标都是一年以内的短期目标，忽视了组织长期的目标。

2. 片面关注财务指标

目标管理法中的目标大多数集中在组织财务目标的实现，对于组织其他维度的目标并没有考虑，使得组织片面追求财务目标的实现，从而忽略了组织其他重要目标的实现。

3. 目标设置专业性要求高

组织的总目标需要通过层层分解下达到各经营部门，但如何分解目标任务却一直是困扰各级管理者的一大难题，需要较高的专业能力。

第三节　基于关键绩效指标的绩效管理体系

关键绩效指标是 20 世纪 80 年代兴起的一种绩效管理方法，标志着银行的绩效考核正式进入绩效管理阶段；同时，关键绩效指标是最早将银行的发展战略与绩效管理相结合的方法。本节介绍关键绩效指标在银行绩效管理中的应用情况，主要从三个方面阐述：第一，简单介绍关键绩效指标的概念、理论基础以及相关概念；第二，详细介绍银行如何构建关键绩效指标考核体系；第三，简要说明关键绩效指标考核体系的优劣势。

一、关键绩效指标简介

（一）概念

关键绩效指标（KPI）的概念最初源自管理学大师彼得·德鲁克在1954年出版的《管理的实践》一书，于20世纪80年代形成。KPI考核是通过对组织内部流程的输入端、输出端的关键参数进行设置、取样、计算、分析，衡量流程绩效的一种目标式量化管理指标，是把企业的战略目标分解为可操作的工作目标的工具，是企业绩效管理的基础。

（二）理论基础

KPI考核的理论基础是“二八原理”。在一个企业的价值创造过程中，存在“80/20”的定律，即20%的骨干人员创造企业80%的价值；而且在每一位员工身上“二八原理”同样适用，即80%的工作任务是由20%的关键行为完成的。因此，抓住20%的关键，就能抓住绩效评价的重心。

（三）相关概念辨析

KPA、KPI、KRA三个概念之间的关系是：KPA更关注组织行为考核，是指标量化执行阶段；KPI和KRA关注结果考核，KPI是指标量化考核阶段；KRA是指指标必要达成的结构性目标管理阶段，如表2-3所示。

表 2-3 相关概念辨析

概 念	意义解释
KPA（Key Performance Action）	关键绩效行动，也称关键行为指标，当一件任务暂时没有找到可衡量的 KPI 或一时难以量化的时候，可以对完成任务关键的几个分解动作进行要求，形成多个目标，对多个目标进行检查，达到考量的结果。KPA 是做好周计划和日计划的常用工具，通过 KPA 的检查考量统计可以将一个任务的 KPI 梳理出来
KPI（Key Performance Indicator）	关键绩效指标，是通过对组织内部流程的输入端、输出端的关键参数进行设置、取样、计算、分析，衡量流程绩效的一种目标式量化管理指标，是对企业运作过程中关键成功要素的提炼和归纳
KRA（Key Result Areas）	关键结果领域，它是为实现企业整体目标不可或缺的、必须取得满意结果的领域，是企业关键成功要素的聚集地

（四）指标的设计原则

一般情况下，设计关键绩效指标应遵循 SMART 原则，包括：具体性原则（Specific），是指绩效考核要切中特定的工作指标，不能笼统；衡量性原则（Measurable），是指绩效指标是数量化或者行为化的，验证这些绩效指标的数据或者信息是可以获得的；可达性原则（Attainable），是指员工在付出努力的情况下可以实现绩效指标，避免设立过高或过低的目标；现实性原则（Realistic），是指绩效指标与上级目标具有明确的关联性，最终与银行战略目标相结合；时限性原则（Time-based），是指注重完成绩效指标的特定期限。

（五）特点

1. KPI 来自对组织战略目标的分解

首先，KPI 所体现的衡量内容最终取决于组织的战略目标。当 KPI 构成组织战略目标的有效组成部分或支持体系时，它所衡量的岗位便以实现组织战略目标的相关部分作为自身的主要职责；如果 KPI 与组织战略目标脱离，则它所衡量的岗位的努力方向也将与银行战略目标的实现产生分歧。

其次，KPI 是对银行战略目标的进一步细化和发展。银行战略目标是长期的、指导性的、概括性的，而各岗位的 KPI 内容，是针对岗位而设置的，着眼于考核当年的工作绩效，具有可衡量性。因此，KPI 是真正驱动银行战略目标实现的具体因素，是银行战略对每个岗位工作绩效要求的具体体现。

再次，KPI 随着银行战略目标的发展演变而调整。当组织战略侧重点发生变化时，对 KPI 必须予以修正，以反映银行战略新的内容。

2. KPI 是对绩效构成中可控部分的衡量

银行整体经营活动的效果是内因、外因综合作用的结果，内因是员工可控制和影响的部分，也是 KPI 所衡量的部分。KPI 应反映员工工作的直接可控效果，剔除他人或环境造成的其他方面影响。

3. KPI 是对重点经营活动的衡量，而不是对所有操作过程的反映

每个岗位的工作内容都涉及不同的方面，高层管理人员的工作任务更复杂，但 KPI 只对其中对银行整体战略目标影响较大、对战略目标实现起到不可或缺作用的工作进行衡量。

二、构建银行 KPI 考核体系的步骤

（一）银行 KPI 考核体系的构建思想

KPI 体系是自上而下设计、自下而上执行的过程（见图 2-2）。体系的设计源自对银行战略目标的了解，在此基础上，确定总行级 KPI，接着确定银行的各业务流程的目标以及各职能部门之间的联系，再根据各部门的功能确定部门级的 KPI 指标，各部门主管和管理人员再将本部门的 KPI 分解到具体岗位确定 KPI。

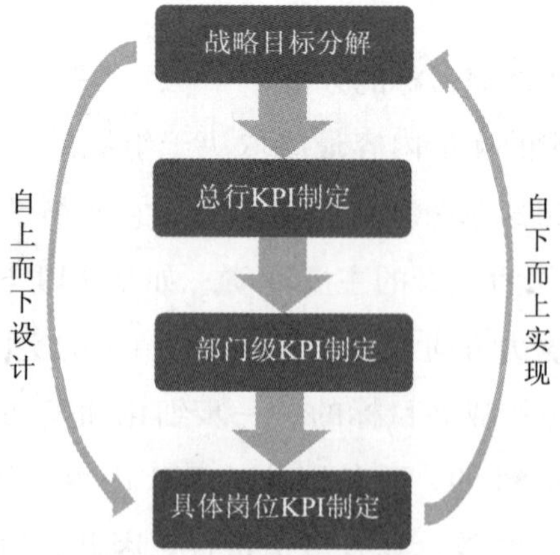

图 2-2　KPI 体系构建思想

1. 银行战略目标分解

通常情况下，银行的总体战略目标均可以分解为几项主要的支持性子目标。银行高管根据各个业务条线的发展和外部市场环境制定总体的战略目标，一般定为3~5年。银行高管和相关部门充分了解银行战略发展目标和组织结构及运作情况后，对战略目标进行分解，分解出若干子目标，并在若干子目标中找出关键目标——银行经营过程中关键结果领域。关键结果领域一般以1年为1个周期。

2. 制定总行级别的KPI

银行在确定每年关键结果领域的基础上，确定关键结果领域的KPI，然后对各个业务流程进行梳理，从而制定总行级别的KPI。一般而言，银行总行级别的KPI主要是各项业务整体发展的指标，比如存款、贷款、电子银行和中间业务等。

3. 制定部门或分支行级别的KPI

在银行确定好总行级的KPI之后，需要将总行级的KPI分解到各部门和分支行等经营性机构，保证上下目标的一致性。

4. 制定具体岗位的KPI

各部门或分支行的负责人和管理人员将部门的KPI进一步细分，结合各个岗位职责再分解出具体岗位的KPI。

5. 持续优化

建立初步的KPI体系后，经过试运行，然后收集各方面人员的意见，对所建立的KPI体系进行补充、调整，使其不断完善。

（二）KPI考核体系的构建程序

一个组织的KPI指标体系的构建程序包括确定工作产出、设计考核指标、设定考核标准以及审核KPI四个步骤（见图2-3）。确定工作产出是整个KPI指标体系构建的基础，设计KPI以及设定考核标准是KPI考核体系的核心部分，KPI的审核是KPI的重要组成部分。

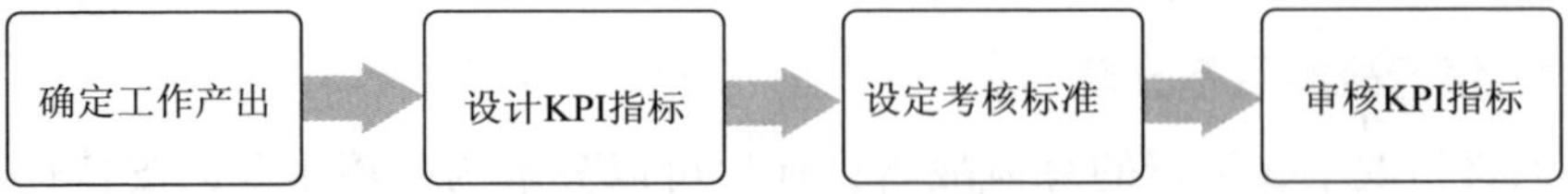

图 2-3 KPI 制定流程

1. 确定工作产出

首先，明确组织目标，自上而下逐级确认产出，按照各个业务进行分类，包括但不限于存款、贷款、中间业务和电子银行业务等。其次，根据整体战略规划，对不同的业务产出划分权重。最后，根据各个岗位特征进行细一步划分。

2. 设计 KPI 指标

根据 SMART 原则设计 KPI 指标。如在营销岗位上，总行针对产出项设定对应的考核指标。由于银行业务的性质，还需要考虑风险防控方面的指标内容。某商业银行汇总后的 KPI 指标如表 2-4 所示。

表 2-4 某商业银行 KPI

一级维度	二级维度	KPI
产品创新	产品效能	新产品投资利润率
产品创新	开发成本	研发成本控制率
客户管理	法人客户管理	重点客户营销
客户管理	法人客户管理	对公结算账户净增
客户管理	法人客户管理	小微企业贷款净增
客户管理	法人客户管理	现金管理客户净增
客户管理	个人客户管理	个人高价值客户及金融资产净增
客户管理	个人客户管理	有效信用卡客户净增
客户管理	个人客户管理	个人电子银行客户净增
客户管理	个人客户管理	理财产品销售
客户管理	客户关系管理	客户满意度
客户管理	客户关系管理	高价值客户增长率
客户管理	客户关系管理	客户流失率
客户管理	客户关系管理	客户获利率

续表

一级维度	二级维度	KPI
利润与增长	利润	人均经济增加值
		经济资本回报率
		拨备后利润计划完成率
	成本	成本收入比
	资产管理	资产回报率
		净资产收益率
市场领先	市场份额	对公存款市场份额
		个人存款市场份额
		中间业务收入市场份额
	产品覆盖率	法人客户产品交叉销售率
		个人高价值客户产品交叉销售率
	市场规模	日均存款净增
		贷款净增
		重点产品销售
	渠道建设	网点建设/装修完成率
		自助银行建设/改造完成率
风险控制与管理	风险管理	不良压降率
	内控管理	内部控制
员工与文化	员工培训与开发	优秀员工流失率
		绩效改进计划完成率
		员工培训计划完成率
	企业文化建设	员工满意度
IT 支持	信息系统建设投入	信息系统建设投入率
	信息设备管理	计算机系统安全运行时间
		信息设备平均使用率

3. 设定考核标准

在考核当中，考核标准是核心要素之一，没有明确的考核标准就无法对被考核对象的工作行为、工作结果等进行衡量。在商业银行的 KPI 考核中，考核标准主要包括：一是任务完成率考核下的考核标准的设定。首先，商业银行需要通过一定的方法，确定每个 KPI 任务需要完成的标准，如储蓄余额占比达到50%时可以得满分等；其次，根据考核期内被考核对象的任务完成情况进行打分。二是计价制考核下的考核标准设定。商业银行需要结合任务数、人数、战略目标等情况，把绩效预算分解成各个 KPI 的价格，如增量储蓄存款的奖励标准为 30 元/万元/年，行员每营销一笔新增的存款，就按照这个奖励标准进行奖励。三是积分制考核下的考核标准设定。其考核标准的确定方法与计价制类似，只是把 KPI 的奖励单位由货币变成积分单位，如计价制下面的增量储蓄存款的奖励标准为 30 元/万元/年，而积分制下面的增量储蓄存款的奖励标准为 30 分/万元/年，在考核期末，又通过一定的方法把积分折算成货币。

考核标准体现了银行考核的导向，但是考核标准的设定又是绩效考核中的一个难点。因此，银行需要通过多种方法，使得 KPI 的设定更为客观可行，更能体现银行的战略。

4. 审核 KPI 指标

在制定考核指标后需要对指标的全面性、可操作性和客观性等方面进行审核，并且针对不同岗位和条线的特点对考核指标进行相应调整。

三、KPI 考核体系的优势与劣势

（一）优势

1. 目标明确，有助于商业银行战略目标的实现

将银行战略目标层层分解，通过 KPI 的整合和控制，使员工绩效行为与银行目标要求的行为相吻合，有效地保证了银行战略目标的实现。

2. 有助于组织利益与个人利益达成一致

策略性的将绩效指标进行分解，将银行战略目标最终分解为个人绩效目标。员工在实现个人绩效目标的同时，也实现了银行的战略目标，达到两者和谐、银行与员工共赢的效果。

3. 有助于把握工作重点

KPI 强调目标明确、重点突出、以少带多。通过实施 KPI 管理，有助于迅速抓住关键，把握工作重点，提升工作效率。

（二）劣势

1. 有些考核内容 KPI 较难界定

一般对于职能部门而言，如果需要评估履职情况，KPI 较难界定，一般作为一个维度进行评价。

2. 管理者过分依赖 KPI

过分地依赖考核指标，而没有考虑人为因素和弹性因素，会产生一些考核上的争议。如在分支机构绩效管理中，并非每项业务和事项都需要通过 KPI 进行考核。这种考核导致员工不愿意处理一些与考核业务或事项无关的工作，导致支行管理者过分依赖 KPI 考核。

3. KPI 缺乏对绩效过程的管理

KPI 大多关注结果，缺乏对绩效实现过程的全面关注，因此，不能确保商业银行能获得持续、稳定的高绩效。

第四节 基于 360 度评估的绩效管理体系

20 世纪 90 年代，随着互联网技术的迅速发展和线上评估方式的流行，360 度绩效评估体系日趋成熟，逐渐成为商业银行主要的绩效考核方法之一。

一、360 度绩效评估简介

（一）概念

360 度绩效评估，又称“360 度绩效反馈”或“全方位评估”。360 度的含义是指从企业员工的角度来说，被考评者、上级、下级、同级以及客户都能对被考评者个人绩效做出评价（见图 2-4），通过全方位的评价，达到改变员工行为、提高业绩等目的的考评方法。

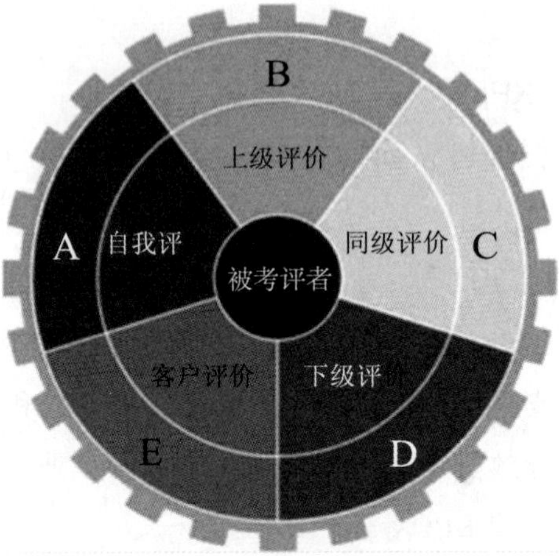

图 2-4　360 度绩效评估

（二）发展历程

360 度绩效评估体系自 20 世纪 40 年代以来经历了萌芽时期、发展时期和成熟应用时期。

1. 萌芽时期

360 度绩效评估产生于 20 世纪 40 年代。从 20 世纪 50 年代起，360 度评估方法被用于工作岗位分析，最早采用调查法收集企业雇员绩效反馈信息的是美国埃索石油研究工程公司（Esso Research and Engineering Company）。之后，360 度绩效评估理念得到推广。20 世纪 90 年代，美国英特尔公司正式提出这一概念并予以实施。但这一时期的 360 度绩效评估仍处于手工评估阶段，因此评估的结果存在很多滞后的问题。

2. 发展时期

20 世纪 90 年代后期，随着互联网技术的迅速发展以及线上评估方式的流行，360 度绩效评估得到稳步的发展与普及。同时，人力资源外包服务模式的兴起使大量咨询公司开拓 360 度绩效评估市场。在市场需求持续火热的背景下，360 度绩效评估的理论逐渐完善，评估工具也日渐丰富。

3. 成熟时期

有市场研究表明，美国超过 1/3 的公司都在使用 360 度绩效评估，其中

90%的公司来自世界500强。近年来，360度绩效评估应用越来越广泛。随着360度绩效评估的广泛应用，市场对其方法的精确性、可靠性提出了更高的要求。

（三）评估维度

1. 自我评价

自我评价，是指被考核者针对自己在工作期间的绩效表现，或根据绩效表现评估其能力，并据此设定未来的考核目标。当被考核者对自己进行评估时，会发现自己的优势和不足，进而改变自己的不足之处。

2. 同级评价

同级评价又称同事评价，是指通过同事互评绩效的方式，来达到绩效评估的目的。同事彼此间在一起工作的时间较长，因此，他们相互了解的程度反而会比上级与部属更多，他们之间的互评反而比较客观，而且同级之间的互评，可以让彼此了解自己的业务能力。

3. 下级评价

随着知识经济的发展，越来越多的公司让员工评估其上级主管的绩效，此过程称为向上反馈。而这种绩效评估的方式对上级主管发展潜能的开发具有重要作用。通过下属的反馈，有助于管理者提高管理能力。因此，一些人力资源管理专家认为，下属对上级主管的评价，会对上级主管管理才能的发展有很大的裨益。

4. 客户评价

客户评价对银行中面对客户的操作类和营销类人员特别重要。因为只有客户最清楚员工的服务质量和服务态度，所以在类似的相关行业中，在绩效评估的制度上可以将客户的评价列入评估系统之中。

5. 上级评价

上级评价是绩效评估中最常见的方式，即绩效评估的工作是由主管来执行。因此，主管必须熟悉评估方法，并善用绩效评估的结果对下属进行指导，开发下属的潜能。

6. 多主管、矩阵式的评价

随着银行的发展，一些银行常常会推行一些跨部门的合作方案，一些员工可能同时会与很多部门负责人一起共事。因此，在建立绩效评估的系统时，可将多主管、矩阵式的绩效评估方式纳入绩效评估系统之中。但有一点需要注意的是，风险类部门一般需要独立评价。

二、银行构建360度绩效评估体系的步骤

在银行内构建360度绩效评估体系一般需要经历准备阶段、设计阶段、评估阶段以及反馈和辅导阶段。

（一）准备阶段

准备阶段影响着评估过程的顺利进行和评估结果的有效性。准备阶段的主要目的是使所有相关人员，包括所有评估者与被考核者，以及所有可能接触或利用评估结果的管理人员，正确理解银行实施360度评估的目的和作用。准备阶段的工作主要包括：第一，明确考核目标，如管理者是否希望被考核者增强对自身优势和发展领域的意识？是否在意多方参与的360度考评反馈将可能导致管理成本增加？第二，加强宣传工作。通过宣传，让被考核者消除心理障碍，避免防御和抵制情绪的产生，提高绩效考核的认同感，从而保证在实施考核的过程中提供尽可能客观真实的信息。

（二）设计阶段

设计阶段主要是确定考评周期、考评人选、考评对象、考评内容以及设计调查工具。360度考评因实施和组织成本较大，因此，一般是每季度一次或者每半年一次，考评内容主要涉及被考核人员的任务绩效、管理绩效、周边绩效、态度和能力等方面。360度考评工具一般采用问卷调查法。

（三）评估阶段

1. 组建360度绩效评估队伍

应注意评估要征得被考核者的同意，这样才能保证被考核者对最终结果的认同和接受。在银行业中，一般由人力资源部或者其中的绩效考核中心协助组织，由分管领导牵头作为负责人。

2. 对评估者进行360度评估反馈技术的培训

为避免评估结果受到评估者主观因素的影响，银行在执行360度评估反

馈方法时需要对评估者进行培训，使他们熟悉并能正确使用该技术。此外，理想情况下，银行最好能根据自身的情况建立岗位的能力模型，并在此基础上，设计360度评估反馈问卷。

3. 实施360度评估反馈

分别由上级、同级、下级、相关客户和被考核者按各个维度标准进行评估。评估过程中，除了上级对下级的评估无法实现保密之外，其他几种类型的评估最好采取匿名的方式，保护填表人的匿名权以及保证评估结果报告的保密性。大量研究表明，在匿名评估的方式下，人们往往愿意提供更为真实的信息。

4. 统计并报告结果

在提供360度评估报告时要注意对评估者进行保护，并确保报告的科学性。例如，报告中列出各类评估人数一般以3~5人为底线；如果某类评估者（如下级）少于3人的话，则必须归入其他类，而不得单独以下级评估的方式呈现评估结果。

（四）反馈和辅导阶段

为被考核者提供反馈和辅导是一个非常重要的环节。通过来自各方的反馈（包括上级、同事、下级、被考核者以及客户等），可以让被考核者更加全面地了解自己的长处和短处，更清楚地认识到公司和上级对自己的期望。根据经验，在第一次实施360度评估和反馈项目时，最好聘请专家或顾问开展一对一的反馈辅导谈话，以指导被考核者如何去阅读、解释以及充分利用360度评估和反馈报告。另外，聘请外部专家或顾问也容易形成一种“安全”的氛围，有利于与被考核者进行深入交流。

三、360度绩效评估体系的优势与劣势

（一）优势

1. 有助于全面了解信息

从组织层面看，通过全方位评估反馈，通过全面了解员工的信息，可以更深入地了解员工，从而为员工的个性化绩效改进、个人职业规划提供参考。

从个体层面看，通过全方位评估反馈，员工可以较全面、客观地了解自己的优缺点，为制定工作绩效改善计划、个人未来职业生涯及发展提供参考。

2. 有助于提高员工自我能力

360 度绩效评估中，反馈给被考核者的信息是来自于与自己工作相关的多层面评估者的评估结果，所以更容易得到被考核者的认可。而且，通过反馈信息与自评结果的比较可以让被考核者认识到差距所在。

3. 有助于促进管理者与员工之间的沟通与互动

360 度绩效评估有助于促进组织成员彼此之间的沟通与互动，提高团队凝聚力和工作效率，促进组织的变革与发展。

（二）劣势

1. 评估结果的不准确性

评估的不准确性主要体现在不同维度评估的不客观性。上级担心员工利用 360 度的反馈体系发泄对其的不满，而下级则担心如实反映情况会被上级报复。这些客观因素的干扰，会使最终的评估结果有失客观、公正。

2. 评估的实施难度大、周期较长

由于 360 度绩效评估需要从员工自身、上级、同级、下属、客户五个不同维度进行评价，该评估方法的实施难度大，而且实施的周期也较长。

第五节　基于平衡计分卡的绩效管理体系

罗伯特·卡普兰（Robert Kaplan）和戴维·诺顿（David Norton）于 1992 年提出的平衡计分卡评估体系被《哈佛商业评论》评为 21 世纪最杰出的绩效管理工具之一，是目前商业银行进行绩效管理乃至战略管理的有力武器。它打破了传统的单一使用财务指标衡量业绩的方法，而是在财务指标的基础上加入了未来驱动因素，即客户因素、内部经营管理过程和员工的学习成长，在商业银行战略规划与执行管理方面具有重要的作用。

一、平衡计分卡简介

（一）概念

平衡计分卡（The Balanced Score Card，BSC），是指从财务、客户、内部流程、学习与成长四个维度，将组织的战略落实为可操作的衡量指标和目标值的一种全新的绩效管理体系。此概念提出之后，得到业内人士的一致认可。据统计，全球500强企业中，已经有90%的企业因为使用平衡计分卡而获得“突破式的变革收益”。

（二）核心思想

平衡计分卡的核心思想在于“平衡”，通过财务、客户、内部流程、学习与成长四个维度指标之间相互驱动的因果关系展现组织的战略轨迹，实现绩效考核、绩效改进、战略实施以及战略修正的目标。

（三）特点

1. 全面性和动态性

在平衡计分卡理论提出之前，大部分企业都采用单一的财务指标对组织的绩效进行评价，无法满足全球化高度竞争下企业发展的全面性与动态性要求。平衡计分卡对组织的绩效进行全面评价，真正实现了绩效考核体系的全面性与动态性。

2. 平衡性

与其他绩效管理工具不同，平衡计分卡强调五大“平衡”，即强调财务指标与非财务指标的平衡、长期目标与短期目标的平衡、结果与动因的平衡、企业组织内部群体与外部群体的平衡、领先指标与滞后指标之间的平衡。

（1）财务指标与非财务指标的平衡。与传统的绩效管理方法不同，平衡计分卡在注重财务目标实现的同时，还注重客户、内部流程以及学习与成长等方面的建设，实现财务指标与非财务指标之间的平衡，有助于组织在激烈的市场竞争形势下保持持续的竞争力。

（2）长期目标与短期目标的平衡。一个企业的长期目标是创造持续增长的价值，但是一些企业往往以牺牲长期利益为代价换取短期绩效增长。平衡计分卡既关注了企业的长期发展，也关注了近期目标的完成，使企业的战略目标与短期目标有效的结合，从而实现企业的可持续发展。

（3）结果与动因的平衡。平衡计分卡以有效完成战略为动因，以可衡量的指标为目标管理的结果，寻求结果与动因的平衡，确保最终预期目标的实现。

（4）企业组织内部群体与外部群体的平衡。股东与客户为组织外部群体，员工和内部业务流程是内部群体，平衡计分卡在有效执行战略的过程中实现了内外部群体之间的平衡。

（5）领先指标与滞后指标之间的平衡。平衡计分卡的四个维度中，财务指标是滞后指标，反映的是企业的历史经营情况，客户、内部流程、学习与成长指标是领先指标，是未来财务绩效的驱动器。平衡计分卡对于领先指标的关注，使企业更关注过程而不仅仅是事后的结果，从而达到领先指标与滞后指标之间的平衡。

二、战略地图

战略地图是在平衡计分卡的基础上发展而来的。平衡计分卡的创始人罗伯特·卡普兰和戴维·诺顿指出，平衡计分卡只是建立了一个战略框架，缺乏对战略具体而系统、全面的描述，因此，2004 年，两位大师在其《战略地图——化无形资产为有形成果》中提出有力描述企业战略的工具——战略地图。罗伯特·卡普兰和戴维·诺顿指出，战略地图是对企业战略进行具体而系统、全面描述的可视化工具，描述企业如何创造价值。通用的战略地图是以平衡计分卡的四个层面目标（财务、客户、内部流程及学习与成长）为核心，通过分析这四个层面目标的相互关系而绘制企业战略因果关系图。

平衡计分卡帮助企业建立战略框架，而战略地图则将企业建立的战略框架清晰地描述出来，展示组织战略要素之间的因果关系。因此，战略地图与平衡计分卡紧密联系、互相作用。平衡计分卡在财务、客户、内部流程、学习与成长四个方面构建企业的战略框架，战略地图在这四个层面之上，勾勒出每个层面内部的因果关系，展示企业如何通过运用人力资本、信息资本和组织资本等无形资产（学习与成长），创新和建立战略优势与内部流程，进而使企业把特定价值带给市场（客户），最终实现股东价值（财务）。

三、构建平衡计分卡考核体系的步骤

平衡计分卡作为一种新型的战略绩效管理体系，为商业银行实现战略目标提供了方向。但实施平衡计分卡是一项复杂的系统工程，需要统筹规划，加强组织沟通，才能确保绩效管理工作顺利进行。商业银行实施平衡计分卡的一般流程如下。

（一）明确使命和愿景，确定发展战略

卡普兰认为，使命和愿景处在平衡计分卡的顶层，是平衡计分卡的核心。平衡计分卡为战略执行服务，因此，在员工中建立对使命与愿景的共识，是导入平衡计分卡时必不可少的工作。这种共识的建立，采取的是“自上而下”与“自下而上”相结合的方式。一方面，银行需要通过各种途径在行员中进行信息收集，结合行员的意见来制定愿景和战略；另一方面，通过引导，让行员认识到愿景和战略的重要性。

（二）清晰描述战略，构建战略地图

只有清晰地对发展战略进行描述，才能减少战略在执行过程中的偏差，避免战略失败。战略地图这一可视化工具是清晰描述企业战略的有力武器，通过对财务、客户、内部流程、学习与成长四个层面分别进行描述，从而为设计平衡计分卡绩效评价指标奠定基础。银行在总体战略目标下，可以通过战略地图对其战略目标进行分解。

（三）结合管理模式和运作流程，分解战略目标

通过战略地图将银行的发展战略清晰地展示之后，结合银行自身的管理模式和内部运作流程，将银行目标进行分解；同时，根据各职能部门职责确定目标，从而保证目标的实现。

（四）从四个维度构建绩效评价体系

按照战略地图描述的财务、客户、内部流程和学习与成长四个层面的战略目标，构建符合银行实际情况的绩效指标体系。例如，A 银行通过对财务、客户、内部业务流程、学习与成长四个维度的分析，最终得出 A 银行的战略

绩效评价指标体系，如表 2-5 所示。

表 2-5 A 银行战略绩效评价指标体系

维 度	战略目标	目标策略	指 标	指标计算方式
财务维度	改善收入结构，提高利润水平	存款保障	日均存款余额	每日存款余额之和/天数
		盈利能力	净资产收益率	净利润/平均净资产
		流动性	存贷款比率	贷款总额/存款总额
		可持续发展	中间业务占比	中间业务收入/全部业务收入
		风险管理	不良资产率	不良贷款总额/贷款总额
客户维度	提高服务水平，满足客户需求，提高客户的满意度和保有率	扩大市场份额	市场占有率	某种产品或服务的销售量在银行市场的同类产品中所占的比重
		提高服务水平	客户满意度	服务现状反馈
		获取新客户	客户增长率	本期新增客户量/上期客户量
		维持现有客户	客户保持率	（本期总客户量-本期新增客户量）/上期客户量
内部流程维度	加强金融创新，完善风险管理	加强金融创新	新产品贡献率	新产品利润总额/全部产品利润总额
		降低营业风险	业务差错率	业务差错量/总业务量
		提高营运效率	业务流程速度	业务平均处理时间
学习与成长维度	加强团队建设，提高经营效率	提高员工满意度	员工满意度	问卷调查
		保持核心员工稳定	核心员工保持率	核心员工数量/总员工数量
		增强工作能力和业务素质	员工培训率	一年中员工培训的次数
		优化信息处理流程	信息处理与反馈	信息的传递时间

（五）建立有效的反馈机制，不断完善战略地图和平衡计分卡

平衡计分卡具有动态性的特点，反映的是银行绩效管理的动态过程。这要求银行从全局出发，不断优化各个层面之间的因果关系，修正平衡计分卡评价指标，最终形成科学的战略绩效评价指标体系。

四、平衡计分卡考核体系的优势与劣势

（一）优势

1. 使整个组织行动一致，服务于战略目标

平衡计分卡强调企业的绩效管理与企业战略之间的紧密联系，能够将个人绩效、部门绩效、经营单位绩效与企业组织整体绩效很好地联系起来，从而确保整个组织努力方向同企业战略目标保持一致。

2. 实现组织的五大平衡

平衡计分卡通过财务、客户、内部流程、学习与成长四个维度实现组织的五大平衡，即财务指标与非财务指标的平衡、长期目标与短期目标的平衡、结果与动因的平衡、企业组织内部群体与外部群体的平衡、领先指标与滞后指标之间的平衡。

3. 使组织能够实现可持续发展

财务评价指标无法评价企业未来发展的潜力，平衡计分卡则能很好地衡量企业未来的财务业绩，使得企业在实现短期财务目标的过程中兼顾企业未来的长期目标，实现组织的可持续发展。

（二）劣势

1. 实施难度大

平衡计分卡的实施，要求银行有明确的战略，没有可行的战略，不可能建立平衡计分卡。因此，平衡计分卡的实施对于银行的治理结构和管理层的水平具有很高的要求。管理基础差的银行只有先提高自己的管理水平，才能循序渐进地引进平衡计分卡。

2. 建立指标体系较困难

（1）非财务指标体系建设难。非财务指标较财务指标难以收集，需要银行长期探索和总结。另外，大多数非财务指标较难量化，如客户维度中的客户满意度以及学习与成长维度中的员工满意度如何量化等。这便导致绩效考核评价不可避免地带有主观因素。

（2）指标取舍难度大。平衡计分卡涉及财务、客户、内部流程、学习与

成长四套评价指标，指标数量较多，指标间的因果关系很难明确，没有标准可循。选择指标过多，则造成指标泛滥抓不住重点；选择指标过少，导致业绩评价的不完整性。

（3）指标权重分配难。一是平衡计分卡四个维度的权重分配问题，二是各层面内部不同指标的权重分配。不同的指标权重，其绩效导向不同，最终的评价结果也就不同。平衡计分卡并没有说明针对不同发展阶段和战略需要确定指标权重的方法，因而权重的确定也没有客观标准，带有一定的主观色彩。

3. 实施成本高

平衡计分卡要求银行从财务、客户、内部流程、学习与成长四个方面考核战略目标的实施，并为每个方面制定详细而明确的目标和指标。除对战略的深刻理解外，还把它分解到部门并执行，需要消耗大量的精力和时间。据统计，一个典型的平衡计分卡需要 3~6 个月去执行。另外，还需要几个月调整结构，整个实施周期在 1 年左右。

第六节　基于 EVA 的绩效管理体系

企业经营追求的是价值最大化，这一目标的实现需要科学的绩效评价体系进行保障，在这种背景下经济增加值（EVA）的概念被提出，并最终发展为以 EVA 为基础的考核体系。本节介绍 EVA 考核评价法在银行绩效管理中的应用情况。

一、经济增加值（EVA）简介

（一）概念

1989 年，美国思腾思特管理咨询公司提出了经济增加值（Economic Value Added，EVA）概念，是指企业经营所得扣除全部投入资本的成本后所剩下的利润。本质含义是指经济利润，能较准确地度量企业盈利和绩效，以定量的方式反映企业的价值创造情况。

（二）基本思路

运用 EVA 指标评价银行业绩和投资者价值是否增加，其基本思路是：从经营利润中扣除按权益的经济价值计算的资本机会成本后，才是股东从经营活动中得到的增值收益。由此可知，经济增加值是从股东角度定义的银行利润。如果说投资回报率为 10%，那么只有当税后净经营利润超出 10%，才有经济增加值，股东的投资才能得到增值。这一评价指标与股东财富最大化联系较紧密，较好地体现了银行的财务目标。

（三）经济增加值（EVA）的计算公式

EVA 的计算公式如下：EVA = NOPAT - WACC×C = 税后净经营利润 - 资本成本。

NOPAT 为税后净营业利润，C 为资本总额，包括股权资本和债权资本，WACC 为加权平均资本成本，其计算公式为：资本成本 = 经济资本额×期望经济资本回报率 = 经济资本额×底线回报率。WACC 可以是加权平均资本成本率。

在银行中，WACC = 债务资本成本率×债务资本占总资本比例×（1-税率）+ 股权资本成本率×股权资本占总资本比例。根据计算出的 EVA，做出如下判断：当 EVA<0 时，说明商业银行正在耗损股东价值，银行总价值减少；当 EVA = 0 时，说明商业银行恰好维持股东价值，银行总价值保持不变；当 EVA>0 时，说明商业银行为股东增加了额外财富，银行总价值上升。

由此可知，EVA 主要包括计算税后净营业利润（NOPAT）、资本总额（C）和加权平均资本成本（WACC）这三个基本变量。EVA 指标在扣除全部债务资本成本和权益资本成本的基础上对银行价值进行衡量。也就是说，只有在经营利润超过了所有债务成本和权益资本的机会成本时，才会为股东创造财富，才会产生真正意义上的利润，即经济利润。因此，EVA 的提高一方面有赖于有效经营，另一方面需要对资产负债进行有效的管理，减少不必要的资本成本。

（四）商业银行 EVA 考核的应用现状

EVA 最早被用于整体价值的评估，从外部市场价值（使用监管资本）转变到关注内部价值（经济资本），并进一步开始实施对内部的考核。

从组织角度出发，EVA 评价对象以总行或经营性组织为主。从考核角度出发，多以 EVA+KPI 的模式实施考核。也有一些银行会采用基于 EVA 指标的延展指标进行考核，例如，EVA 指标增量、EVA 指标目标完成率、人均 EVA，少数银行会结合 RAROC 一起考核。采用 EVA 与 BSC 相结合的考评方法，实施综合考评。总体来说，EVA 业绩衡量方法不统一，核算方法、技术等不成熟。

二、银行构建 EVA 价值管理体系的步骤

（一）EVA 价值管理体系简介

管理的基本职能包括计划、组织、领导、控制、创新等内容，基本要素包括目标、手段/方法、对象。在以 EVA 为导向的经营管理理念下，构建管理体系如图 2-5 所示。

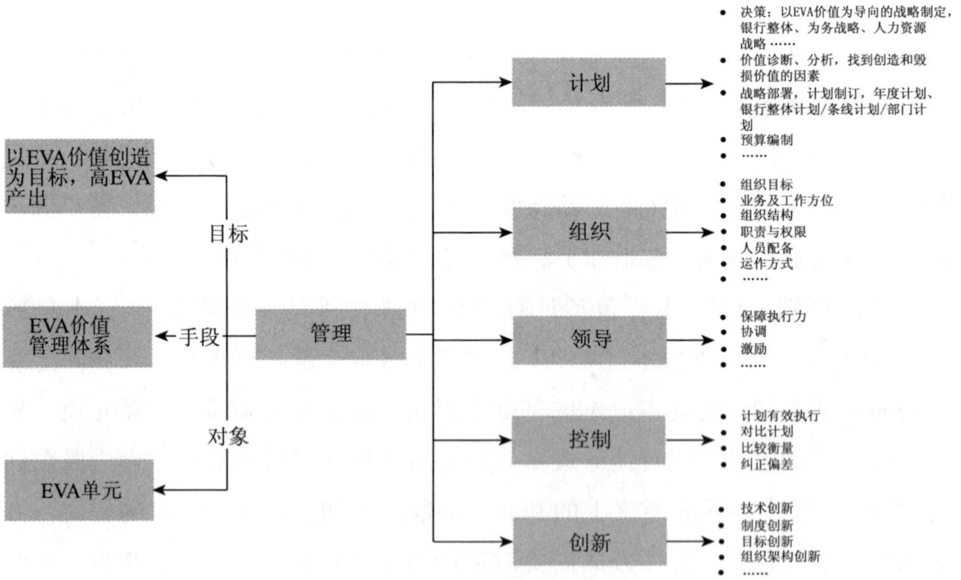

图 2-5　EVA 价值管理体系内容

银行的内部管理需要以 EVA 价值创造为目标，以 EVA 价值管理体系为手

段，对具体的 EVA 单元实施管理。EVA 价值管理体系贯穿银行管理的各个方面，如治理结构、战略管理、财务管理、组织管理、人力资源管理、组织文化等方面。

具体来看，商业银行 EVA 管理体系包括但不限于以下内容：第一，基于 EVA 价值导向的战略规划和管理；第二，以 EVA 为基础的预算编制和计划；第三，EVA 管理模式下的组织体系；第四，以 EVA 为导向的评价激励体系；第五，资源配套体系；第六，监控体系等。

思腾思特公司用“4M”概念对 EVA 的本质特征进行了系统概括：评价系统（Measurement）、管理系统（Management）、激励制度（Motivation）和理念系统（Mindset），也称为 EVA 价值管理体系。该价值管理体系从分析公司的 EVA 入手，从考核评价、管理体系、激励体系和理念体系四个维度，提出如何建立管理理念、方法和行为等，以持续提升公司的价值创造能力和核心竞争力。“4M”的 EVA 价值对于商业银行同样适用。全面评价银行的经营业绩，真实反映股东财富的增加；建立银行有效的激励机制，使经营者像股东那样思考和行事；建立基于价值创造的银行管理体系，实现银行整体、长远价值最大化；形成价值管理和价值创造的价值观，培育创造价值的银行文化。

与一般性的银行 EVA 价值管理体系相比，针对商业银行的 EVA 价值管理体系，“4M”体系特别是评价激励体系的特点在于：第一，不仅仅关注股东利益与经营管理层的利益一致，还关注股东与管理层、一般员工利益相一致，将这种思想渗透到全员，引导全员的行为，打造一个完整的价值创造利益共同体；第二，以“4M”体系为指导原则，进行系统性、整体性规划；第三，对价值创造进行全过程管理，并对过程实施有效的监督；第四，以价值为基础进行深入分析，并以分析为基础进行持续改善，如图 2-6 所示。

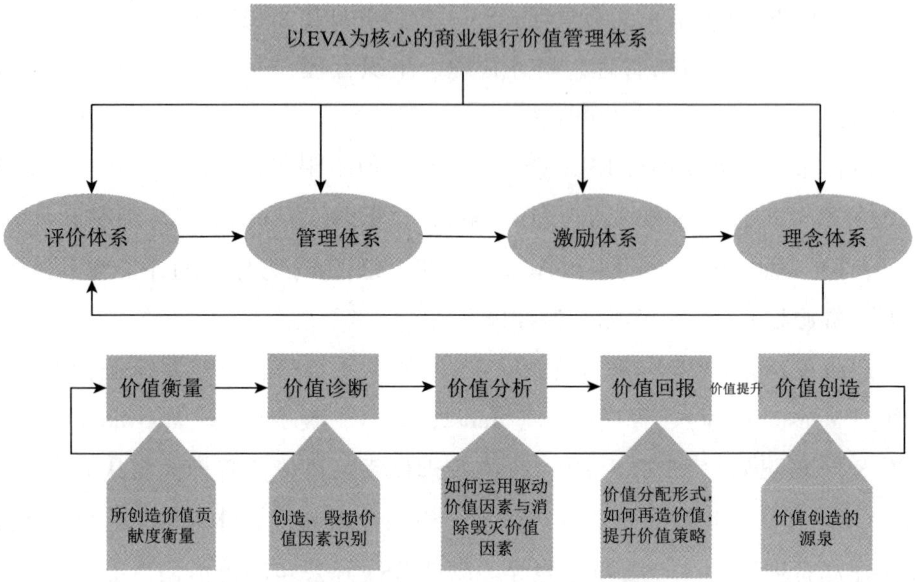

图 2-6 我国商业银行 EVA 价值管理体系

在实践中，EVA 指标并不像理论那样简单。在观念认知层面，需要保持 EVA 指标与银行价值最大化关联性，对银行整体层面财务 EVA 指标进行测算分析，找到其驱动因素，并层层分解确认责任主体，银行的内部管理应以 EVA 价值创造为核心来规划、部署和执行。在工具层面，根据银行的实际情况对 EVA 的具体测算方法进行调整，通过财务模型对银行 EVA 的日常测算分解并跟踪价值驱动因素。在制度层面，在银行制度建设中纳入 EVA 指标，使其真正成为银行日常经营决策的重要依据。

基于 EVA 的商业银行价值管理体系，需先树立以 EVA 为核心的价值管理理念，然后在此理念的指导下，实施价值衡量、价值诊断和分析，确认创造和毁损价值的驱动因素，并作为战略规划的依据，实施战略部署并跟踪战略执行，进行价值创造。对各 EVA 业务单元实施 EVA 业绩衡量、评价和激励，并进一步分析提出提升价值的策略，对价值管理实行持续的改进和优化。

（二）EVA 价值管理体系实施步骤

EVA 价值管理体系体现的是一种现代银行价值管理的思想，是一项复杂的系统工程。商业银行 EVA 价值管理体系实施，从 EVA 价值管理理念的引入，到 EVA 价值管理体系全面实施，一般需经过以下四个阶段。

1. 第一阶段：实现 EVA 指标的准确计量目标

这一阶段主要主目的是实现 EVA 的准确计量，其中最重要的就是经济资本的计量。EVA 理念刚被引入，更多的是将其作为一个财务结果指标来看待，对 EVA 利润中心的价值创造能力进行衡量。实施准确的 EVA 业绩衡量，主要工作内容包括：第一，对现有的财务报表会计科目进行调整，建立基于 EVA 的财务报表；第二，构建内部资金转移定价体系，对内部产品进行资金成本计价，核算各项产品的资金成本；第三，梳理现有产品、费用项目目录，设计费用分摊规则，将运营成本进行合理分摊；第四，明确风险成本计算规则，计提可预期损失；第五，明确经济资本计算规则，计算经济资本，并计算资本成本率。

2. 第二阶段：实现以 EVA 指标为核心的评价及激励

在这一阶段，评价结果是激励的依据，有评价就需要有激励，否则评价就丧失意义。此阶段关注 EVA 在绩效管理当中的运用，把 EVA 视为支撑战略落地的工具，不断强化 EVA 的管理思想。

全面设计、实行 EVA 评价激励系。主要工作内容包括：第一，建立 EVA 绩效评价体系。引入 EVA 工具，对现有业务运行情况进行价值诊断、评估，分解价值驱动因素，划分 EVA 中心，建立以 EVA 为中心的绩效评价体系和管理报告体系。第二，建立与 EVA 绩效评价体系相挂钩的激励制度。建立 EVA 分析模型，与国内外同行业先进水平对标，针对价值创造的关键环节及管理短板设计 EVA 激励制度。第三，引入 EVA 考核。将 EVA 作为 EVA 中心考核的一个基本指标引入现行考核体系，对 EVA 中心管理人员进行考核。EVA 考核激励办法完成必要程序后空转试运行，半年后转入与现行考核激励办法双轨运行。条件成熟后，以 EVA 考核激励办法代替原有考核激励办法。第四，结合银行实际，探讨基于 EVA 的员工激励办法。

3. 第三阶段：实现 EVA 管理

在第三阶段，在评价与激励体系的基础上，将 EVA 作为管理工具，基于 EVA 价值衡量及分析结果，辅助决策。主要工作内容：第一，根据价值驱动因素，制定价值提升方案，提升银行价值创造能力；第二，在现行管理体制下，逐步将 EVA 工具引入综合计划、财务预算及对标管理，例如，根据各项产品或条线 EVA 价值创造情况，测算当期 EVA 目标，并具体地运用于盈利分析、产品定价等方面；第三，将提升长期价值创造力作为银行最终目标，导向性地将 EVA 管理工具用于辅助决策。

4. 第四阶段：EVA 价值管理

在第四阶段，以 EVA 为管理思想，实施价值全过程管理，通过价值诊断、价值分析，识别创造价值和毁损价值的因素，实施以 EVA 价值创造为导向的战略管理，从顶层设计开始，战略的制定到战略的部署和执行，都以 EVA 价值创造为核心，具体开展财务预算管理、风险管理、资本管理、投融资决策、信息化系统建设等活动。

全面实施价值管理，主要工作内容包括：第一，建立基于 EVA 的决策体系，将 EVA 用于战略、投资、融资等方面的管理；第二，借鉴同行业业务管理流程，优化资源配置和业务组合；第三，推动以价值创造为核心的银行组织与文化变革；第四，把 EVA 作为管理工具，在引入计划预算等管理基础上，逐步将其扩大应用于银行战略、投资、文化、组织等管理方面。推动形成上下融合、各专业融合的价值管理体系，实现由传统管理模式向价值管理模式的转变。

图 2-7 展示了商业银行 EVA 价值管理体系实施步骤流程，同时也体现了商业银行实施 EVA 价值管理的流程和以 EVA 为核心绩效管理的流程。第一阶段实现的是价值衡量，通过 EVA 具体在评价激励体系中的运用，强化价值衡量，并实现价值分配、回报。从绩效管理的角度来看，前两个阶段更侧重于绩效考核。到了第三阶段，则是将 EVA 作为管理工具，其可以辅助决策。第四阶段，则是将 EVA 作为一种管理思想，不仅仅是对价值创造能力进行衡量和分配回报，而是实施具体的价值诊断，对创造和毁损价值的因素进行识别，并以此作为制定具体经营决策的依据，通过决策来强化价值创造因素和消除毁灭价值因素，将价值管理思想进一步深化，从而实现价值管理的持续循环改进和优化完善。关注绩效分析、绩效改进，将绩效考核过渡发展到绩效管理，实现绩效管理的持续循环改进，提升银行整体 EVA 价值管理、绩效管理的能力水平。从这点来看，EVA 价值管理与绩效管理之间是相互促进的关系。

尽管各个阶段实现内容重点不同，但 EVA 作为衡量业绩的基础和核心，随着银行价值管理体系的推进，其核算模型和方法也在不断地改进和提升，且其改进提升的重点是关于资本成本的核算。

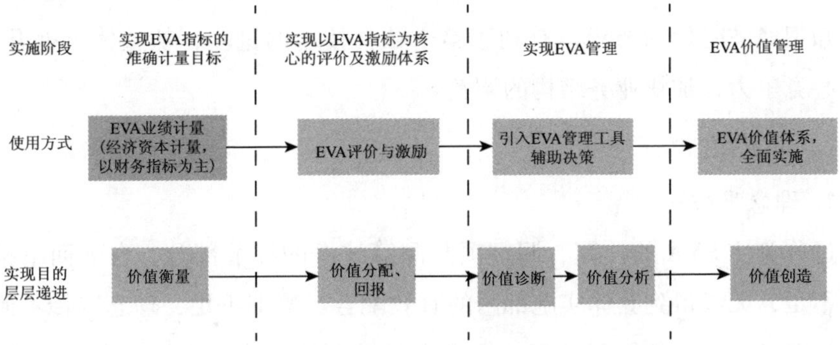

图 2-7　商业银行 EVA 价值管理体系实施步骤

三、EVA 价值管理体系的优势与劣势

（一）优势

1. 关注财务效率

EVA 引导管理者关注的是效率，用更少的资本获取更多的经济收益。效率并非 EVA 的第一考虑要素，但是 EVA 会说明“价值”的资本来源，从而判断各项财务资本的效率。

2. EVA 是一种有效的激励方式

EVA 激励机制可以用 EVA 的增长数额来衡量相关部门负责人的贡献，并按此数额的固定比例作为奖励给部门负责人或者团队的奖金，使员工利益与股东利益挂钩，激励员工从银行角度出发，创造更多的价值，是一种有效的激励方式。

3. 能真正反映组织的经营业绩

EVA 与其他业绩评价指标的最大区别在于它将权益资本成本（机会成本）也计入资本成本，有利于减少传统会计指标对经济效率的扭曲，从而能够更准确地评价经营业绩，反映运作效率。

4. 注重组织的可持续发展

EVA 不鼓励以牺牲长期业绩的代价来换取短期效果。EVA 着眼于银行的长远发展，鼓励决策者进行长远利益的投资，如人力资源的培养等，这样杜绝了短期行为的发生。因此，应用 EVA 不但符合银行的长期发展利益，而且符合知识经济时代的要求，有利于整个社会技术的进步，从整体上提升银行的核心竞争力，加快业务结构的调整。

（二）劣势

1. 理念难统一

过分关注 EVA 的计算、调整项与测算技术的细节部分，自上而下推动，沟通不足，无法得到具体实施部门的有效配合。培训不足，理念宣传不到位，全行不能形成统一的思想认识。管理人员过于理想化，希望一次性建成价值管理体系。而且对 EVA、经济资本的理解过于单一，且过度依赖于 EVA 考核，最终导致 EVA 的考核异常化。未将 EVA 放到战略层面进行考虑，很多银行并未实施基于 EVA 的战略规划顶层设计，这也是产生以上问题的根本原因。

2. 指标体系建设难度大

体系建设层面，体系设置不科学，考核指标不全面，考核指标只重结果，不关注价值创造的过程，风险因素未得到充分重视；管理协调层面，预算体系、考核体系、激励体系不够协调，缺少系统性，影响了整体 EVA 的精细管理及价值管理效果的发挥，具体表现为考核覆盖对象广、指标占比权重高、只重结果不重分析和过程等。过于理论化或生搬硬套，并未结合银行自身的内外环境情况，影响了绩效考核的进度，进一步影响考核效果，进而影响对 EVA 价值管理体系的认知和态度。

第三章　银行分支机构考核

商业银行绩效考核体系是一个非常复杂的体系，涉及机构、员工、部门、产品、渠道等。商业银行绩效考核体系建设应与商业银行的外部经营环境的变化和自身发展演进相结合，如组织架构演变、总分支管理模式的变革以及业务结构的调整，不断改进和完善绩效考核体系。特别是银行总分支管理模式发生演变，从原来“小总行，大支行”发展到目前“大总行，小支行”，支行已经演化为对外服务的窗口和业务运作的平台。随着商业银行经营管理重心的变化，考核体系也应发生相应的变化。只有明晰商业银行运作中总分支机构的权责管理，运用科学合理的管理模式，才能够建立行之有效的商业银行绩效考核体系。本章对商业银行总分支机构的绩效考核体系进行分析总结，包括商业银行分支机构设置、分支行的考核、机构的等级评定等内容。

第一节　银行分支机构概述

总分行制是指银行在大城市设立总行，并在本市、本国或世界其他各地设立分支行的制度。在这种体制下，分支行在总行的统一管理下开展业务。这是目前世界上采用最广泛的一种银行组织制度。我国商业银行的组织架构模式一般是总行以职能架构为主、分支行以“块块”形式为主的总分行制。

一、总分行制的发展

在计划经济背景下，国有银行的机构设置与行政区域对应，从总行——级分行—二级分行—支行—分理处—储蓄所，形成“多级管理，一级经营”的特点。这种“多级管理，一级经营”的组织结构，管理层次多，管理成本高，信息链条长，粗放经营，市场反应慢，服务效率低下，不利于市场竞争。

随着国内金融体制改革和经济不断发展，我国的银行组织机构模式逐步向以市场为导向变革。商业银行的分支机构设置应趋向于以经济区域设置分支机构的模式，并尽量减少中间层次，将原有的五级层次减少为总行、区域分行和支行的三级层次，形成采取总—分—支的三级管理模式。基本建立以分行为经营管理中心、服务指导中心和资源配置中心，以支行为营销和服务前台的"分行—网点"型二级组织管理架构，从而提高市场的反应能力和风险控制能力，提高分行对市场信息反馈的灵敏度，提高集中经营水平。银行分支机构在内部的地位则按照规模和效益来分，规模和盈利状况较好的支行可升级为分行。根据规模大小，我国各类型的商业银行组织管理模式的层级设置不一样。

（1）大型银行的组织管理模式"总行—一级分行—二级分行—支行—经营网点"，形成"多级管理，一级经营"的局面，如中国工商银行、中国农业银行、中国银行、中国建设银行、中国邮政储蓄银行、交通银行等。

（2）中型股份制银行及地方银行根据经营规模和范围的大小，机构设置层级相应缩减为总—分—支的"三级管理"，如民生银行、南京银行等。但是随着资产规模的扩大，"分—支"的责任风险无法细化，人员众多造成扁平化管理困难。仿照国有行的模式，一些城商行对一些业绩良好的支行进行了升格，升级为管辖行，形成总—分—管—支的模式。管辖行的设立大大减轻了分行的管理压力，同时又能给终端支行提供更有效的资源支持。

（3）根据经营规模和范围的大小，小型地方银行机构设置层级一般为"总行—支行"的"二级管理"；如县级市的农商行等。

商业银行的组织架构随着银行的外部经营环境的变化和内部业务结构的变化、新技术的运用、管理的变革，也在进行不同程度的调整和变化。在原来的"小总行，大支行"的管理模式下，支行具有很大的经营管理权限。目前，很多商业银行通过转型和升级，支行逐步演化为对外服务的窗口和业务运作的平台。在互联网金融大发展、客户消费需求和行为模式大变化的环境下，银行支行网点的运营模式与服务理念需要进一步变革与创新，向智能化运营、O2O一体化等方面发展。

二、分支机构设置

银行网点是指银行为了满足客户对金融产品和服务需求而设立的有形经营场所或服务终端。我国的商业银行的组织架构分为多个层次，包括总行、一级分行、二级分行、一级支行、营业网点等。根据银行网点的概念，除了总行以外，包括分行、支行、分理处等面对客户的有形分支机构均属于银行网点的范畴。此外，自助银行 ATM、POS 机等是银行铺设的，能够直接为客户提供服务的服务终端也属于银行网点的范畴。

（一）分支机构类型

商业银行根据经营需要，设置了不同类型的机构：

1. 管理机构

在商业银行的机构体系中，一级分行、二级分行、直属支行或管理行等都具备管理职能，受上级行的领导，对自己辖区内各机构行使管理职能，在机构管理、业务管理、人员管理等方面具有部分或全部管辖权，并对其经营业绩负责。其中，商业银行在分行或管理行多数都设有“营业部”，兼具经营和管理的职能，在银行的组织架构中起到承上启下的作用。

2. 经营性机构

经营性机构不对其他支行或管辖下级机构承担管理责任，是银行一线的营业单位。经营性机构的职能体现在业务运作和对外服务功能上，是银行直接与客户接触和沟通的窗口。

（二）支行类型

商业银行按照网点所处的地理位置、区域特点、客户群体、营业面积大小、业务规模和开办品种多少、功能等情况，将营业支行/网点主要划分为以下几种类型：

（1）旗舰型支行：综合多功能示范型支行。位于城市中心地带，机具齐全，科技含量高，业务种类齐全，包括零售、公司、同业、投行、金融市场等业务；功能区域包括大堂经理、高柜、低柜、理财、客户等候等区域；精细化作业，达到专人专职，重点服务高端客户，保持较高的综合价值贡献；

打造标杆示范网点，提升品牌形象。

（2）综合型支行：全服务型支行，属标配型网点。功能齐全，面积较大，布局精密，功能区域包括大堂经理、高柜、低柜、理财、客户等候等区域；拥有大型的对公及零售客户经理团队。

（3）零售型支行：全服务型支行。面积较小，接近购物/零售和交通中心，可以办理对公及零售柜面业务，重点拓展零售业务，配有零售客户经理团队，目的是增强零售客户获取和服务能力，有效提升零售业务和收入贡献。

（4）社区型支行：服务型支行。主要设置在各类社区，服务社区居民，重点拓展零售业务，配有零售客户经理；面积较小，不涉及人工现金业务，可广泛布点。

（5）特色支行：服务型支行。为专业市场商铺客户提供量身打造的专业服务。特色支行的架构设置，其不同之处主要在于业务模块可依据产业链或者是根据客户重要性分类对应设置部门或团队，实行一行一策，如小微支行、科技支行、主题银行、协会银行等特色网点；相关专业市场客户经理，可以办理零售及对公柜面业务。

（6）自助网点：以 ATM 为代表的电子化机具、智能化设备等自助渠道。作为银行多层次物理服务渠道的组成部分，在分流网点柜台压力、为客户提供更大便利性等方面起到重要作用。

（7）代理网点：便民合作网点。作为网点的延伸，主要设置在农区农金员家、超市、商店等；城区物业公司、社区医院、社区服务中心、超市等处；主要依托农金员和社区金融服务管理员提供普惠金融服务，办理“家庭银行”相关业务，代收民生类缴费服务，智 e 购商城线上、线下销售，零售存贷款等业务。

（8）智慧网点：运用互联网思维，利用大数据、云计算及人工智能等新技术手段，通过智慧柜员机、智能机器人、可视柜台 VTM、视频通话设备等先进机具在网点的业务操作、营销服务、客户管理等方面实现全流程电子化提升，实现线上和线下的有机结合。重点突出以客户为中心，强调客户体验，注重人机互动。消费者通过刷脸取号、验证身份证、和机器人互动就能完成整个业务流程。

（三）网点转型

近几年，银行网点在组织机构、功能和网点数量上发生了比较大的变化。银行的网点数量经历了从发展到快速增长，再到收缩调整的过程。面对激烈的市场竞争和客户需求变化，商业银行纷纷制定各自的网点战略，优化网点布局，调整网点定位，通过网点分类、功能分区、客户分层、业务分流的策略加快网点转型步伐，推进银行网点的变革。

从我国商业银行网点发展的历程来看，商业银行网点主要经历了两次转型。

（1）从交易型网点向销售型网点转型（2005—2011 年）。从业务办理为主转向金融产品销售为主，从交易型网点向销售型网点转型。其主要措施是，改变网点装修风格，营造销售氛围，开展客户细分，柜面流程集中，营销流程标准化等，加强员工销售技能培训，并辅之以产品销量为主的绩效考核等手段对网点进行销售化改造，使得网点销售能力，特别是基金、保险等理财产品的销售能力得到提升。

（2）向网点轻型化、智能化转型（2012 年至今）。互联网金融蓬勃兴起，商业银行纷纷探索互联网背景下的网点转型之路，向网点轻型化方面转型。通过模式创新、服务创新、技术创新等一系列创新举措，提升网点智能化水平，使网点的服务效率、服务质量、营销能力、用户体验明显提升，发掘和发挥网点更多价值。将大网点、综合网点的功能进行细分，将传统的业务受理操作区域进行缩减，引入高科技智能设备，如超级柜台、STM、智能终端机、智慧柜员机等自助设备，将拥挤的网点大堂人流有效分流至自助服务区、网上银行等非人工办理业务渠道，增加理财区、贵宾服务区、产品体验区，提高网点形象，为客户提供更好的服务。进一步简化网点功能，建立微型网点、社区网点，针对特定区域的客户办理简单快速的传统网点业务，例如，开卡、存取款、转账，甚至理财产品销售。

从 2013 年起，中、农、工、建等大型的国有银行都开始进行智慧网点的试点建设，中信、平安等股份制银行也纷纷开始建设有自身特色的智慧网点，重点突出以客户为中心，强调客户体验。2018 年 4 月，建设银行开设全国首家无人银行，没有一个柜员，没有一个大堂经理，消费者只需通过刷脸取号、验证身份证、和机器人互动就能完成整个业务流程。随着大数据、人工智能、云计算的发展，金融科技已经将银行物理网点“武装到牙齿”。从超级柜员机到手指静脉扫描仪再到刷脸取现，不到一年的时间，上述金融科技都让传统银行网点成为“过去式”。

未来，在主要业务全面智能化的基础上，银行网点将向以下两个方向转型：一是群落化，即一定区域内的网点渠道相互协同、互为犄角，形成业态弹性、功能互补、体验互动的网点群，促使网点资源利用最大化与效能产出最大化；二是平台化，将网点打造成凝聚客户的社交化平台和链接客户的纽带，提升网点获客、聚客、黏客能力。

第二节　分支机构的绩效考核

我国的商业银行普遍实行总分行制，分支机构数量众多，总行是经营决策中心，分支机构履行合规经营职能，谋求绩效的最大化。分支机构的经营管理情况决定着各家银行的总体业绩，如何有效地激励分支机构朝着总行的战略目标前进，是商业银行内部管理的重要内容。

一、分支机构的绩效考核现状

作为经营货币的营利机构，商业银行普遍对直接创造利润的分支机构更为关注，并对经营机构的绩效考核进行了积极的探索和实践，引入国外先进的绩效管理方法与工具，分支机构的考核方法逐步成熟，绩效考核管理水平较高。从各个商业银行考核体系建设来看，各银行都建有自身的内部考核体系，但是由于自身所处发展阶段不同，在组织机构设置、经营理念、业务范围等方面也不尽相同，也决定了不同的绩效考核体系有不同的建设历程，在考核评价方法上也有一定的差异。

（一）以机构管理为核心，建立较为完善的绩效管理架构

近年来，我国商业银行普遍采取“总行—分行—支行”的以纵向机构管

理为主的总分支管理体系。围绕着银行的战略目标，分支机构逐步建立以预算计划管理为先导、绩效考核为核心、资源优化配置为目标的绩效管理体系。在总行的综合经营计划管理体系的年度计划目标分解下，采取横向机构逐级分解为主、横向部室汇总为辅的管理方式。通过强化预算目标与绩效考核的衔接与互动力度，确保战略目标的执行。每年度按照经营目标和经营重点编制综合经营计划，设置关键业绩指标和任务，评价各分支行当年经营业绩表现和市场竞争力。

（二）考核路径由垂直到矩阵式

不同银行的组织架构模式体现不同的组织管理模式，不同的组织管理模式需要建立对应的行之有效的绩效考核体系。商业银行普遍实行职能型“块块”管理的总分行的组织机构模式，依靠机构网点开展业务；同时，总行部门承担行政管理职能。在这种管理模式下建立的是以机构考核为主、职能部门汇总为辅的“块块”绩效考核体系。在日趋复杂的市场环境下，随着业务发展和组织架构的变革，银行的组织模式逐步向条线化/事业部制组织模式转变，形成了专业、高效、协同的矩阵式管理架构，管理模式也开始由“以块为主”向“条线化、专业化、精细化”方向转变。绩效考核体系也随着发生变化，“以块块为主”的考核模式逐步向“条块结合，以条为主”“矩阵式”的绩效管理架构转变，在分支机构的考核体系中加大了条块纵横结合，实现对各条线的垂直考核，保持绩效管理在纵横指向的连贯性，形成横向到边、纵向到底的绩效考核管理体系。

（三）考核体系由简单到复杂

商业银行从片面追求规模和效益的粗放式经营模式向重视利润增长和风险控制的集约型模式转变。绩效考核体系也经历了从对信贷目标的单一考核，到以存贷款业务的财务指标考核为主，从简单的分级考核逐步发展到具有全面、均衡、多角度的考核体系，建立以价值创造为核心，设置 KPI（关键绩效指标），涵盖包括效益、规模、质量、效率、客户、产品、市场地位等主要定量指标与内控合规类指标等定性指标相结合的考核体系，评价各分支行当年经营业绩表现和市场竞争力，从而反映机构的整体情况和综合贡献。商业银行纷纷采用以经济增加值为核心，运用 BSC，从财务、客户、内部运营、学习与发展四个层面建立评价指标体系，重点考核分支机构的规模贡献和管控难度；从总资产、机构、人员等方面建立全行的等级行评价体系，覆盖一级分行、二级分行和城区支行，形成对各机构阶段发展的业务经营状况、管理水平和发展能力的综合考核。在内控合规方面也开始纷纷加大了内控制度、合规文化的建设力度，注重对主要业务环节和整个业务流程的控制。普遍引入了内控合规类考核指标，引导各级机构严格按照股份制改革和法律法规的要求，合规操作、稳健经营。

（四）运用多样化考核方法，实现差异化的绩效管理

在不同的发展阶段，商业银行根据自身的经营情况和管理定位，不断引入并实施绩效管理的工具，如 MBO、KPI、BSC 等，并综合运用了多种绩效管理手段，如综合百分制、千分制、计价制、积分制、专项考核等具有实践性和可操作性的方法。商业银行应立足实际，根据内部经营管理的需要，对不同层级的分支机构采取差异化的管理方法，突出不同的重点，统筹运用目标管理、行为锚定等级评价等方法，如总行对分行或管理行等可以实施综合性考核为主，专项考核和计价考核、积分考核为辅的模式，采取标杆、“赛马”等管理方法。分行对于支行或网点则可以实施综合性考核和计价（积分）考核并重、专项考核为辅的模式。各家银行的机构管理水平参差不齐，绩效管理应结合实际，有针对性地引入科学、实用、符合行情的绩效工具和方法。

（五）考核结果由单一应用向综合应用转变

商业银行都比较注重绩效考核结果的应用，充分发挥绩效考核的指导和推动作用。将绩效考评结果作为资源配置和内部奖惩的主要依据，来充分调动分支机构的积极性和主动性。在粗放式的规模考核阶段，银行的分支机构的考核结果主要应用于薪酬奖金的分配，且直接与规模增长完成情况和账面利润挂钩。分支机构的考核结果由单一应用向综合应用转变，不仅与机构的经营费用等直接挂钩，还与经济资本分配、人员编制、岗位薪酬等级等挂钩。

二、分支机构绩效考核存在的问题

从提高银行整体绩效，有效解决经营管理中的短板问题等角度看，目前

银行绩效考核机制还不完善，仍存在明显的不足。

（一）考核体系与战略目标存在一定的脱节

目前，我国一些银行面临着发展战略不够清晰或执行力不强的问题。没有完全把商业银行分支机构绩效考核体系与银行战略目标进行有机的结合，存在考核体系战略实施连接度不强、关注局部重点工作而忽视银行整体战略等问题。部分考核指标缺乏对战略目标动态的分解，将考核指标的设计重点放到具体某个部门、某类员工上，却没有从银行的整体战略目标出发，考核体系与银行战略目标脱节，缺乏有机联系和联动机制。

（二）分支行间的差异造成业绩差异悬殊

1. 地区差异

由于地区经济环境、资源等方面存在差异，分支行业务发展的规模、结构、质量和效益也存在差异。分支机构经营绩效考核办法标准值的“统一性”，使得一些落后目标较大的支行缺乏努力完成目标的勇气，而另一些优于目标较大的支行缺少最大限度地超额完成目标的压力，从而在一定程度上制约着银行经营绩效的更好提升。在考核办法中没有考虑各个地区的特色，采用“一刀切”的指标进行考核。考核指标的“统一性”难以有效地引导各个机构紧扣当地金融资源特色做好本机构的特色优势业务。

2. 存量行与新建行的差异

在支行的绩效考核办法中，对新建行往往采取一年的保护期而不参与等级行考核，第二年才参加考核。新建支行存在前期人员结构不稳定、领导班子磨合问题、客户基础薄弱等不利因素，但同时也具备没有历史遗留问题、没有存量考核基数、费用较为充足、上级行大力扶持等有利条件。由于支行成立时间长短、业务规模大小、客户基础的程度不同，把存量支行与新建支行进行同组比较不合理。

（三）长效机制不足，经营管理绩效考评模式持续性差

有些银行对分支机构的经营目标考核办法年年变，分支机构难以适应，抓不住发展重点，业务难以延续，使得经营管理绩效横向考核缺乏可比性，纵向缺乏置信性。考核指标多和细，经营绩效考核“导向性”则不突出，分

支行对总行的经营管理的中长期行为导向捉摸不透，被迫应付追求眼前的短期目标，不利于分支行经营管理的可持续发展。分支行无法预先统筹规划自己的业务目标，只能根据指标的变化，不断调整方向，往往出现一到年末压基数、争取来年小任务的现象，容易采取短期行为机械地为任务而完成任务，为指标而完成指标，容易忽视对业务操作的风险管理，形成较大的潜在风险。长期激励和约束机制功能没有充分发挥，易于形成短期行为。

考核具有短期性，主要表现在对风险管理类指标考核分值占比不高，存在片面追求短期业绩而忽视长期可持续发展的倾向，容易造成管理人员的短期行为，盲目追求报告期各项指标的完成情况，导致短期激励过度，长期激励不足。

（四）考核指标设置不合理

目前，大部分银行的绩效考核体系仅以财务指标为主，财务指标比重大，非财务指标较少，考核指标过于单一，考核内容不全面，因此，需要提高绩效考核指标的科学性。随着企业文化、员工素质、客户关注等对银行发展的影响越来越大，需要加强财务维度以外的其他考核维度的考核力度。

在考核指标设计中，有些银行负债业务权重较大，特别是把各类存款指标作为考核的重点，而管理类指标权重则较低，导致经营类与内控类指标的设计失衡。尽管监管部门多次要求商业银行提高风险管理类和合规经营类指标比例，但管理类指标权重较低，导致内部管理和内部控制重视不够。从各行的绩效考核办法来看，指标设计还存在较为明显的重发展、轻管理的情形，部分重要指标弱化或空白。各行在设计考核指标中，对远期指标关注不够。由于银行贷款风险具有潜伏性和滞后性，在业绩激励上“当期兑现”，导致“利益即期回报，风险隐患留滞”，造成对风险隐患的约束不够，往往会诱使经营人员为完成短期考核任务而不顾长期经营风险。有些银行考核指标设计缺乏客户结构优化考核指标，对客户质量、客户贡献、产品渗透的引导不够。

（五）绩效管理跟踪辅导阶段缺乏有效沟通与反馈

沟通应当贯穿整个绩效管理的过程。在设计绩效管理体系和制定绩效管理流程的过程中，上级行和下级行之间应进行充分的沟通，只有充分考虑到支行的实际情况和意见想法，才能够制定可行的方案，最大程度减小绩效考核实施的阻力。虽然商业银行在绩效计划和绩效考核过程中不断加强沟通和辅导，但受多种因素影响，个别分支机构考核体系与总行的政策导向差异较大，导致总行绩效管理政策不能逐级传导到基层行，基层管理者无法获知全行发展方向和总行政策要求。

三、分支机构的绩效考核发展历程

商业银行的绩效考核应随银行经营管理要求而改变。在不同的发展阶段，银行战略重点组织模式等具有较大的差异，受这些因素影响的绩效考核体系应具有不同的定位和差异。根据各个时期的经济形势及经营管理要求，为确保全行战略执行在纵向上的一致性和横向上的协同性，银行分支机构的绩效管理体系大致可以划分为初始阶段、发展阶段和提升阶段。

（一）“以规模为导向”的初始阶段

在这个阶段，银行的经营战略目标是扩大规模，以自身业务规模和客户规模为目标，积极吸引存款，多放贷款，以规模扩大收入，依靠存贷利差实现效益。

这一阶段，银行对分支行的考核目标比较单一，以迅速扩大规模为目的。以考核规模增长为核心指标，关键指标主要是规模指标（如存款规模、贷款规模），同时辅以考核收益指标，其他小指标如新增有效户数等财物指标。在这种考核方式的引导下，“规模文化”在银行界普遍盛行，以规模和结果为导向的绩效考核，对数量的关注超过了对质量的关注，短期业绩成为判断经营成败的标尺。考核结果主要应用于发放工资或奖金，且直接与规模增长完成情况和账面利润挂钩。

（二）“以利润为导向”的发展阶段

在经济迅速发展时期，我国银行业经历了“黄金十年”的高速发展，自身规模迅速扩张，贷款规模高速增长，盈利能力大幅跃升，不良贷款持续下降。但 2012 年是银行业的一个转折点。随着经济下行，存贷款增速放缓，业务下跌、外部系统性风险的积累带来不良贷款攀升；利率市场化对银行业提出一系列严峻考验，银行的效益增幅放缓。同时，监管部门对存贷比、资产损失准备充足率以及资本充足率等指标的严格要求，使得银行的经营成本相对增加，成本收入比显著升高，净资产收益率出现明显降低。银行不再将扩大规模放在第一位，经营从规模导向转为效益导向。

在绩效考核要求上，商业银行从规模考核向模拟利润考核逐步转变。“以利润为导向”的绩效考核体系以实现当期经营利润最大化为主要目标，重点考核当期财务收入和短期内能给银行带来效益的指标，如经营收入和模拟利润，并辅以其他指标，如存贷款规模等业务发展指标。

银行在分支行的目标责任考核内容逐渐转变为以增加收入和利润为核心目标，考核分支行的盈利水平，包括利息收入、FTP 利润总额、净利润增长率、中间业务收入等指标；引入 FTP 利润指标考核，积极应对利率市场化发展，引导经营机构提升贷款定价议价能力，在规模扩张的同时重视经营效益的有效增长。同时，综合考核规模、质量和重点业务指标以及客户指标等，其优点是可以集中大部分的资源完成重点目标，在短期内实现规模和效益的快速增长；但是对风险管理和长期发展目标关注比较少。如果银行一味追求利润，过分压缩成本，往往导致分支机构追逐短期利益，不关注长期利益，将不利于银行的长期可持续发展。

在考核结果应用上主要突出绩效与利润挂钩的导向，在机制上充分体现多劳多得，利润贡献越多，获得的费用和奖金额度越多。在考核结果运用方式上也从单一挂钩向多元化运用方面发展，除了主要用于发工资和奖金，还与各支行费用科目、分支行等级排位、网点评优、行长评优等挂钩。

（三）“以价值为导向”的提升阶段

随着我国经济发展进入新常态，经济增长由高速增长阶段转向高质量发展阶段，商业银行的规模扩张阶段也已经结束。不少银行及时调整发展理念，从产品、技术、流程、人员队伍等方面入手，积极思考、探索如何更好地为实体经济创造价值，为股东创造价值，为社会创造价值，舍“规模主导”，得“质量优先”，打造“价值型银行”，成为银行业发展的又一路径和方向。

建立价值型银行是从股东价值、员工价值、客户价值以及社会价值维度的价值域出发，落实和实现四种价值的有机整合，保证银行长远战略目标的实现和达成，实现价值的可持续增长（见图 3-1）。银行良好的价值经营管理，是以实现长期生存和发展为根本目标，实现风险与收益的平衡，不仅要追求稳定持续的投资回报，实现股东价值的增长，也要提高员工的满意度、客户的满意度，积极履行社会责任。

基于价值导向的银行绩效管理从银行整体价值链管理角度出发，与银行的发展战略结合一起，建立一个按照业绩、能力分配银行价值的考核机制。

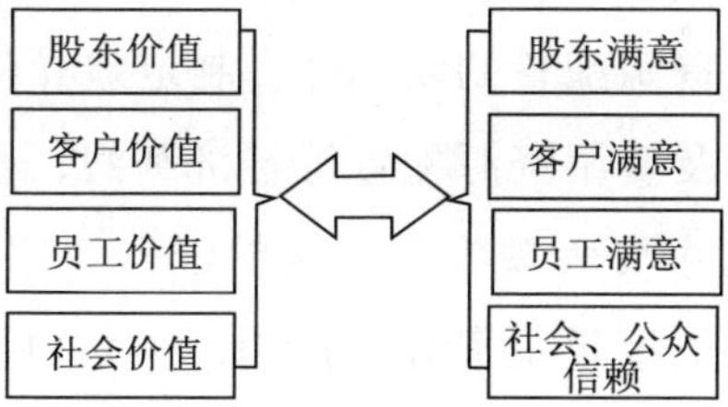

图 3-1　银行经营的价值管理

银行价值主要体现为股东价值和组织价值，是银行绩效的核心反映，如营业收入、利润、股东收益、经营管理成果、产品研发和技术创新，反映了企业运作效率、运作效果和最终效益，是股东财富最大化的集中体现。因此，在以价值为导向的考核模式中不仅要实现当期效益的最大化，还要为股东带来长期、持续稳定的回报。在设计考核体系指标时，除了考核当期业务发展和效益等短期性指标，还会涉及风险、客户、流程、员工等与银行竞争力长期稳健经营有关的指标。在利润考核上不仅关注会计利润，更关注 EVA、RAROC 等指标，通过比较资本成本，调整各部门、各业务、产品、客户等内部结构的投入和产出关系，实现整体的价值最大化。

在这个阶段，我国大中型银行普遍采用平衡计分卡建立全面的绩效考核体系，通过财务、客户、内部流程和员工学习成长四个维度来动态反映各个分支机构的绩效。将经济资本引入分支机构的内部绩效考核体系，以经济增加值（EVA）、风险调整后资本收益率（RAROC）等的核心考核指标，强化经济资本对风险资产总量的约束和资本回报对经营管理的要求，强化经济资本管理与商业银行业绩考核的挂钩力度，统筹分支机构的业务发展与风险防控，兼顾效益与风险，兼顾当期成果与中长期可持续发展。这种考核模式在有效推动分支行关注当期盈利绩效的同时，也着眼于业务未来目标，关注长远发展，指导银行投资有利于银行具有长远发展和持续增长的项目。在客户维度方面，注重价值客户数量增长和贡献度等指标考核，引导分支机构关注客户维护和服务质量，挖掘客户价值，提升客户综合贡献度，从而创造出更大的价值。在学习与成长维度，围绕着员工的成长、潜能开发、满意度、稳定度等设立考核指标，关注员工的成长和发展。

随着考核的深入，考核结果的应用逐步向综合运用和多元化方面发展，目的是强化绩效考核与资源配置的联动性，制定差异化的考核结果应用配套政策，与绩效工资分配及费用资源配置等经济利润、经济资本等核心指标挂钩。机构考核结果应用主要表现为与机构的经营费用、人员费用配置挂钩；与分支机构的领导干部的绩效工资分配挂钩，作为领导干部任免、离任审计的重要依据。等级行考核结果也作为对分支机构进行经营管理授权和转授权的依据，与经济资本分配挂钩，与机构的人员编制、管理人员的职数及岗位薪酬等级联动。

四、分支机构的考核模式

商业银行的分支机构一般包括一级分行、二级分行、一级支行、营业网点（包含二级支行、分理处、营业所、储蓄所等）多个层级。在总分行制度下，总行授予各分支机构经营管理权限，并通过分支机构的考核调整其资源的分配。总行对分支机构的考核是通过分支行行长的目标责任考核。总行把经营管理权限授予分行，分行再将相关业务权限向下级行转授权，依次逐级类推，经营管理权限最终被下放到基层营业机构。

商业银行绩效考核的路径也是按照此顺序依次逐级进行，上级行对下级行实行绩效考核，采用总分行分级考核的管理模式，总行对分行实施考核，分行对辖内经营单位实施考核，甚至支行对辖属储蓄所等营业网点进行考核，实现多级考核。总行制定分行（直属支行）的经营目标考核办法，对分行（直属支行）的经营情况进行考核，确保各分行的年度工作目标与总行的战略目标保持高度一致，促使总行整体目标的实现。各分行为了落实总行战略目标和管理要求，根据总行的考核办法，结合自身的情况，制定下属各级支行的经营考核办法，确保各支行的年度工作目标与分行战略目标保持高度一致，促进分行整体目标实现。某城市商业银行的总分支机构的考核路径如图 3-2 所示。

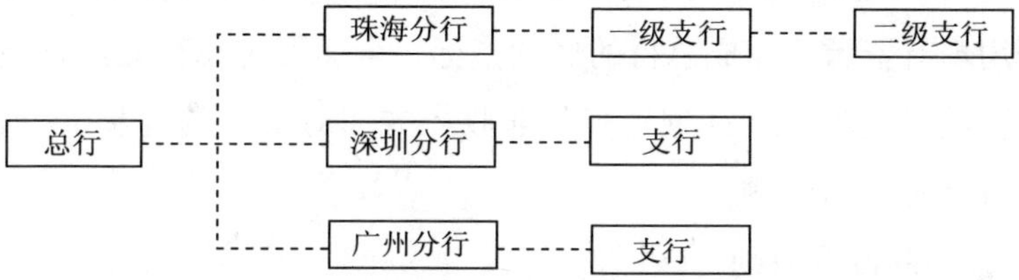

图 3-2　银行总分支机构的绩效考核路径

（一）分支机构的考核模式分类

1. 目标绩效考核

大部分商业银行对分支机构的考核都采用目标绩效考核的方式，对各分支行实行经营目标责任制考核，采用目标计划管理，制订绩效目标计划，以任务考核为主。每年初，总行根据年度经营目标，设置规模、效益、资产质量、业务发展等指标，以季度、半年度以及年度为考核周期，以百分制或千分制对分支行进行考核。根据支行绩效完成结果、得分或者支行等级，兑现原来承诺的工资和奖金。

2. 经营责任绩效考核

通过内部转移价格方法的应用，预先设定存款业务、贷款业务、中间业务等绩效指标，确定绩效工资与所完成绩效的对应关系，进而将绩效奖金的提取和绩效完成情况与预先设定的比率紧密联系起来。如某银行的考核薪酬=任务完成率×经济增加值×考核薪酬率，其中当年的考核薪酬率为 4.8%。

经营责任绩效考核模式体现了现代管理注重过程管理的思想。在 IT 系统的支持下，可以实现经营绩效的实时考核，考核者和被考核者都能够及时地查询到支行绩效的完成情况，以及绩效工资的提取情况。

（二）分支机构的考核指标体系

分支行绩效考核方案对总行战略目标的实现非常重要。分支行绩效考核直接关系到经营战略的实施，因此，分支行绩效考核的设计尤为关键。

根据分支机构的特性，加上分支机构所处经营环境与自身能力的差异性，决定了分支行绩效考核内容与方式的不同。基于各家银行的分支行类型定位、业务规模的划分、分支行客户结构的情况、分支行的历史发展现状等情况综合分析，可对不同类型的支行进行差别化考核，以鼓励具有客户资源的分支行充分利用现有资源，完成总行的经营指标，全面促进总行的经营指标完成，对后进支行设置进步奖励计划，多从非收入方面对支行的进步进行肯定，增加支行的成就感和归属感。

1. 指标体系设置原则

第一，导向性原则。考核指标体系必须充分体现战略规划实施的导向作用，将银行整体战略与具体考核相结合。第二，可测量性原则。建立可衡量、可实现性的指标考核体系。第三，定量指标与定性指标相结合原则。既要强调可量化经营指标的考核，也要突出对支行经营成果造成影响的其他因素的考评，充分考虑定量指标与定性指标相结合，使支行考核内容更加全面。

2. 指标体系设计

在银行的分支机构的考核过程中，既要考虑经营类财务指标，如规模类指标、盈利类指标、资产质量类指标、业务发展类指标；又要兼顾内部管理流程、客户服务、学习成长等非财务类指标的提高。实现经营计划与综合管理相结合的方式，考核结果反映商业银行各支行的盈利能力、偿债能力、经营能力及发展能力等综合水平。不同的银行根据自己的经营和业务发展的具体情况，每一类指标还细分出很多一级、二级子指标，起到进一步的发展导向作用。在指标体系设计中要注意以下几个问题：

（1）地区差异。由于各个地区经济发展差异较大，不同支行成立时间的长短、业务规模大小、客户基础的程度都不一样，如果对全行的分支行实行一个指标管理，必然会使有些基础条件比较差的支行的发展受到约束，而经济条件好的支行会产生惰性。基于目前支行业务规模的划分、支行客户结构、支行的历史发展现状等情况综合分析，只有对不同类型的支行进行差别化考核、区别对待，才能起到调动和发挥各类支行积极性的作用，促进支行业务的发展。

（2）业务导向。在银行战略规划重点内容考核体系中进行引导，体现结构优化和战略转型要求，如客户结构调整、业务结构调整和收入结构调整的发展方向。在客户结构调整方面，引导客户经营提升管理水平，加大客户类指标的考核权重，逐步增加个人客户等比例，从低端客户逐步调整到中高端客户，增强综合获客能力和客户服务能力。在业务结构调整中，要适度提高零售指标权重占比，提高零售业务、中间业务的占比。在收入结构调整目标方面，促进收入和业务结构调整，逐步改变原来以利差收入为主的经营模式，逐步提高非利差收入。

（3）突出价值导向。提高效益、质量类指标考核权重，强化风险合规和社会责任指标考核，引导分支机构追求规避风险后的价值增长，促使银行实现从规模导向型向规模效益并重的转变。

（4）长期与短期相结合。在设计考核指标体系时，银行可以遵循“规模效益兼顾、速度质量并重”的经营指导思想，通过增量与存量、全面与重点、短期与中期的有机结合，全面、系统地评价支行的经营成果，客观公正地反映各支行短期和中长期经营业绩。

3. 分行的考核指标体系

分行作为直接承接总行经营管理和业务发展任务的管理机构，直接受总行领导，并对自己辖区内的二级分行或者直属支行行使管理职能，对全辖的支行经营业绩负责。

总行充分发挥绩效考核在全行经营管理中的引导作用，制定分行综合绩效考核管理办法，实行综合考评，运用统一的指标体系和指标权重对各分行进行科学的综合评价，反映各行的整体经营水平。

（1）考核指标。总行在对分行进行绩效考核时，一般根据实际情况按照“突出战略导向，实施差异管理，体现公平公正，强化激励约束”的原则，建立以价值为导向、以经济增加值为核心的绩效考核体系，对分行经营业绩发展状况、年度经营计划执行情况及合规内控管理情况进行综合考核与评价，推动全行加快业务发展和转型升级，提升银行核心竞争力和可持续发展能力。

总行对分行综合绩效考核体系的指标设计，如表 3-1 所示。

第一，考核内容由经营效益类、业务发展类、战略转型、风险合规四大类指标构成。经营效益类指标可以设置调整后风险加权资产回报率、人均经济增加值等指标，突出以风险调整后收益为中心的经营导向，引导分行进行价值创造。在战略转型与业务发展类指标中，设置客户结构优化、收入结构优化、业务与产品结构优化、渠道结构优化等方面的指标，引导分行调整经营结构，加快经营转型。在风险与合规类指标中可以考虑设置资产质量、风险管理、内控评价等相关指标，贯彻落实总行全面风险管理与内部控制要求。

第二，综合得分采用千分制，并在主指标体系外设置加扣分项，作为考核内容补充，如加分指标包括行领导评价、金融扶贫、企业文化建设等；扣分项包括案件违规操作和声誉风险、重点经营与风险管理问题等考核指标。考核指标的权重分值设置，可以参考以下原则：一是以总体目标为导向，与总行目标支撑关联度越强的指标，权重应越大；二是对影响总体目标达成的关键短板，希望重点改善或重点加强的指标，应加大权重；三是每个指标的权重在10%~50%，主要是为了避免权重过高机构只关注一个指标，而忽视其他指标；权重太低的指标，不能引起机构重视，甚至可能被放弃。

表 3-1　分行综合考评指标一览表

指标维度	关键绩效指标（KPI）	
经营效益	利润指标	经济利润总额
		经济利润增长率
	收入指标	营业净收入计划完成率
		营业净收入增长率
		人均营业净收入
	资本效率指标	风险资本回报率
	运营成本管控指标	收入成本比

续表

指标维度	关键绩效指标（KPI）	
业务发展	业务规模指标	对公存款日均余额
		对公存款日均余额新增
		对公理财销售规模日均余额
		对公理财销售规模日均余额新增
		个人存款日均余额
		个人存款日均余额新增
		零售管理资产日均余额
		零售管理资产日均余额新增
	客户类指标	对公有效客户数
		零售中高端客户数
		移动银行活跃客户数
战略转型	战略转型类指标	轻资本业务收入计划完成率
		轻资本业务收入新增
		人均轻资本业务收入
风险与合规	资产质量	不良贷款率
		问题贷款率
	风险管理	信用风险管理
		流动性风险管理
		操作风险管理
	合规内控	合规内控管理

（2）分类差异化考核。由于银行的分行数量较多，各分行发展具有较大的差异。为提升绩效评价的可比性，促进分行良性竞争，可以实施分类差异化考核。按照分行的经营业绩、当地经济总量、成立时间、当地 GDP、人口等对分行进行分类，分类后再采用差异化的考核指标和权重设置，以体现不同的考核导向，科学引导分行业务发展。

（3）考核结果应用。根据年度综合绩效考核得分情况对分行进行排名，将分行划分为 A、B、C、D 四个绩效等级，并对 A 类分行授予“优秀分行”荣誉称号。分行考核可以实行“季度监测、年度考评”，即总行逐季对考核数据进行监测，把测算结果报送行领导，半年及年末通报全行。季度中间总行会结合分行特点进行针对性辅导，以促进分行改善经营业绩，年末正式实施考核，以全年经营管理数据作为最终考核计算依据。分行行长对本分行的考核结果负责。分行的综合绩效考核结果与分行员工薪酬分配、分行资源分配、分行行长效益年薪分配等挂钩。

4. 支行的考核指标体系

支行的主要职能是确保各项业务的正常运营，为辖区内客户提供金融产品和服务管理。对支行的考核则更关注业绩的完成情况和客户服务水平的提升。由于各支行定位和职能不同，其考核指标体系也不同，如综合型支行、专业型支行（小微支行）、营业部等，在考核的侧重点上也有所不同。

（1）综合型支行。针对综合型支行，各项经营目标由上级行确定，考核内容包括经营效益、金融资产、业务规模、风险与合规四个方面，具体考核指标体系可参照表 3-2。

表 3-2 综合型支行综合考评指标一览表

指标维度	关键绩效指标（KPI）
经营效益	经济利润（EVA）
	百元贷款收息率
	综合收息率
	存贷利差
	中间业务收入
金融资产	日均金融资产 X 规模以上个人客户数
	金融资产类个人有效客户数新增
	日均金融资产 Y 规模以上公司客户数
	金融资产类对公有效客户数新增
业务规模	存款日均新增
	理财业务规模
	贷款日均新增
	电子银行业务
	卡与消费金融业务
	对公贷款客户新增
	零售信贷客户新增

续表

指标维度	关键绩效指标（KPI）
风险与合规	不良贷款管理
	贷后管理成效
	内控管理指标
	合规风险管理

（2）小微型支行。针对专业型（小微）支行，各项经营目标由上级行确定，考核内容根据小微支行的经营特点来设计，包括经营效益、金融资产、业务规模、风险与合规四个方面，侧重加大小微零售信贷业务方面的考核力度，如日均金融资产10000元规模以上个人客户数，50000元规模以上公司客户数的考核，具体考核指标体系可参照表3-3。

表3-3 小微型支行综合考评指标一览表

指标维度	关键绩效指标（KPI）
经营效益	经济利润（EVA）
	百元贷款收益率
	综合收息率
	存贷利差
	中间业务收入
金融资产	日均金融资产X规模以上个人客户数
	金融资产类个人有效客户数新增
	日均金融资产Y规模以上公司客户数
	金融资产类对公有效客户数新增
业务规模	存款日均新增
	理财业务规模
	贷款日均新增
	电子银行业务
	卡与消费金融业务
	零售信贷客户新增

续表

指标维度	关键绩效指标（KPI）
风险与合规	不良贷款管理
	贷后管理成效
	内控管理指标
	合规风险管理

（3）营业部。分行营业部兼具经营和管理的职能，分对公、对私、对外为客户服务，对内与上级行、下属机构发生业务，如汇划、查询、转汇、内部资金划转等，还可能与央行、他行等进行票据交换、上存资金等。

根据营业部的特点，从经营效益、金融资产、业务规模、风险与合规四个方面，侧重加强自营业务方面的考核力度，如新增自营客户存款日均、自营对公贷款客户新增等指标，考核指标体系参照表3-4。

表3-4 营业部支行综合考评指标一览表

指标维度	关键绩效指标（KPI）
经营效益	经济利润（EVA）
	风险调整后资本收益率（RAROC）
	百元贷款收益率
	综合收息率
	存贷利差
	中间业务收入
金融资产	日均金融资产X规模以上个人客户数
	金融资产类个人有效客户数新增
	日均金融资产Y规模以上公司客户数
	金融资产类对公有效客户数新增

续表

指标维度	关键绩效指标（KPI）
业务规模	存款日均新增
	新增自营客户存款日均
	理财业务规模
	贷款日均新增
	电子银行业务
	卡与消费金融业务
	自营对公贷款客户新增
	零售客户新增
风险与合规	不良贷款管理
	贷后管理成效
	内控管理指标
	合规风险管理

5. 智能网点的考核

智能网点在传统的人工网点的基础上，依托各类客户自主操作的银行机具，辅之驻点员工的延伸服务，提升智能网点的服务功能、业务功能、营销功能，减少营业支出，减少人工成本，从而提高其投入产出比。在创新智能化运营模式下，根据智能网点的特点，考核指标体系包括经营效益类指标、业务规模类指标、内控管理类指标、合规管理类指标四部分（见表 3-5）。

表 3-5 智能网点综合考评指标一览表

指标维度	关键绩效指标（KPI）
经营效益	经济利润（EVA）
	中间业务收入
业务规模	存款日均新增
	卡存款日均新增
	个人有效客户新增
	电子银行业务
内控管理	内控管理指标
合规管理	合规风险管理指标

（三）分支机构的考核结果应用

为了强化绩效考核与资源配置的联动性，商业银行建立差异化的考核结果和综合应用的配套政策。主要包括：一是机构的经营费用、人员费用配置、领导干部的绩效工资分配等与机构的考核结果挂钩；二是将分支机构的考核结果作为分支机构的领导干部的任免、离任审计的重要依据；三是分支机构的经营管理授权和转授权、经济资本分配与机构的人员编制、管理人员的职数及岗位薪酬等级联动等都与等级行考核结果挂钩。

1. 机构的绩效工资计酬

员工的工资由岗位工资和效益工资两部分构成。岗位工资主要是根据员工所在岗位承担的经营管理责任及风险等因素，按照各岗位进行分配的工资。效益工资主要是指支付给员工的业绩报酬，主要是根据当年机构的经营考核结果来确定。

（1）按任务完成百分制考核计酬。例如，某银行任务完成百分制考核计酬为总额 400 万元，根据各机构任务完成情况和各机构在岗员工人数进行分配。计算公式：

某支行任务完成百分制考核效益工资=400 万元×（该支行员工实际工作月之和/全行基层员工实际工作月之和）×考核得分/100

（2）按任务完成分项考核计酬。如对公存款净增额计酬标准：按全年对公存款净增任务的 20%计算净增任务，按全年对公存款实际净增额的 0.05%计酬，超任务部分另按 0.05%计酬。

2. 支行行长的绩效奖励

根据支行任务完成百分制考核得分情况，总行对支行班子成员进行奖励，奖金与其所在支行任务完成考核得分和人均效益工资挂钩。如：

支行行长奖励=支行任务完成考核得分/100×支行人均效益工资×40%

支行副行长奖励=支行行长奖励×50%

3. 支行等级评定

支行等级管理是对各支行的业务发展情况、经营管理水平、金融服务质量、风险抵御能力以及综合发展实力等进行全面考核与评价。同时，根据评价结果，主要运用于调节支行行长、行长助理、委派会计等支行管理人员的岗位系数（见表3-6）。

表3-6　支行等级与岗位系数对照表

支行等级	岗位系数		
	支行行长	行长助理	委派会计
一类支行	4.00	2.45	2.40
二类支行	3.90	2.40	2.35
三类支行	3.85	2.35	2.3
四类支行	3.80	2.30	2.25
五类支行	3.75	2.25	2.20

（四）分支机构考核的组织管理

为了统筹支行绩效管理工作，强化支行绩效考核工作客观公正、高效有序发展，在总行层面成立支行绩效考核领导小组，下设支行绩效考核管理办公室。

1. 支行绩效考核领导小组

由总行领导班子组成，统筹各考核期内支行绩效考核管理工作。主要职责：负责全行战略目标计划的统筹领导与各阶段战略目标的审定；负责全行战略目标分解等重大方案、制度、事项的审定。

2. 支行绩效考核管理办公室

在支行绩效考核领导小组领导下开展工作，成员由各职能部室负责人组成。主要职责：负责支行绩效考核办法，实施方案的制定、完善；负责具体组织开展各考核期内支行绩效完成情况的考核评价工作；负责支行绩效考核相关资料、数据、评价结果等归档管理。

（五）分支机构考核管理流程

银行对支行的考核周期按照会计年度开展工作，各个考核期内的管理流程包括银行整体经营目标设定、分支行经营目标分解、分支行经营目标责任书的签订、经营分析研讨会和经营目标的考核和考核结果兑现，如图3-3所示。

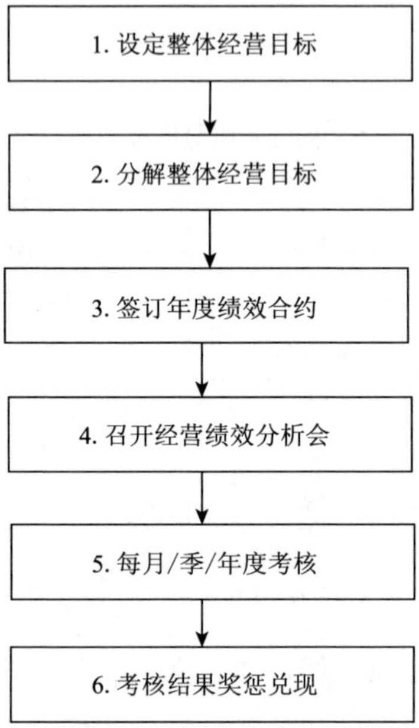

图 3-3　分支机构考核管理流程图

1. 设定整体经营目标

每年末，绩效考核领导小组启动年度整体经营目标编制工作。在收集和整理本年度全行的经营情况以及下年度的国家政策、行业信息等基础上，根据银行中长期的发展战略规划、本年度经营计划的执行情况和预期目标，初步制定下一年度的经营目标。总行各职能部门根据经营总目标，编制经营管理总目标具体方案，包括各个条块年度经营总目标、实现的可行性和具体措施等。绩效考核管理办公室汇总各职能部门的下年度经营管理总目标具体方案，提交绩效领导小组审定。

2. 分解整体经营目标

根据各支行历史业绩的目标差异、历史实际完成情况、绩效薪酬水平等，制定保底目标值和达标目标值、超额目标值等，对年度整体经营目标进行分解。各支行根据总行下达各项目标数，结合各支行实际情况确定上报数。绩效考核领导小组召开年度经营目标分析研讨会，领导小组与各支行对下年度绩效考核各项指标标准进行交流协商，并根据下达数、上报数和考核权重确定合同基数。

3. 签订年度绩效合约

总行、支行上下对绩效考核的指标内容协商确定后，由总行领导班子与各支行行长签订绩效合约或《年度经营目标责任书》。签订绩效合约目的是保证银行总体战略的具体实施，使管理者把精力集中在对银行价值最关键的经营决策上。

绩效合约的主要内容应包括：定义支行的主要考核方面及关键业绩指标、工作目标设定；确定各主要考核内容的权重；参照历史业绩及未来策略重点设定业绩标准；参与决定合同受约人薪酬与非物质奖惩。

业绩合同具有两个重要的作用：激励支行业绩与明确个人责任。激励支行业绩，即通过绩效合约明确支行如何创造价值，实现支行内部资源的合理分配，将资源集中，从事最具潜力的业务，提高支行内部管理透明度，对业绩进行监督和及时反馈。

明确个人责任，即通过绩效合约制定明确的目标和评估方法，并根据考核结果决定各支行对银行和本机构的贡献，将支行行长对团队业绩负责的做法制度化，建立有效的激励机制，促使管理者改变行为，使他们的利益与股东利益相一致。

4. 召开经营绩效分析会

在季度末，对支行的绩效整体情况进行效果评估，由考核领导小组召开经营绩效分析会，对各支行的各项绩效指标的完成情况进行分析解读，总结各项工作所面临的形势及存在的问题、考核方案优化方向，并对下一步的绩效考评工作进行具体部署，达到对绩效考核过程管控的目的。每季度展开绩效考核的效果评估，对支行的业绩、绩效、客户、管理等方面进行分析，根据评估结果掌握银行业绩变化、员工接受程度、员工得薪率效果，再根据效果调整考核方案，涉及薪酬方案调整、考核方案调整、岗位责任调整、目标调整及新目标的确定等。

各支行负责人根据效果评估报告，向年度经营目标管理领导小组汇报支行年度经营目标、各项绩效指标在本期的进展完成情况、绩效指标变动状况、在目标完成过程中的困难和问题、面临的挑战和机遇，绩效改进要点和措施以及需要的资源支持与帮助。领导小组依据绩效报告，对支行业务经营绩效情况进行点评，寻找当期经营活动中的短板，提出工作要求，明确工作重点与改进措施，动态协调工作关系，及时提供关键资源和重点支持。

银行的运营环境是不断变化的，指标的发展趋势或指标的计划会受各方面因素的影响，需要对指标进行不断调整。绩效分析过程中主要采用的是对KPI指标进行监控对比分析的方式，包括与历史数据对比、计划数据对比和与行内标杆对标等来进行绩效监控，发现指标的异常所在，寻找这些异常指标的关键驱动因素，改进指标，提升绩效。与历史数据进行对比，实际上是分析指标的发展趋势或者是制定标准的过程。与原定计划分析对比，可以看出实际KPI指标数值与计划和执行标准之间的差距，发现支行经营的短板所在。与行业对比，明确自身与业内最佳的差距，从而采取有效的行动计划，实现组织和员工绩效的不断改进和提升。

5. 每月/季/年度考核

按照考核周期，由支行绩效考核管理办公室按照绩效合约上约定的奖罚机制，对各支行进行每月/季度/年度考核。定期开展绩效面谈，落实绩效改进计划，为提升组织、员工绩效提供保障。对于各支行内部绩效差的员工，其绩效考核管理直接责任人应按月进行辅导面谈，并形成面谈记录，分析绩效差的原因，并制定具体措施协助其提高绩效。

6. 考核结果奖惩兑现

根据各支行签订的绩效合约上约定的奖罚化制，进行考核结果奖惩兑现。绩效考核结果一方面可以作为支行划分等级（即标兵、优秀、良好、一般、关注）及各类奖惩措施的依据；另一方面，支行经营效果考核主要是考核支行行长的经营效果。总行按照各家支行季度等级行排名分配经营费用，调整支行领导班子成员、年终奖分配。

第三节　分支机构的等级考核

我国的商业银行数量众多，分支机构的经营管理情况决定着各家银行的总体业绩。各家商业银行绩效评价是从银行的所有者和相关利益群体的角度，对银行的经营业绩和效率进行客观、公正和全面的评价，促使银行加强管理，稳健经营和提高经济效益。商业银行涉及的利益相关者除了银行本身之外，还有外部监管机构、民间专门评价组织机构、客户以及中小投资者。评价主体不同，出发点不同，侧重点也有所差别，从而形成不同的评价方法。评价主体采用不同的评价方法，从财务效益、资产安全、资产流动和发展能力等方面来评价银行的等级，反映银行绩效内容。商业银行更多的是从财务等层面考评产品、客户、分行、员工的业绩等；而监管者更多的是从金融稳定和安全层面考虑，以银行风险评级、运营和财务状况内部指标为基础，提供与行业发展趋势规范和市场等相关的外部指标来评价银行；客户和中小投资者则借助社会信用评价机构的方法来了解银行业绩、风险和发展状况。商业银行的等级行考核可以分为两个层次：一是外部对商业银行考核评价，即外部等级评定；二是商业银行内部分支机构的等级行考核，即内部等级评价。本节重点分析和阐述银行内部机构等级评定方法。

一、外部对商业银行的考核评价

外部评价主体对商业银行法人层面的评价，即外部等级评定。评价主体包括监管机构、民间专门评价组织机构、客户以及中小投资者等。

（一）监管层面的等级评定

监管者出于稳定金融和控制风险的目的，评价的核心是安全性，偏重银行资产质量、资本充足度的考核等。例如，美国的“骆驼”评级（CAMEL）法，含五项考核指标，即资本充足性（Capital Adequacy）、资产质量（Asset Quality）、管理水平（Management）、盈利状况（Earnings）和流动性（Liquidity）。“骆驼”评价体系采用五级评分制来评价商业银行的经营及管理水平（一级最高、五级最低），以风险管理能力为导向，充分考虑到银行的规模、复杂程度和风险层次，是分析银行运营是否健康的最有效的基础分析模型。2004 年 2 月，中国银行保险监督管理委员会颁布《股份制商业银行风险评价体系（暂行）》，其基本框架就是在“骆驼”评价体系基础上建立起来的。

（二）社会中介的等级评定

对商业银行进行评级的社会中介机构主要包括银行业公会、一些金融权威刊物和专业评价机构，其评价的主要目的是资信评价，为投资者提供投资决策服务，评价的核心是风险判断。金融权威刊物主要包括《银行家》《商业周刊》等，它们每年都会对上一年度的中国商业银行进行一次评估和排名，如《银行家》推出《2017 年中国商业银行竞争力评价报告》，对中国商业银行财务和核心竞争力进行评价。银行核心竞争力的评价以总资产、风险、资本、盈利、流动性、综合财务评价等指标的综合得分进行排名。由于其刊物的权威性和公正性，其评价结果受到社会的普遍认可。银行主体信用评级是判断银行市场竞争力、影响力和可持续发展潜力的重要依据。

国内外著名的评级机构都建立了银行评级模型。穆迪公司分别设计了对发达市场、发展中市场银行的评级方法。标准普尔公司的银行信用分析模型采用了广泛的定量和定性分析，针对不同地区的不同银行机构确定不同的分析重点；与此同时，还考虑银行业务范围等，综合考虑制度和竞争环境等因素，选择相应的分析指标和分析权重。

（三）外部评级的作用

从银行自身角度看，商业银行外部评级是对其管理过程的一种控制，其核心的管理目标是通过了解和检验组织的外部绩效，并通过结果的反馈实现自身绩效的提升和内部管理的改善。外部体系的引入有助于银行了解自身与竞争对手存在的差距，在信用、风险、竞争力等方面存在哪些不足和需要改进的地方，实现商业银行“对标”管理。

二、银行内部对分支机构的等级行考核

我国的商业银行普遍实行总分行制，分支机构数量众多，分支机构的经营管理情况决定着各家银行的总体业绩。如何有效地激励分支机构朝着总行的战略目标前进，是商业银行内部管理的重要内容。由于区域经济发展的差异，各分支机构的经营发展存在较大的差异，大一统考核难以满足各分支机构差异化发展的需要。只有分级管理、分类指导、区别对待，才能起到调动和发挥各分支机构积极性的作用，促进业务的发展。

等级考核法是商业银行进行分类管理中常用的一种方法。采取定性与定

量相结合的考核办法，对各机构的业务发展情况、经营管理水平、金融服务质量、风险抵御能力以及综合发展实力等进行全面考核与评价。考核指标主要包括业务发展类指标、贷款类指标、风险类指标、效益类指标和管理类指标等内容。根据绩效考核结果，按照一定的规则和方法划分各个等级层次，如某银行将等级行划分为五类支行，其目的是考核评价分支机构的经营管理状况和领导团队的管理绩效，并作为评价主体内部管理的工具。等级行管理一般体现了商业银行“以贡献配置资源、凭等级享受待遇”的激励机制，不同等级的银行在业务授权、经营性费用、工资性费用、职数配置、新业务品种准入等方面享受不同的待遇。

（一）银行等级行考核的目的

商业银行对其分支机构的等级行考核，是指总行或者一级分行对其辖内分支机构的经营管理总体状况进行内部评价与划分等级的管理办法。等级考核的评价结果作为上级行授予各分支机构不同经营管理权限、评价分支机构领导班子经营管理业绩、分配人财物等资源的依据，推动实现总行发展战略目标。对等级行考核的目的是适应现代金融企业发展的需要，建立符合全行发展战略要求的内部分支机构等级体系，为内部管理决策和激励提供客观衡量标准。

（二）分支机构的等级考核方法

1. 等级管理的指导思想与原则

（1）指导思想。实行支行等级管理旨在从定性与定量两个方面，对各支行的业务发展情况、经营管理水平、金融服务质量、风险抵御能力以及综合发展实力等进行全面考核与评价。从业务发展类指标、贷款类指标、风险类指标、效益类指标和管理类指标五个方面进行考核，并确定相应等级，促进各支行上等级、上水平，努力改善经营管理，提高综合发展能力，进一步推动全行持续、快速、健康发展。

（2）等级管理的原则。突出重点，全面考核。根据经营发展重点和长效发展目标要求，设置相应指标体系，根据考核结果，确定相应等级，实行定性指标与定量指标相结合的方法。以年度会计为周期，统一考核标准，进行严格考核、综合评价，结合各支行实际，重点反映各分支机构综合发展实力和经营管理水平。

2. 等级管理指标设置

（1）指标设置。机构评级采取定量与定性指标相结合的考核方法，机构等级管理指标如表 3-7 所示。

表 3-7 机构等级管理指标

指标类别	考核指标
业务发展类	各项存款年日均余额
	人均各项存款日均
	人均业务量
	电子银行替代率
贷款类	贷款日均余额
	贷款日均增长额
风险类	四级不良贷款占比
	人均违规积分
效益类	综合利润总额
	人均利润额
	成本率
管理类	优质文明服务
	标准银行建设
	网点数
	安全保卫、案件防控

（2）等级评定方法。商业银行对等级行进行考核时，等级评定业绩标准可选择计分的方法有很多，如最低业绩指标法、中位值对标法、线性内插评分法、计划目标评分法等。

第一，最低业绩指标法，即在机构等级评定中，先给众多等级分别设定业绩指标的最低值，然后通过比较机构业绩与各等级业绩标准来确定最终结果。

第二，中位值对标法，即采用指标值与中位值进行比较的方法，将机构的业绩数据转换为得分，并根据得分排名来确定机构等级的一种方法。

第三，综合评分法，即按照一定的计分标准，将各项评定指标的业绩转换为分数，然后按总、分确定机构的等级。

第四，线性内插评分法，即将机构各指标值进行排序，排名最佳的得最高分，排名最差的得最低分，介于最佳与最差之间的机构按线性内插的方法计算该项指标得分。

第五，计划目标评分法，即根据机构计划目标的执行情况进行考核评分。

每一种评价方法都有优缺点，如线性内插评分法强调机构间实际经营结果的横向比较，促进机构间形成“比学赶帮超”的竞争氛围；计划目标评分法强调分支机构对上级行下达计划目标执行情况的评价，促进分支机构积极完成各项计划任务。可以选择多种不同的方法，用各自的优点弥补相互的缺点，才能真实、客观地反映考核结果。

3. 等级设置及评定标准

根据定量和定性指标进行综合考核，按支行综合得分从高到低确定相应等级，在各个类别的等级上所占的比例有所区别，如表 3-8 所示。

表 3-8　支行等级评定标准表

机构等级	等分排名	占　比（%）
一类机构	排名在第 1 名到第 6 名的机构	20
二类机构	排名在第 6 名到第 12 名的机构	20
三类机构	排名在第 13 名到第 21 名的机构	30
四类机构	排名在第 22 名到第 30 名的机构	30

4. 等级管理评定流程

（1）支行等级管理工作。由行长负责组织实施，具体由风险与合规部、财务会计部、业务管理部、人力资源部、电子银行部、监察保卫部等部门负责各条线的考核工作；合规与风险管理部牵头考核指标的录入；稽核部负责审核监督各部门的考核工作。

（2）支行等级管理每年考核评定一次，实行动态管理。根据机构的综合得分按照规则确定相应等级。

5. 等级管理的结果应用

支行等级评定结果，主要运用于调节支行行长、行长助理、委派会计等支行管理人员的岗位系数。

6. 等级行考核需要综合考虑的几个问题

（1）对等级考核的分类考核对象范围和层级做出明确的界定。不同的银行组织架构不一样，实行分类等级考核管理时，需要对考核对象做出明确的界定。有些商业银行采用总—分—支—网点四级架构，层级比较多。在考核管理上可以分为两个层次：一是总行对分行、管理行、直属支行的考核；二是分行/管理行/直属支行对辖下的支行考核。二级考核管理应区别对待，整体协调相统一，实现分类管理指导和激励差异化。

（2）合理细分评定等级。根据等级管理办法的考核指标计算得分，以综合得分高低对网点实行排名，据此结果对网点划分等级。根据不同层级行的数量来划分等级数量，一般分 3~5 类。等级的划分建议不要分类太宽，如果分类过宽会导致中低等级网点的数量太过集中，形成巨大的金字塔形结构，使底层的网点没有距离感。一般高级行的数量不超过网点总量的 20%。

（3）对支行网点进行分类分级管理，实行差异化的绩效考核和资源配置方案。从目前的组织机构变革的趋势分析，支行网点的专业化分工越来越清晰。从网点的规模和功能来看，有些是全功能型（综合型），有些是偏零售型，这样就不能用一把尺子来衡量。在分等级管理时，先对支行网点进行分类，再对其类型设置指标体系，不同类别的指标选择各有侧重，评分分值有所差别。对于综合型网点，其考核指标可以分为经营成果、业务规模、渠道发展、服务质量四大类。对于零售型网点，其考核指标则可以分为销售规模、客户拓展、渠道发展、服务质量四大类。在结果使用上也有所差异化，在业务功能、绩效奖励、资源配置等方面，体现银行内部政策的倾斜。

（4）指标的设置和考核方法要详简适度、科学可行。等级行注重的是过去的业绩，容易造成分支机构过多地关注短期业务增长和短期效益指标。等级行考核内容应突出重点、全面考核，既要考核当年的业绩，又要考核其历史的延续状况。等级考核指标应围绕银行价值最大化的核心目标，根据银行经营发展重点和长效发展目标要求，实行定性指标与定量指标考核相结合，通过长远效益与短期效益、经营质量、发展速度、风险内控、可持续发展能力等各方面实施综合考评，重点反映分支机构的综合发展实力和经营管理水平。

不同类型、不同组织的管理架构、发展目标以及业务运营特点的差异，决定了其采用的机构等级考核的方法和指标有所不同。

案例 1

分级别差异化的等级行考核

A 银行为一家股份制商业银行，组织架构为总分支架构，分支机构分布在全国各地，有 38 家分行。分行总行每年根据各家分行经营业绩发展状况、年度经营计划执行情况及合规内控管理情况进行综合考核与评价，并根据综合考评得分结果对各个分行划分绩效等级。由于 A 银行的分支机构分布全国各地，而各个地区环境、文化背景、经济发展差异较大，A 银行为了提升分行绩效评价的可比性，根据各家分行的经营业绩状况、成立时间、当地经济总量、当地 GDP、当地人口五个因素确定不同的权重，将分行划分为不同的组别。对不同组别的分行实施分类差异化考核，促进同组别的分行良性竞争。

A 银行设置综合差异调节系数，对分行业绩指标得分进行调节。业绩指标包括盈利能力与资本效率、业务发展过程、战略转型引导及资产质量四方面考核指标。综合差异调节系数下设“级差系数”和“经营难度系数”两项差异调节系数，两者相乘确定综合差异调节系数。“级差系数”：从当地 GDP 增速、金融总量、人均 GDP、城镇居民人均可支配收入等方面综合考虑分行层面差异系数。“经营难度系数”是以问题贷款率、营业净收入增速等作为参考因素来考虑各分行的情况。

分行综合绩效考核体系由盈利能力与资本效率、业务发展过程、战略转型引导、风险合规与社会责任四部分考核内容构成，考核综合评价采用千分制，在主指标体系外设置加分项和扣分项。根据年度综合绩效考核得分情况对每组分行进行排名，将分行划分为 A、B、C、D 四个绩效等级（见表 3-9），共评选 10 家 A 类分行，授予“优秀分行”荣誉称号。

表 3-9 各组等级分行分布

绩效等级	第一组（4家）	第二组（11家）	第三组（11家）	第四组（12家）	合 计
A	2	4	2	2	10
B	2	4	3	4	13
C	—	2	3	4	9
D	—	1	3	2	6

分行综合绩效考核结果与分行职工薪酬分配挂钩，按照“奖励先进、拉开差距”的原则，设立综合绩效考核奖，根据综合绩效考核结果核定分行绩效考评奖励系数。分组别设置绩效考核奖励系数，第一、第二、第三、第四组奖励系数由高至低，体现各组别管理难度和综合贡献的差异（见表 3-10）。同时，按绩效等级差异设置挂钩系数，各等级对应不同的奖励系数，体现以经营业绩“奖优罚劣”的评价原则。

表 3-10 分组奖励系数表

绩效等级	第一组奖励系数	第二组奖励系数	第三组奖励系数	第四组奖励系数
A	1. 50	1. 35	1. 25	1. 15
B	1. 25	1. 15	1. 05	1. 00
C	1. 00	0. 90	0. 70	0. 65
D	0. 65	0. 65	0. 50	0. 40

案例 2

多类型的等级行考核

B 银行为一家城市商业银行，组织架构为总分支架构，下辖 12 家分行、8 家管理行、12 家直属支行，营业网点近 150 家。总行每年制定等级评定办法，根据对应的办法计算综合得分，并分别确定机构不同等级。

B 银行的机构层级比较多，不同层级的机构数量不一样。总行是按四个层次分别评定分行、管理行、直属行、支行的等级。每个层次分别设定不同的等级数量，按照评定的综合得分确定不同的等级，如表 3-11 所示。

表 3-11　机构等级得分对照表

<table>
<tr><th>机构层级</th><th>机构等级</th><th>机构得分</th></tr>
<tr><td>分行</td><td>3</td><td rowspan="3">一类行：90 分（含）以上
二类行：90~60 分（含）
三类行：60 分以下</td></tr>
<tr><td>管理行</td><td>3</td></tr>
<tr><td>直属支行</td><td>3</td></tr>
<tr><td>支行</td><td>4</td><td>一类行：90 分（含）以上
二类行：90~75 分（含）
三类行：75~60 分（含）
四类行：60 分以下</td></tr>
</table>

等级评定共设四大项指标，总分值 100 分，主要包括效益指标、资产质量指标、规模指标、综合评价指标，不设分值，实行倒扣分。效益指标和规模指标考核的重点为网均和人均指标，如网均利润、人均利润、网均存款、网均贷款等指标，采用统一的计分方法进行等级评定，实行按季监测、按年考评。效益指标和规模指标的计分方法主要采用统一标准值的标准差计分法，如网均利润平均值为最优值，达到最优值得满分，达不到最优值则按比例计算得分。质量指标和综合评价指标采用倒扣分法。

本案例的等级行管理体现了“以贡献配置资源、凭等级享受待遇”的激励机制，不同等级的行在业务授权、经营性费用、工资性费用、职数配置、新业务品种准入等方面享受不同的待遇，如机构的等级考核结果与行长薪酬直接挂钩。不同层级的行长的薪酬根据等级考核结果对应不同档级的薪酬，如分行的一类行行长执行四类二档岗位工资、二类行行长执行四类三档岗位工资等。

案例 3

城乡差异大的等级行考核

C 银行的组织架构为总—支架构，有 50 多家支行网点。总行实行机构（支行和网点）的等级管理，旨在采取定性与定量相结合的考核办法，对各机构的业务发展情况、经营管理水平、金融服务质量、风险抵御能力以及综合发展实力等进行全面考核与评价。支行/网点等级管理设定业务发展类指标、贷款类指标、风险类指标、效益类指标和管理类指标进行考核，确定相应等级，促进各分支机构不断加强和改善经营管理，提高风险防范处置能力和综合发展实力，实现长期稳步健康发展。考核指标如表 3-12 所示。

表 3-12　等级行考核指标表

指标类别	考核指标	权重分
业务发展类	各项存款年日均余额	10
	人均各项存款日均	10
	人均业务量	8
	电子银行替代率	10
贷款类	贷款日均余额	13
	贷款日均增长额	7
风险类	四级不良贷款占比	6
	人均违规积分	10
效益类	综合利润总额	6
	人均利润额	9
	成本率	5
管理类	优质文明服务	6
	标准银行建设	加分项
	网点数	加分项
	安全保卫、案件防控	扣分项

各项指标采取“中位值对标法”计算得分。各项指标的得分，以中位值对标，按照比率正负增减获得该指标得分，其中不良贷款率为反向指标，其余指标为正向指标。

支行等级管理每年考核评定一次，实行动态管理。根据定量和定性指标进行综合考核，按其综合得分确定相应等级，由高到低设置每个等级。由于 B 银行城乡地区差异比较大，计算得分时将支行划分为城区与农村两类标准，如表 3-13所示。

表 3-13　等级行比例划分表

支行等级	城区标准	农村标准
一类支行	支行比例不超过 8%	支行比例不超过 10%
二类支行	支行比例不超过 16%	支行比例不超过 18%
三类支行	支行比例不超过 28%	支行比例不超过 30%
四类支行	支行比例不超过 24%	支行比例不超过 26%
五类支行	剩余比例	剩余比例

支行等级评定结果，主要运用于调节支行行长、支行副行长、支行行长助理等分支机构领导班子成员的目标年薪。按照分支机构所评定的等级，根据银行薪酬等级相关管理制度，设置相关的薪酬等级。等级越高，薪酬越高；职位越高，薪酬越高，如表 3-14 所示。

表 3-14　支行等级与岗位系数对照表

分支机构类别	对应薪酬等级		
	支行行长	支行副行长	支行行长助理
一类机构	相应职位基准年薪—5 万元	相应职位基准年薪—3. 5 万元	相应职位基准年薪—2 万元
二类机构	相应职位基准年薪—3 万元	相应职位基准年薪—2 万元	相应职位基准年薪—1. 5 万元
三类机构	相应职位基准年薪	相应职位基准年薪	相应职位基准年薪
四类机构	相应职位基准年薪—3 万元	相应职位基准年薪—2 万元	相应职位基准年薪—1. 5 万元
五类机构	相应职位基准年薪—5 万元	相应职位基准年薪—3. 5 万元	相应职位基准年薪—2 万元

从实践来看，银行的等级行考核是一种内部绩效评价的有用工具。等级行评价注重“过去”的业绩，应注意避免造成分支机构过多地关注短期业务增长和短期的效益指标，而对其长期发展有利且符合战略的人才队伍建设、企业文化建设等关注不够。随着商业银行组织变革、流程再造等变化，等级行考核体系也将随之变化，满足银行对分支机构考核的需要。

第四章　银行职能部门考核

第一节　职能部门概述

结合我国商业银行组织架构的发展演变特点，本节对商业银行职能部门的概念、岗位的划分及其职责进行界定描述。通过本节内容，可以深入地了解职能部门在商业银行中的角色、功能定位及商业银行职能部门管理现状，为科学、合理的职能部门考核体系方案设计奠定基础。

一、职能部门含义

职能部门是指组织中对下属单位具有计划、组织、指挥权力的部门。根据是否具有行政指挥权，职能部门可分为两种类型，一种是职能制（多线制），即职能部门具有向下级单位下达工作任务或工作指令的权力，比较典型的是政府的组成部门，如物价局等。第二种是直线职能制，即职能部门不能直接向下级单位发布行政命令，需要经过共同主管同意方可，职能部门只有建议权、指导权和协调权。银行的职能部门属于第二种类型，如银行中的人力资源部、业务管理部、总经理办公室等。

（1）从职责角度来看，职能部门是指企业当中不直接创造效益，对企业运营的日常活动起到支撑保障性作用的组织单元。在理论研究中，一般将其定义为指导、监督、支持企业生产经营的特定组织机构，如办公室、财务部、人力资源部等；或者定义为不直接参与生产经营、不直接产生经济效益，服务于生产经营的组织单位。

对于商业银行而言，其职能部门就是指不直接创造效益，对银行的日常经营活动开展起到支撑保障作用的组织单元。职能部门一般包括各类业务管理部、科技信息部、人力资源部、计划财务部、运营管理部、合规部、风险管理部等部门。

（2）从组织架构角度来看，在职能制组织架构下，商业银行会在经营管理层下设置各类型职能机构，协助经营管理层从事职能管理工作。各职能机构通过职责的设置及经营管理层的授权，对下级分支经营机构进行相应的职能管理。此类职能机构也就是银行的职能部门，各职能部门向上要服从经营管理层的领导，其“责权”是对下级经营机构管理的基础保障。根据商业银行业务经营的特点，负责业务产品职能管理的部门被视为业务经营性部门，对各营销业务产品部门提供支撑、管控、保障的职能管理部门被视为非经营性职能部门。业务经营性部门因为面向的客户、产品的特性、岗位的设置不同，部门职责有所差异。

（3）从角色定位角度来看，总行职能部门扮演着“参谋者”角色，通过自身的专业性，结合本部门功能职责，为全行发展战略的制定、经营的决策提供相关信息和分析。对于各分支机构而言，职能部门就是“教练员”“裁判员”，制定全行的运营机制、流程、操作规范、沟通汇报流程等，并指导、监督实施，对实施过程、结果进行评价、总结、改进和优化。

（4）从事业部与职能部门关系来看，事业部制就是按照企业所经营的事业，包括按产品、按地区、按顾客（市场）等来划分部门，设立若干事业部。事业部是在企业宏观领导下，拥有完全的经营自主权，实行独立经营、独立核算的部门，既是受公司控制的利润中心，具有生产和经营管理的职能，同时也是产品责任单位或市场责任单位，对产品设计、生产制造及销售活动负有统一领导的职能，具有典型的“集中决策，分散经营”的特征。

从职能部门及事业部的定义来看，事业部作为一个独立的经营主体，本质上是业务经营性部门，承担起本事业部服务营销的产品或客户的一些功能性职责，如营销后续管理、考核激励等。从职责范围来看，事业部的职责范围比一般的经营性条线部门更广，所获的授权也更充分，独立经营自主权更大。

二、职能部门划分

依据职能部门的功能特点及商业银行内控管理、精细化管理的内在要求，对商业银行职能部门采取以下几种形式进行划分：

（一）按风险防控的先后顺序划分

本质上，商业银行就是经营风险的金融机构。根据各部门功能定位及参与风险防控的先后顺序，将部门划分为三道防线，第一道防线是开展各种基本经营活动及大部分支持性活动，是经营风险的最直接部门；第二道防线是直接参与风险管理的部门，如合规及风险管理部；第三道防线是风险防范的最后一道屏障，如审计稽核。此种划分方法更多的是从风险管控的角度出发，而不是从银行利润目标实现的功能角度，故本章中的职能部门考核体系设计不采用此方法。

（二）按企业价值链活动划分

在条线化管理模式下，按照企业价值链活动类型对总行职能部门进行划分，开展基本经营活动的，与各经营机构的业务经营相关的，属于经营性职能部门，开展支持活动的为非经营性职能部门。经营性职能部门主要以客户、市场、营销和服务为中心，与全行的经营业绩密切相关，如公司业务部、零售业务部、金融市场管理部、国际业务部、小微事业部等，事业部也属于经营性职能部门。非经营性职能部门根据其与业务的相关性程度大小划分为中、后台职能部门。中台职能部门是指在支持性活动中开展管理活动、运营活动和监督活动的部门，如计划财务部、风险管理部、人力资源部等，这类部门对全行的业绩和利润目标实现起到一定的支撑作用。后台职能部门是指在支持性活动中提供支持保障性的部门，如行政办公室、安全保卫部、工会、审计稽核、纪检监察等部门，虽然这类部门活动的开展与全行业绩贡献关联度不高，但也会对全行业绩产生影响。

对经营性职能部门的划分标准，各商业银行较为统一。对于中后台职能部门的划分，由于各家银行战略发展规划、部门功能职责的定位不同，会略有差异，例如，有的银行重视科技，认为科技引领创新，引领业务，会将科技部门划分为中台；有的银行的科技部门目前起到的作用仅仅是为管理或经营活动提供工具支撑，故将其定位为后台部门。金融科技现已成为各家商业银行获取新的竞争力的主要发展方向和途径，未来的科技部门将承担更多的科技研发、产品渠道研发、数据价值挖掘等功能。目前，很多商业银行新成立的网络金融部就是在原科技部门的基础上建立的，从这点来看，未来的科技部门将是中台部门，甚至可以成为前台部门。

（三）按组织层级划分

一定规模以上的商业银行会在不同层级设置职能部门，以实现职能的垂直化、专业化管理，从而提升管理效能。一般会把职能部门划分为总行职能部门、分支行职能部门。

总行职能部门一般包括前、中、后台部门，分支行职能部门则需根据分行资产规模、业务规模、人员规模等进行确定，一般分为三大类部门，一是经营性部门，即前台部门。例如：设立公司业务部、零售业务部，基本划分与总行保持一致。二是支持保障性部门。结合人员编制、成本控制等因素考虑，例如，设置综合办公室，包括财务、人事、后勤保障等职责。三是对接柜面运营条线管理部门，即运营管理部。

（四）按总行与部门分权程度划分

对于经营性职能部门，在条线化管理模式下，总行对各条线业务经营实行分权制，在“人财物”方面则会与组织架构职责设置相匹配，并进行一定程度的授权。按照总行对各经营性部门的授权程度，可将总行经营性职能部门划分为事业部制部门、非事业部制部门。相较于非事业部制部门，事业部制部门拥有更多的“人财物”权。现行的商业银行事业部可按客户（如小微事业部）、地理区域、行业、产品（网络金融、国际业务、金融市场）等设置。非事业部一般按客户类型进行设置，如公司业务部、零售业务部等。

三、职能部门职责设置

职能部门职责一般包括功能性职责、内部管理、沟通、交办督办工作等。其中，功能性职责主要是在日常经营价值链活动中承担的职责；内部管理主要职责是保证部门内部有序运作；沟通主要是指对外沟通，沟通对象为银行内外部部门、单位等；交办督办工作是直接由上级领导或部门分配或指定的工作任务。通过对多家商业银行职能部门及岗位人员工作流水进行总结分析，职能部门常规性职责如表 4-1 所示。即每一项职责都是按照 PDCA 的工作流程，包括制度建设、工作计划制订等 9 项工作任务。

表 4-1 PDCA 工作流程下的部门职责

部门职责	工作任务								
	制度建设	工作计划制订	学习、培训	报告、调研	活动开展及执行	执行过程审查、监督、评价	报告编写及上报	监督问题整改处理情况	费用（成本）管理
功能性职责	主要指部门在日常经营工作中的职责，一般一个部门会有多项功能性职责，例如，人力资源部的薪酬福利管理、人员配置管理等，计划财务部的税务管理、财务计划管理等								
内部管理	保证部门内各项管理工作有序运作，具体包括团队管理、部门工作计划、工作总结、内部沟通、学习培训，以及部门日常事务管理								
沟通	包括与同级部门之间的沟通协作，还有与上级各级机构之间的协作								
交办督办	上级领导或上级机构通过会议、通知等传达到职能部门，要求职能部门予以配合或落实完成的工作事项								

（一）经营性职能部门职责

经营性职能部门是开展基本经营活动的部门，通常按客户属性进行设置，如公司业务部、零售业务部，或按产品进行设置，如国际业务部、电子银行部等。部门职责包括：产品研发及推广、市场营销管理、营销队伍建设及管理、业务指导和考核、本条线业务管理及数据统计上报。结合 PDCA 流程，经营性职能部门各职能如下：

1. 产品研发及推广

本条线负责产品研发计划、目标制定，前期市场调研，产品方案编写，产品设计，产品宣传推广。产品宣传具体包括宣传计划制订、宣传方案编写、宣传活动实施、活动总结等工作任务。

2. 市场营销管理

结合市场调研及业绩发展、任务目标完成情况，为新产品的推广或业务的营销拓展编制市场活动方案，并筹备、组织、监督指导各级经营主体实施。事业部除了管理职能外，还要开展具体的营销活动。

3. 队伍建设及管理

本条线队伍的建设及管理（不仅是营销岗位人员，也包括其他岗位人员，如产品研发岗、风险管理岗等），主要包括组织相关业务学习、技能培训，实施等级管理，绩效考核方案制定，并监督实施。同时，协助人力资源部门对队伍人员进行管理。

4. 业务指导、监督和考核

对全行各业务经营机构业务的开展进行指导、监督和考核，制定业务管理流程、操作规范、考核方案等。

5. 条线业务管理

本条线业务管理，包括总行条线业务发展思想理念的向下传导和宣贯、管理机制流程的制定和规范、人员队伍的建设及管理、条线业务产品的营销及分析、系统工具支撑建设等。

6. 数据统计上报

统计总结分析并上报，本条线相关经营数据，如行业数据、外部同业数据、本行业务产品及绩效费用等数据，为银行的经营管理决策提供参考。

7. 其他职责

如风险管理，主要协助配合其他部门完成相应工作任务。

8. 事业部部门职责

事业部能够完成某种产品从生产到销售的全部职能。对比以上职能，事业部拥有以上经营性职能部门及企业所有功能性职责。作为一个相对独立的经营主体，事业部拥有自身的营销人员，并开展相应的营销功能；有自身的产品研发人员，进行产品研发；有风险管控人员，进行风险管理等。

（二）非经营性职能部门职责

中后台部门的职责更体现其专业性，按照其专业管理模块细分每一项工作，每一项工作的具体流程可按表 4-1 所示内容进行细化，如人力资源部，人力资源管理包括招聘管理、员工关系管理、绩效管理、薪酬管理等，部门职责也按照这个设置。中后台部门职责是否包含职能条线队伍建设及管理、职能工作的指导与监督，关键在于银行对该部门人员实施何种管理模式。如很多农商银行在会计、信贷管理方面采用矩阵式的管理架构模式，在总部设有会计结算部、信贷管理部，各层级经营单位会设有如委派会计、信贷管理员这样的条线岗位，那么对于这类部门，专业条线人才队伍的培养及管理仍然由总行职能部门负责。

（三）分支行职能部门职责

分支行下的职能部门职责是在本分支行范围内执行对应总行职能部门相关管理政策，收集汇总信息上报，起到“上传下达”的作用。按照总分行管理权限的划分，大部分商业银行的分支行不具备财权、物权、人事权，故分支行的职责会相对简单很多。

四、岗位及其职责设置

（一）岗位设置

目前，大部分银行对岗位设置有两种方法，一是按岗位职级划分；二是按岗位属性划分。按岗位职级可划分为管理系列、员工系列或区分高级、中级、初级系列；按岗位属性可划分为管理系列、专业技术系列、行员系列等。本书从通用性、广泛性和普适性的角度，采用第一种划分方法，将商业银行职能部门员工划分为部门负责人（管理类）和一般员工。其中，部门负责人包括部门总经理、部门副总经理、部门助理，职能部门组织中对应岗位可参考图 4-1。

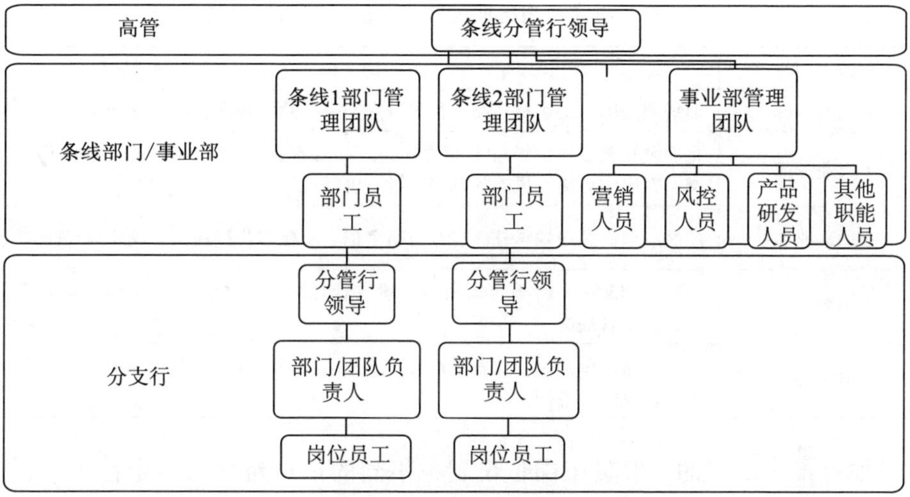

图 4-1　职能条线层级组织管理岗位设置

（二）岗位职责

在岗位职责设置中，部门负责人主要负责部门整体职能建设规划、部门发展建设规划、部门团队建设及管理、对外沟通、上级领导交派任务等。

部门负责人副职（部门助理）则是根据部门整体职责分管具体某块职责，部门下设各岗位则根据自身岗位职责完成相应的事务性工作、部门负责人交派任务、部门内部管理工作。

经营性部门主要按照工作开展流程设置相应岗位及岗位职责，非经营性部门则是按照专业管理模块设置。如人力资源部下设招聘岗、薪酬岗等。参见表 4-2、表 4-3。

表 4-2　银行职能部门员工岗位及职责设置

岗位划分		经营性部门	非经营性部门
管理人员	部门负责人	负责部门整体职能建设规划、部门发展建设规划、部门团队建设及管理、对外沟通、上级领导交派任务等	
	部门负责人副职（部门助理）	分管具体模块职责，在该模块内，职责与部门负责人相同；模块按具体活动细分	分管具体模块职责，在该模块内，职责与部门负责人相同；模块按专业子模块细分
一般员工	员工岗位	按功能模块细分设置	按功能模块或按照流程设置

表 4-3 某商业银行职能部门一般员工岗位设置

部门	岗位
公司业务部	信贷调查岗、文字材料岗、档案管理岗、风险管理岗、报表统计岗
零售业务部	自助设置管理岗、银行卡管理岗、产品经理岗、信贷审查岗、专职审批人岗、客服中心岗、风险管理岗、综合管理岗
小微事业部	产品经理岗、绩效考核岗、综合事务岗、小微客户经理岗、风险经理岗
人力资源部	招聘与调配岗、薪酬与福利岗、绩效管理岗、档案管理岗、员工关系管理岗、风险管理岗
科技部	系统与网络维护岗、设备维护岗、业务运行岗、软件开发与维护岗、综合管理岗、风险管理岗

如表 4-3 所示的一般员工岗位设置，不同的银行对部门的定位不同，岗位设置也会不同，如零售业务部，为全行零售业务发展提供支撑，包括产品管理、产品研发、市场营销、客户服务等。经营风险是银行业的本质，对于风险的管理和统筹尤为重要，故经营性部门一般都会设置风险经理岗。

管理者角色职责差异主要体现在部门的功能性上。岗位之间除了完成部门的整体目标外，其工作内容差异性较大，且很多银行职能部门员工存在一人身兼多岗的情况，因此，准确定义员工职责具有一定的难度和复杂性。

五、职能部门特点

从职能部门的定义及其在组织中的地位来看，职能部门具有以下特点：

（1）岗位多样且异质，工作结构程序化低。银行会根据自身产品、服务及客户定位任务设置其职能部门，在部门下设置岗位。由于每个部门的职能不同，部门下定岗、定员、定编、定责就不同，岗位具有明显的多样性和异质性；以履行规划、指导、监督等职责为主，专业技能、知识水平要求较高，以知识型员工为主；其岗位工作任务的明确程度、标准化程度低，导致其任务、目的、方法等清晰化程度低，绩效评价体系评价标准的清晰化程度也低。

（2）事务性工作较多，难以量化。岗位职责的多样性、工作产出的不具体性、大部分工作以事务性工作为主等特点，决定了职能部门的工作往往难以量化，特别是非经营性部门，其工作的投入成本、效益产出、质量等难以评价。换而言之，也就是职能部门及职能部门员工贡献、价值难以准确有效地衡量，此点也是职能部门考核的最大难点。

（3）横向部门之间关注协同，纵向层级之间搭建“沟通”桥梁。银行作为一个整体，其效益的发挥需要内部各个组织单元有效地协同和配合。各职能部门在价值链活动中扮演角色不同，发挥的作用不同，各部门、岗位除较好履行自身职责、发挥基本作用外，还要有效地与其他职能部门协调、统一，围绕组织整体目标，协同发力、形成合力。

一方面，各职能部门要承接总行的经营发展策略和目标，将其与部门职责、功能相结合，并转化为具体的本部门职责、工作计划或行动方案。另一方面，要将全行的经营管理、发展计划和理念、文化等，通过具体的架构或岗位设置、任务计划制订、机制流程制定、活动实施、培训宣贯等方式自上向下融入各分支机构的日常经营活动当中；并同时建立起自下向上的汇报流程及沟通机制，收集汇总、分析各分支机构上报信息，上传至总行经营管理层，为策略、计划、机制流程的及时调整提供参考。部门职责不仅“承上启下”，也“上传下达”，通过具体组织结构形式，为总行与分支行、经营管理层与操作执行层之间搭建一座沟通和交流的桥梁。

（4）部门设置、功能因行而异。商业银行作为一个企业，其组织形态需满足企业基本的经营管理要求。尽管银行的性质、规模、业务产品服务范围有差异，但开展支持性活动的职能部门（即中后台部门）其设置不会有差异，如管理活动的预算及账务会计管理的计划财务部门、风险管理部门、合规管理部门；支持保障性活动的 IT 部门、人力资源部、安全保卫部、行政办公部、运营管理部等；监督评价活动开展的部门，如审计部、监察稽核部等。体现银行行业性质的围绕资金的吸收及利用、产品的开发及定价、风险的定价及管理、市场营销、客户服务等基本经营活动的部门设置则与银行经营的产品服务范围和银行本身业务经营战略紧密相关。

在“以客户为中心”的经营理念下，结合各家银行组织现状、产品种类、服务区域等情况，经营性部门设置各有不同。如有的银行按客户类型设置公司业务部、零售业务部；有的从“客户+产品”两个维度进行设置，除了公司业务部、零售业务部，还有交易银行部、国际业务部、金融市场部、投资银行部等；有的银行会在某一组织单元内，将两种方式结合设置，例如，在零售业务部下，再按产品细分设置二级部门，包括个人金融部（侧重于个人信贷业务）、电子银行部、银行卡部等。随着金融科技的发展，也有商业银行按照渠道、场景进行部门设置，如设置网络金融部、交易场景部等。对于一些规模较大或经营层级较多（例如，总—分—支—网点或总行—管辖行/中心支行—支行—网点）的银行，除了在总行设置相应的职能部门外，在第二级层级中分行或管辖行/中心支行也会设置一些职能部门，但一般仅限于基本经营活动或运营保障两类部门的设置，即可能会设置公司业务部、零售业务部、综合办公室等部门。

除部门设置的种类和所在层级不同，银行间客户市场定位、内部管理水平、发展阶段、经营机构的区域性等也会有差异，相同的职能部门在不同的银行其功能职责就会有差异。以计划财务部为例，小型商业银行的计划财务部职责则以财务会计、统计分析、固定资产管理、费用管理及涉税管理为主。大型商业银行的计划财务部其职责除了传统的财务会计管理外，还有财务管理会计职责，如计划预算、投融资决策、全行成本管理等。

第二节　职能部门考核体系设计

在职能部门定义及角色定位、类型划分的基础上，为保障有效监督和促进职能部门角色功能作用有效发挥，保障部门绩效与组织绩效目标一致，以解决问题为导向，将先进性与实践性、理念性与银行特性相结合，先分析职能部门考核难点，然后对职能部门绩效管理体系设计的关键点、设计原则、考核体系和绩效管理运营进行阐述。

一、考核难点与考核基础

在商业银行职能部门考核实践中会碰到很多难点和问题，通过对这些难点和问题进行分析，发现这些问题的根源与银行的内部管理紧密相关。为什么同样的考核方案、运营策略，不同的银行其实施效果会不同，其关键就在于“耦合性”。考核能够促进组织效率的提升，前提是考核只有与银行当前管理现状“耦合”，才能产生化学反应。

（一）考核难点

职能部门考核的难点表现在考核指标“难反映”总行战略，工作成效“难量化”，考核数据“难获取”，对部门、员工“难激励”，其对应的表现如表 4-4 所示。

表 4-4　职能部门考核难点对应具体表现及分析

“四难”	具体表现（示例）	考核与管理
考核指标“难反映”总行战略	1. 行领导对考核结果不满意，认为没有达到预期的效果； 2. 虽然部门考核结果都很好，但重点的工作任务并没有被督促考核到； 3. 部门工作“有苦劳，没功劳”； 4. 部门各自为政，形成“部门孤岛”，部门之间缺乏沟通，缺乏全局意识	1. 考核指标要对接银行年度计划、部门计划、部门职责等； 2. 需要有年度计划或重点工作执行跟踪、监控机制
工作成效“难量化”	1. 部门工作很忙，但获得的绩效并不一定多； 2. 工作性质、种类、时间周期等丰富，无统一的衡量标准； 3. 结果不够客观，未能正确体现员工的贡献； 4. 部门工作“有苦劳，没功劳”。	1. 部门/岗位价值定位； 2. 考核指标评价标准：数量、质量、时效或其他
考核数据“难获取”	1. 事务性、临时性工作较多，但无数据、无凭证； 2. 合作性、周期长、沟通交流工作较多，此类工作如何评估； 3. 部门工作“有苦劳，没功劳”。	1. 日常工作记录，最好是系统的，且记录越详细越好，需能提供与评价标准对应的基础信息。 2. 缺乏数据来源，数据的准确性缺乏工具支撑。
部门、员工“难激励”	1. 各部门认为所得绩效与实际付出不匹配； 2. 所获得的绩效并没有对部门/员工的工作态度、工作能力起到积极的作用，有无考核并没有区别； 3. 各项工作都要行领导交办督办，否则部门动不起来，工作计划很难按期推进，工作效率低下； 4. 当一项任务需要跟进或确认时，找不到主要负责的部门，部门之间互相推诿，害怕承担责任； 5. 各部门、岗位功能没有得到充分的发挥，管理依赖少数几个人，管理机制、流程等形同虚设； 6. 管理层深陷于具体事务中，没有更多的精力关注银行的长期或远期发展	1. 部门/岗位职责清晰； 2. 丰富考核结果应用； 3. 完善薪酬分配机制、激励机制

基于以上“四难”，最终导致职能部门考核指标来源或考核导向（侧重

点）定位模糊，责任不清晰，遇事找不到责任主体；指标设计或考核目标要求、评价标准过于粗放，致使考核流于形式；考核结果没有达到各方想要的效果，考核“花了钱，没办成事”；工作效率低，决策效率低，管理、运营效率低，粗放式管理；与年度计划及日常工作脱钩，未形成有效的压力传导机制；与整体发展脱节，未能起到很好的支撑作用；等等。

（二）考核基础

考核就像一面“镜子”，通过考核实施中碰到的难点和问题，反映出银行自身内部管理与考核紧密相关的问题。

1. 部门定位及职责清晰是职能部门考核的必要条件

职能部门定位不清晰，导致在考核指标设计过程中，找不准来源、目标、定位、侧重点及方向。部门职责随着外部环境的变化、内部发展管理的要求不断调整。只有部门定位及职责边界清晰，才能明确部门的考核目标及导向，并且将考核导向在部门内部进行有效的传导，准确评价部门、岗位的价值贡献。

2. 年度计划的有效管理，是职能部门考核的基础

职能部门是将总行战略发展理念导向有效传导至各基层经营机构的中转站。部门的角色、功能定位，以及配套的管理机制流程就需要巩固和支撑部门的这种定位。在部门职责清晰的基础上，银行需要对年度计划实施有效的管理，才能为职能部门考核提供方向及管理、制度保障，这种有效管理表现在：

（1）需要向下有效分解年度计划。明确各项工作的完成目标，包括尽可能量化的目标要求、时间进度要求、责任部门等，责任部门中若涉及多部门协同完成的，需明确责任主次。只有明确各个部门的年度计划，才能明确部门的年度考核重点、考核目标要求，对于具体某一项年度计划，明确其考核目标、考核导向、考核责任主体。

（2）年度计划需要有效的监控、跟踪。计划目标确定、细分后需要监控、跟踪机制和工具。及时的监控和跟踪有利于保障年度计划的落地，在跟进过程中能及时发现偏差，并及时纠正偏差；同时，监控和跟踪信息可作为考核

重要的数据来源。

（3）需要对年度计划进行有效的总结、分析。除了监控、跟踪，按照PDCA管理流程，良好的计划管理还要有周期性，形成常态，并及时地总结、分析。年度过程中的总结、分析为及时地调整和优化部门/岗位职责、计划目标或实现策略、资源支持提供依据，年终的总结、分析则是为下一个周期计划的制订提供依据。不管是年中还是年底，绩效管理都要对接年度计划，计划内容是考核方案、策略调整的依据。

3. 配套薪酬、激励机制的完善，是职能部门考核的动力

考核结果会影响部门或部门员工的绩效，这就需要调整原有薪酬结构或完善激励机制。考核结果还可以运用于员工的晋升、休假、培训机会的获得等，丰富职能部门考核结果运用，完善激励机制。

以上内容涉及人力资源管理、组织管理等，只有银行整体内部管理纵横向之间“耦合”、银行内部管理与外部环境之间“耦合”，才能促进部门、银行整体绩效的提升。

二、考核体系设计的关键点

（一）关注职能部门自身特性

职能部门在银行战略实施过程中扮演着承上启下的重要角色，其绩效目标的完成或者绩效考核指标设计，需要充分考虑其角色的特点。对于总行而言，职能部门扮演着参谋者、执行者、协调者、平衡者、传达者等角色，对于下层机构及下属员工，还扮演着管理者、领导者、指导者的角色。职能部门考核指标设计，要结合部门自身职责及所扮演的角色统筹考虑，从系统性、统一性、协调性的原则出发，按照协同、整合一致的原则来设计。

从职能部门职责和工作内容本身的特点来看，其主要任职人员多为知识型员工，且工作任务结构程序化程度较低，任务结构复杂，故其考核体系设计多适用于弱绩效控制、弹性、模糊评价、鼓励团队合作、授权、培养内部企业家精神等，从这些方面设计考评体系会更有效。

（二）关注银行绩效考核现状

从差异性上来看，每家银行发展战略（短期年度发展计划）、组织架构现

状、人力资源管理水平、岗责设置、绩效文化程度、信息化工具支撑水平、考核成本投入不同。发展战略决定了各部门的职责及岗责设置，进而影响考核指标内容、导向、评价标准等；组织架构的特点及其稳定性、岗责的清晰程度，会影响考核内容的复杂度和难度；“按绩取酬”的绩效文化的深入程度对考核结果有影响；信息化工具水平对于考核数据获取、量化的支持力度会有影响；考核成本的投入直接影响考核的精细化程度、复杂程度及考核频率。

（三）关注总行与各职能部门“责权利”现状

所谓“责权利”，即责任、权力和利益的简称。责、权、利三者关系，只能依据责任赋予权力，依据履行责任和行使权力的劳动效果付给适当的利益报酬，不能颠倒或单列。“责权利”说的是“明白应该做什么，有什么资源和权力，做好做坏的奖惩问题”。

商业银行内部经营管理，基本都是采用经营目标责任制，在此管理模式下，坚持“责权利”对等，建立“责权利”统一的管理运行机制，对于银行战略的落地显得很有必要。

“责、权”是绩效计划制订、支持和保障被考评者履职及经营目标完成的基础，故在绩效沟通与辅导阶段，要重视权力与资源、能力、技术等的匹配。绩效考核的重点内容是履职及经营目标完成情况，考核结果将作为被考评者获得“利”的依据。绩效分析结果将作为经营管理具体在责、权、利方面优化的依据，优化后的组织架构等将作为绩效计划制订的依据。

各部门所被授予的财权将影响其薪酬资源分配权限，进而影响对本部门及下辖员工的绩效考核资源控制权，人事权的授权可能会影响其内部人事管理的职责范围，进而影响部门的人事管理考核内容。

（四）关注职能部门考核的目的和动机

只有在明确目的和动机的前提下，考核才能有效落地，才能对组织的发展起到积极的推动作用。考核作为支撑管理落地的重要工具，能够对员工行为进行引导，促进组织的持续改善。对于职能部门，考核如何引导员工行为，使个人绩效目标与组织绩效目标保持一致，保障员工“做正确的事”，就需要明确其考核的目的和动机，以结果为导向来设计考核体系方案。

1. 公平绩效考核，强化绩效文化

在考核初期，一般商业银行都是对经营机构及其岗位进行考核。经营机构（各分支行）及下辖岗位如客户经理、柜员，其工作业绩容易量化，也更容易评价，且此类岗位人员占比数量大，同岗位工作同质性高，考核效益核算起来较为经济。随着考核的深入，考核的覆盖面越来越广，考核的公平性受到越来越多人的关注。职能部门及其员工的考核顺理成章地被纳入考核体系当中。随着职能部门及其员工考核体系的建立，银行建立覆盖组织架构中所有组织及岗位的考核体系，从而完善绩效考核体系，强化"按绩取酬"的绩效文化。

2. 履行监督职能，提高管理效率

如果部门职责不清晰，工作缺乏计划性，就会导致各项工作任务都要通过领导交办督办才能落地。通过考核可以监督各个部门的履职情况，首先，银行年初需制订全行年度发展计划，对照各部门职责确定各部门年度工作计划及目标；其次，要以年度计划和目标作为职能部门考核内容的重要来源依据，考核过程就是对具体工作履职的监督过程；最后，根据实际完成情况，对照计划目标进行考核评价，并将评价结果运用于部门绩效薪酬或者部门负责人绩效薪酬核算、部门评选评优、部门负责人岗位职务调动等。

3. 保障部门/个人工作与组织目标一致

部门员工对本职工作的履职是一种"要我做"的被动行为，其扮演的角色是一个执行者。部门员工除了要做好执行者，还要明白"为什么这么做"以及"这么做的目的"，要从"要我做"转变为"我应该做"，把被动变为主动。有了这个意识，职能部门员工的积极性才能被调动起来，才能改变职能部门员工工作行为，明确目标和导向，保障部门/个人工作与组织目标一致。

4. 发挥主观能动性，为部门赋能

职能部门在银行组织中承担着承上启下、上传下达的职责。多重角色身份要求职能部门及其员工要有管理者的思维和意识，能从银行整体利益出发，充分发挥主观能动性和创新性，合理规划本职能条线的发展战略或提出相应的发展建议，将本职能条线打造成为一个"战略单元"或一个"战略中心型组织"进行运营，成为一个"CEO"，充分发挥主观能动性。

以上职能部门考核目的及角色转变是银行组织结构深化、精细化管理发展的必然产物。设定一个部门，部门首先需要能有效地履行自身职责，满足这个基本要求，成为一个合格的“执行者”，履职能够“用正确的方法”实现效率，部门才有存在的价值和意义。其次，能够对组织的整体发展起到很好的推动作用，有明确的目标，能“做正确的事”，保障部门绩效目标与银行整体绩效目标一致，做真正为银行发展或战略实现有意义的事，成为一个有价值的“合作伙伴”。更进一步，则是能在既定组织战略及目标下，充分发挥自身主观能动性，能够在本职能中实现自我（“我”包括个体的我，也可以是所管理或领导的“整个组织”）管理，转变为一个合格的“CEO”，从一个执行者转变为一个管理者，为部门、个人、组织赋能，实现价值创造。

（五）关注现有整体组织形态管理模式下的利益平衡

考核体系的设计需要平衡各组织之间的关系，考核与激励作用才能得到有效发挥。这种平衡包括三组关系的平衡：

1. 银行与经营性部门的利益平衡

经营性部门作为利润单元是银行利润的重要来源。银行与经营性部门利益的平衡体现在计划预算中对经营性部门的利润水平及对应资源配置水平上。EVA 考核方法对应的奖励模式基本原则是“下不保底，上不封顶”，特别是事业部奖励模式是否按照此原则取决于银行整体与事业部的利益平衡程度。

2. 经营性部门与非经营性部门的利益平衡

商业银行薪酬分配中会出现“不患寡而患不均”的现象，尤其是在职能部门考核中屡见不鲜。经营性部门业务发展需要总行非经营性部门予以支撑，在这种情况下，职能部门考核中必须考虑经营性部门与非经营性部门间的利益平衡。

3. 经营性部门之间及与分支行机构的利益平衡

首先，经营性部门并没有直接面向客户的营销服务窗口，各部门经营产品或客户范围内的业务办理、账户开户、日常维护等工作需要由各分支行来完成。其次，在维护银行整体利益前提下，各分支行甚至是各经营性条线之间可以互相推荐客户资源，实施交叉销售或联合营销。在产品营销和客户服务过程中，各自贡献不同，专业化分工制必然会引起利益的重新分配，因此，需要平衡各经营性部门之间及与分支行的利益分配，明确它们之间的业绩核算分成机制。

（六）激励与约束的平衡

一般的激励机制更倡导以正向激励为主，负向约束为辅。考核的目的是持续改善组织和个人的绩效。因此，在考核激励中，应当体现以正向激励为主的思想，激发部门的积极性，并结合实际情况，兼顾激励与约束相平衡。

三、设计原则

（一）考核体系设计

以问题为导向，结合本节中职能部门考核设计的关键点，具体职能部门考核体系方案设计应遵循以下基本原则。

1. 实事求是原则

每家银行都有各自的特色，如银行当前组织形式、管理水平、管理层风格、绩效文化、行员能力素质、考核成本的投入等，这些因素都会影响考核体系的设计。有效的、能落地的考核方案是融合了管理思想、同业经验，符合银行发展实际需求的方案。在实事求是的原则下，具体方案设计要遵循以下原则：

（1）对接年度计划，协同一致原则。以完成银行年度目标为目的，各部门之间协同一致，定量内容以目标考核方式进行评价，定性内容从多维度进行测评，不同维度占比权重不同，对相关方（跨部门、跨岗位）之间的协作进行评价。

以银行整体战略目标为导向，落实银行年度发展计划规划与业务规划，前台业务部室按照效益、规模、质量协同发展，中后台管理部室根据核心职能实施关键工作的基本思想，制定相对统一的绩效考核导向与管理原则、各部门统一考核框架及结构。

（2）“责权利”对等原则。考核内容、考核强度、资源配置的大小、结果运用的程度应遵行“责权利”对等的基本原则，避免出现“责”“权”

“利”三者不对等的情况。

(3) 统筹兼顾原则。规模与效益相结合，兼顾质量与风险间的平衡、结果与过程的平衡、短期目标与中长期目标的平衡等。

(4) 差异化原则。基于各部门之间职能定位的差异性，以及各部室之间价值定位与价值创造方式的差异性，针对其绩效考核指标、目标与权重等设置相对差异化且充分体现业务特色与管理导向的考核方案。

2. 稳步推进原则

总行统一规划绩效管理体系建设，结合银行发展现状循序渐进，对绩效管理体系进行持续的优化和完善。

(1) 解决主要矛盾，短期与中长期相结合的原则。每家银行自身发展阶段、发展策略、内部管理水平不同，职能部门管理和考核中面临的主要问题也不同。对于处于发展转型期、内部管理水平弱、部门职责不清晰的银行，其当前的主要矛盾是解决部门的有效履职问题。而对于处于稳定发展期，部门职责边界相对清晰、稳定的银行而言，其职能部门面临的主要问题是如何在有效履职的基础上，保障部门目标与全行整体发展目标保持一致性和统一性。对于发展战略清晰、内部管理体系成熟、精细化达到一定程度的银行，则是要求或者期望职能部门能更有创新性，不仅成为战略的执行者，还能有效地实施自我管理，实现团队的“创利”。

职能部门考核体系方案设计要以优先解决主要矛盾为基本原则，不同的时期有不同的考核重点。另外，考核方案所包含的考核指标数量并不是越多越好，而是要控制在适当的数量范围之内，考核才有效。

(2) 结果与过程、行为相结合的原则。结果考核与过程管理、行为导向相结合，既注重年度目标任务的完成，又能加强短周期内（如季度）对关键工作任务的过程监控和行为引导。

3. 量化考核原则

采取定量考核为主、定性考核为辅，定量与定性指标相结合的方式，最大限度地采用量化指标评价各部门及人员的工作内容和成果。

4. 辅导改进原则

做好绩效管理全过程管理，加强绩效沟通，强化宣传引导，稳步推进

“多劳多得”的绩效文化。

5. “一把手”责任制原则

部门总经理对部门负总责，部门考核得分直接影响部门总经理的绩效薪酬。总行的管理重点只到部门，对部门总经理管理，部门总经理再对部门内部进行管理。

6. 考核结果充分应用原则

部门所有人员的绩效工资、等级评定、岗位调整等与考核结果紧密挂钩。

（二）指标体系设计

1. 纵向目标一致性原则

为有效地保障部门目标、岗位目标与银行总目标一致，充分发挥好指标内容的传导性，部门考核指标内容在导向上需对接年度计划，向下需将指标分解传导至下级考核责任主体经营机构及对应条线岗位人员。考核数据方面，向上部门的业绩即为全行对应部门条线的业绩，向下部门的业绩为全行部门条线对应的指标业绩汇总。

2. 横向协同原则

与年度计划衔接解决的是计划的上下传导问题。作为一个有机系统化工程，通过对各项职责流程的梳理，建立起横向跨部门、跨岗位、跨职能、跨流程、跨工作阶段的责任联系，从而建立起一个完整的、纵横相接的绩效网络体系。

3. 过程可控性原则

当下运用较为普遍的职能部门绩效考核方法有 MBO（目标管理法）、BSC（平衡计分卡）、360 度评估、KPI（关键绩效指标）及主管领导评价打分法。职能部门考核应以 3K 指标体系方法为主，将结果、过程、行为合而为一，不仅关注绩效结果，关注创造绩效的过程，更关注对未来绩效有效的干预和掌控。3K 考核指标体系包括 KPI（关键绩效指标）、KOI（关键任务指标）和 KBI（关键行为指标）。3K 考核指标为银行的可持续发展、人力资本管理夯实基础和明确发展方向。

4. “发展、效率、效益、风险”统筹原则

可持续发展、合规稳健经营是商业银行的首要要务，同时对于现代化企

业，持续的盈利才是经营的最终目的。职能部门考核指标体系设计应以“效益、效率、发展、风险”为导向，才能将商业银行的经营管理目标传导至各经营性部门和非经营性职能部门。

四、考核体系设计

按照价值管理流程（见图 4-2），从价值创造、价值评价到价值分配，对应考核体系内容、考核评价、结果运用三大模块。价值创造环节最为重要的就是要有效识别价值创造的因素，行员的知识、技能、经验等即属于价值创造因素的一部分。价值评价是对行员具体工作绩效产出贡献的评价。价值分配是将价值评价的结果应用于员工的薪酬分配、岗职晋升等。通过对价值流程的管理，可以实现对关键价值创造因素的有效激励，消除不利于价值创造的因素，实现商业银行的精细化价值管理。

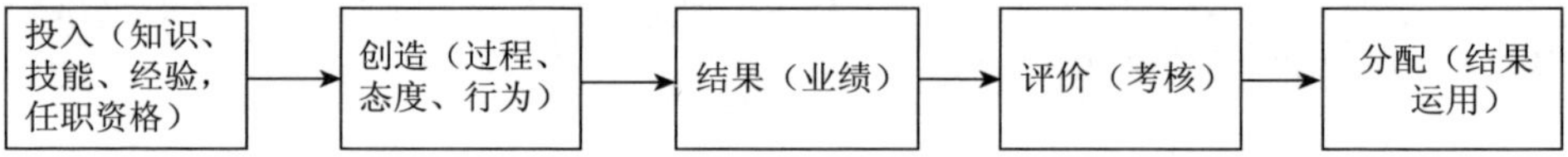

图 4-2　价值管理流程

基于价值管理流程，对职能部门考核进行设置，价值创造因素既关注如知识、技能等潜在隐性因素，又关注具体工作行为、结果产出，即无论职能部门考核的目的和动机如何，都可使用 3K 考核体系方法对职能部门进行考核。以下主要介绍以 3K 考核内容为主的考核体系。

（一）考核路径

职能部门考核各维度对应的考核路径如下：

考核对象：先部门，后员工。

评价者：从单维度（直属上级领导评价）到多维度（360 度评价）。

考核指标：先规模后利润；先定量，再定性；先结果，再过程、行为。

评价方法：先客观评价，再主观评价。

考核频率/评价周期：先松后紧，先疏后密。

考核结果运用：先短期，再中长期；先经济，再非经济。

以上路径内容为一般的情况，也有一些特殊情况，或者针对少数部门、岗位、某些特定的考核内容，需要一事一议，视实际情况和需求而定。

（二）考核内容

1. 3K 指标体系内涵

3K 指标定义、评价维度、评价方法如表 4-5 所示。

表 4-5　3K 指标说明

简　称	定　义	导　向	指标数据来源	评价维度	评价方法建议
KPI	用于衡量部门/员工满足银行经营战略的工作业绩、成果的量化指标	结果	战略目标、年度经营计划、工作业绩	目标达成率，数量、质量、时效性	工作目标量化评价
KOI	用于衡量或评价部门/员工满足银行经营战略及日常管理的部门/岗位履职及任务情况的指标	过程 + 结果	部门/岗位职责说明书、年度工作计划、临时交办督办的工作	时效性、数量、质量、差错	工作目标量化评价
KBI	用于衡量部门/员工满足银行经营战略的部门/员工岗位胜任能力要求，及对应取得卓越绩效的能力、态度关键行为评价指标	过程	职务分析、岗位胜任力模型、行业分析	能力、态度	行为锚定法

商业银行员工价值创造流程与 3K 指标关系如图 4-3 所示。

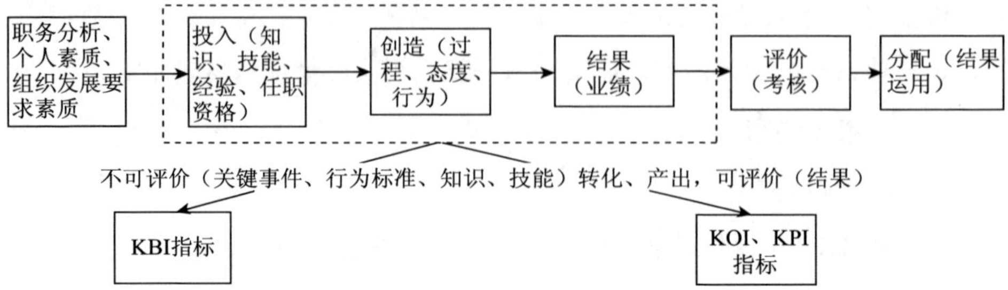

图 4-3 商业银行员工价值创造流程与 3K 指标关系

3K 指标体系内容覆盖价值创造的全过程内容，包括 KPI、KOI 和 KBI。对价值创造的结果、非结果，量化、非量化，短期、中长期，具体、非具体内容均有体现，且 3K 指标体系像 BSC 的四个维度一样，互为关系、互相推动，构成一个整体。

银行战略分解与职能部门、员工考核 3K 体系制定结构如图 4-4 所示。银行战略的实现取决于一些关键成功因素（KSF），首先，要能在总行层面有效识别关键成功因素（KSF），并将关键成功因素转化为具体的、可量化的经营业务 KPI 指标；其次，要将总行的 KPI 指标具体分解为各职能部门的 3K 指标；最后，将各部门的 3K 指标分解到部门的下级机构或岗位。自上向下的分解指标，自下向上的支撑目标，确保从总行到各部门各岗位绩效目标导向的一致性。

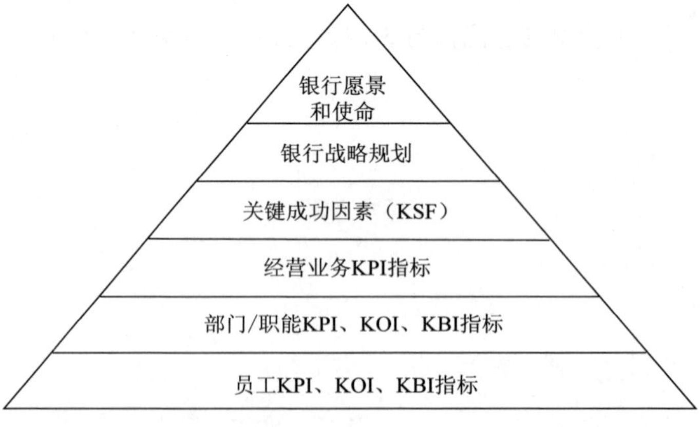

图 4-4 银行战略分解与职能部门、员工 3K 指标制定结构

以价值为导向的战略性全面绩效管理、银行战略控制流程模型如图 4-5 所示。银行整体战略实施控制过程中，以年度计划、部门/岗位的职责为依据，根据关键流程、阶段及其输出确定 KOI 指标，根据实施过程中的关键行为确定 KBI 指标，根据最终工作产出结果确定 KPI 指标，以此实现对战略实施全过程的考核评价。

从以上内容可以看出，3K 指标体系具有以下特点：

（1）3K 指标为一个自优化控制体系，各指标相互作用、相互影响。KOI、KBI 指标对 KPI 指标产生影响，通过对 KBI、KOI 指标的评价和监督，实际上也是对 KPI 指标的监督。从战略到 3K 指标设计，是一个自上向下的过程，KPI 指标决定了 KOI、KBI 指标的设定，部门的指标决定了岗位员工的指标设定，当 KPI 指标目标未能实现时，就有必要调整优化 KOI、KBI 指标，也就是说 KPI 指标是 KOI、KBI 指标调整优化的方向和依据；反过来，KOI、KBI 指标也会进一步促进 KPI 指标的完善。

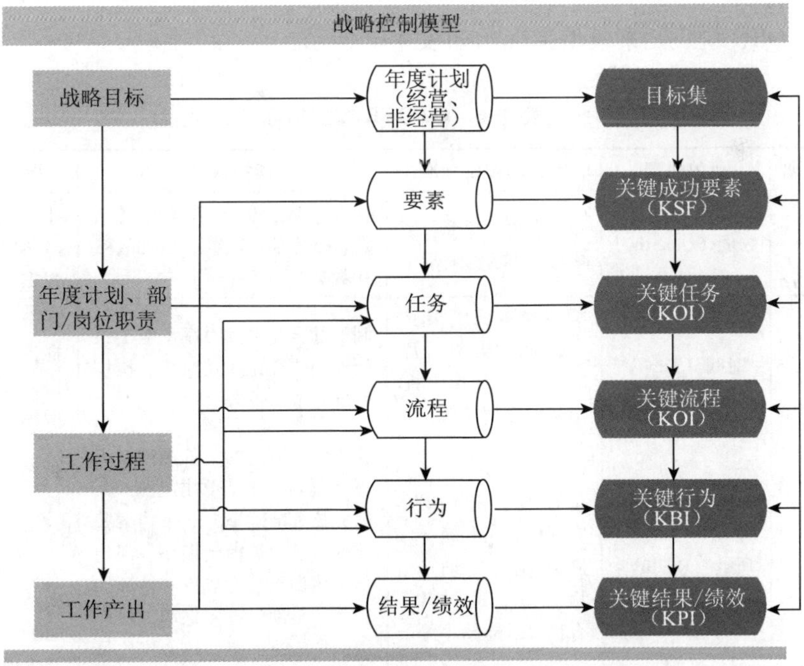

图 4-5　基于 3K 指标体系战略实施控制模型

（2）3K 指标体系实现了对战略目标的传导和实施过程的控制。3K 体系实现了总行战略目标在各管理层级间、全价值管理流程间的有效传导，且 3K 指标体系各维度相互作用，相互依赖，间接地对银行战略实施的过程管控起到影响作用。

（3）以增强操作性为目的，评价体系设计要结合银行实际情况。为增强体系的可操作性，3K 指标按照能量化的尽量量化、不能量化的尽量细化的原则进行设计考虑，如对 KBI 的指标评价建议采用行为锚定法，且考核周期不宜过于频繁，按季或按年；对于 KPI、KOI 指标，则需要根据实际工作任务、过程完成的时间标准、产出结果，确定具体的评价标准、考核目标和频率。

2. 基于 QTQRC 指标考核维度设计

基于年度计划，分解确定各部门年度重点工作任务，以此作为职能部门指标设计的依据，并从流程+绩效元素两个维度来对指标进行进一步的细化和精准定位。鉴于职能部门考核指标难以量化的特点，具体设计时按照能量化的尽量量化、不能量化的尽量细化、不能细化的尽量流程化的原则设置 3K 指标。QTQRC 绩效元素模型指标示如表 4-6 所示。

表 4-6　QTQCR 模型指标

考核导向	绩效元素	常见的评价标准	指标举例	指标维度
多	数量（Quantity）	量、次数、频率、销售额、市场份额等	培训次数、员工活动开展次数、金库巡检次数、软件故障次数等	业绩结果，以 KPI 指标为主
快	时间（Time）	响应速度、成果交付时间、天数、及时性、准时率、推出新产品周期等	制度健全完善及时率、电子银行专题研究完成及时率、授信审批完成天数等	任务完成过程及结果评价，以 KOI 指标为主
好	质量（Quality）	全面性、覆盖率、完成率、准确率、满意度、受训率、培训率、通过率、合格率、差错率等	相关管理方面的文件制度、流程全覆盖；报表数据差错率、财务核算准确率、文书档案归档率、客户经理受训率、部门员工培训天数完成率、持证上岗率、自助设备完好率、核心岗位员工流失率、核心岗位员工离任审计率等	任务完成过程、关键行为及结果评价，以 KOI 指标为主，KBI 指标也有体现

续表

考核导向	绩效元素	常见的评价标准	指标举例	指标维度
省	成本（Cost）	成本节约率、投资回报率、折旧率、费用控制率等	资产回报率、营业费用率、专项费用控制率（专项费用预算达成率）等	业绩结果，以 KPI 指标为主
稳	风险（Risk）	不良率、迁徙率、收回率、判决率、差错率、准确率等	不良贷款向正常类贷款的迁徙率、不良贷款额、不良贷款率、瑕疵贷款占比、信贷风险提示关注率、诉讼案件判结率、容忍度等	业绩结果，以 KPI 指标为主

3. 3K 指标示例

（1）KPI 指标。按照组织利益与银行整体利益一致的原则，在任务目标考核和业绩指标核算上首先所有部门的考核都要与全行整体任务目标完成情况挂钩；其次，全行在条线的业绩目标即是该条线的业绩目标；最后，部门或条线内各成员的目标汇总即是团队的目标。具体各类型部门 KPI 指标考核范围如表 4-7 所示。

表 4-7　KPI 指标说明

指标类型	指标维度	适用部门
全行业绩指标	银行整体经营业绩指标，例如，全行存款日均余额、全行贷款日均余额、全行经营利润等	所有职能部门
条线业绩指标	职能部门所对应条线指标，如公司业务部对应条线指标：全行对公业务利润； 风险管理部指标：不良贷款率	经营性部门、中台部门
团队业绩指标	团队营销业绩指标，视部门的职责或任务确定，如小微业务部、小微贷款余额	自身具有营销职能或任务的部门

（2）KOI 指标。设置部门的同时会设定其职责，部门所有工作计划任务都是以部门职责内容为依据和边界进行制定。部门的关键任务则是指为了实现某时期内银行整体发展目标，按照部门职责具体分解落实到部门的有明确时间和完成目标要求的工作，具有显著的时效性和目标性。关键任务不是所有任务，即不是所有的工作任务都需要考核。例如，各职能部门的内部管理就不会成为关键任务。岗位工作任务的多少与是否是关键任务、是否考核没

有必然的关系。

（3）KBI 指标。KBI 指标值是不能量化评价的，银行战略目标实现所需的岗位胜任力素质要求，具体的一些能力、态度行为评价指标，主要采用行为锚定法进行评价。通常来讲，胜任力模型包括能力要素、能力级别两个维度，在使用行为锚定法评价时，将能力要素、级别根据评价者能够达到的不同程度细分为不同的等级，不同的等级对应不同的评价得分。银行中层管理者能力要素包括：沟通协调能力、思维能力、创新能力等，一般会从积极性、责任性、纪律性三个维度进行评价。能力定义及等级示例如表 4-8 所示，能力要素由多项要素构成，每一项要素有明确的定义，对应有多个能力级别，每个能力级别对应有具体的评价标准。

表 4-8　中层管理者能力定义及行为等级示例

名　称	定　义	行为等级	评价标准
思维能力	思维能力是指个人对问题的分析、归纳、推理和判断等一系列认知活动，它主要包括分析推理和概念思维两方面	1. 不能准确而周密地考虑事物发生的原因，或者不能根据已有的经验或知识对当前所面临的问题做出正确的判断； 2. 将一个复杂的问题分解成不同的部分，使之更容易把握，根据经验和常识迅速发现问题的实质； 3. 发现事件的多种可能的原因和行为的不同后果，或找出复杂事物之间的联系； 4. 恰当地运用已有的概念、方法、技术等手段，找出最有效的解决问题的方法	1. 不能准确而周密地考虑事情发生的原因，或者不能根据已有的经验或知识对当前所面临的问题做出正确的判断，得 0 分； 2. 将一个复杂的问题分解成不同的部分，使之更容易把握，根据经验和常识迅速发现问题的实质，得 1 分； 3. 发现事件的多种可能的原因和行为的不同后果，或找出复杂事物之间的联系，得 2 分； 4. 恰当地运用已有的概念、方法、技术等手段找出最有效的解决问题的方法，得 3 分

续表

名　称	定　义	行为等级	评价标准
沟通协调能力	管理者在日常工作中妥善处理好上级、同级、下级等各种关系，使其减少摩擦，能够调动各方的工作积极性的能力	1. 不能有效与上下级及同事进行沟通，或者在沟通过程中不听他人意见，一味坚持己见，对工作未能保持协作态度，以致贻误工作，未有效实现工作目标； 2. 能够有效进行沟通，虽然有摩擦，但是能完成工作目标； 3. 能够有效沟通，有效说服对方，按计划和目标要求完成工作目标； 4. 能够有效沟通，且能调动各方的工作积极性，工作目标完成较好	1. 不能有效与上下级及同事进行沟通，或者在沟通过程中不听他人意见，对工作未能保持协作态度，未有效实现工作目标，得0分； 2. 能够有效进行沟通，虽然有摩擦，但是能完成工作目标，得1分； 3. 能够有效沟通、有效说服对方，按计划和目标要求完成工作目标，得2分； 4. 能够有效沟通，且能调动各方的工作积极性，工作目标完成较好，得3分

把KBI指标考核评价时细分的行为等级作为考核评价参照标准，被考评者达到不同的行为等级，将得到不同的得分。

4. 各类型部门考核内容差异性

由于部门功能、职责定位上的差异，各部门在具体考核内容权重设置上会有所差异，如表4-9所示。前台部门考核内容定量结果性指标占比权重高，特别是如果部门具有营销职能，则定量指标中还包括本团队的KPI业绩指标。中后台部门考核内容定性指标占比权重高，定量指标占比权重相较于前台部门偏低，具体定量指标根据部门功能可能会有条线KPI指标（如风险管理部承担全行的不良资产质量指标，计划财务部承担效益指标），后台部门的定量指标则与全行的KPI业绩指标挂钩。

表4-9　职能部门考核指标维度示例

指标维度	具体内容	经营性部门	中台部门	后台部门
KPI	全行KPI指标	★	★	★
	条线KPI指标	★	★	
	本团队KPI指标	★		

续表

指标维度	具体内容	经营性部门	中台部门	后台部门
KBI	部门重点工作（年度）（履职、合规、内部流程等）	★	★	★
	考核周期内重点工作（履职、合规、内部流程等）	★	★	★
	交办督办	★	★	★
KOI	内部服务满意度	★	★	★
	团队建设	★	★	★
	学习与成长	★	★	★

在定量业绩指标的占比权重方面，经营性部门中后台依次降低。对于经营性部门，其条线 KPI 指标可以是本条线的规模、效益、风险指标。对于中台部门，其条线 KPI 指标等同于全行 KPI 指标，例如，计划财务部考核成本收入比、资本收益率、资产利润率等指标，风险管理部考核不良贷款率等指标。

（三）考核数据源

数据源包括数据内容、数据来源渠道、数据结构维度等内容。数据内容依据考核指标内容确定；数据来源渠道主要有手工或系统两种；数据结构维度也视考核指标内容、评价标准内容而定。

职能部门在银行组织结构中扮演承上启下的角色，其考核指标体系的设计需充分体现其角色特点。如考核指标的目标来源于年度计划目标，考核结果数据则为全行本条线数据的汇总，以体现自下向上目标的一致性。各个部门之间通过流程化职责梳理，确定具体的考核内容和指标，并通过对相互工作的评价等体现横向间部门的协同性。设置 KPI、KOI、KBI 三个维度的指标以体现部门的工作与管理结果、过程、行为的一致性。指标维度效率、风险、质量等统筹平衡体现了考核的质效性和公平性。如图 4-6 所示，以公司部对公存款日均指标为例：

公司部对公存款日均 = $\sum$ 各经营机构对公存款日均 = $\sum$（$\sum$ 某机构下所有对公存款账户日均）

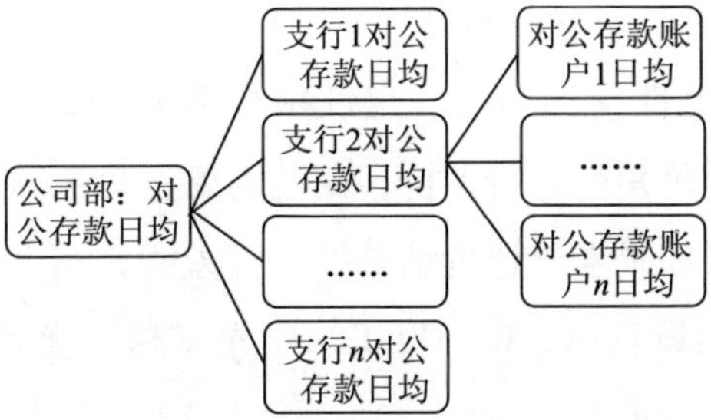

图 4-6　公司部对公存款日均指标汇总路径

（四）考核周期

职能部门考核频率不宜过高，一般建议按季或者按年考核，不建议按月考核。考核周期设置重点考虑以下内容：

1. 职能部门工作非短周期性

职能部门的工作结构程序低的同时，工作内容多以事务性工作为主，大部分工作在短期内无法完成，且工作结束的标志模糊、阶段性区分不是很明显。太短周期的考核不能对工作贡献进行全面的衡量和评价。

2. 考核成本

职能部门考核内容不宜量化、不具体，考核多以人为评价方式展开，考核频率越高，考核成本越大，每次考核需要投入大量的人力、物力、财力，耗费大部分时间，但往往考核效果不尽如人意。

3. 考核效果

过于频繁的考核会让考核者或被考评者产生心理倦怠感，反而会带来负面效果，使考核流于形式。

（五）评价方法

1. KPI 指标，工作目标量化评价

对于定量 KPI 指标，一般采用确定指标目标任务的方式。目标任务可以是绝对的具体额数，如余额、次数、笔数等，也可以是相对数，如占比、比例、比率、变化额等，结合一定的计算方法，计算相应得分。例如，按照目标任务完成率、线性计分或者也可以区间计分。

2. KOI、KBI 指标，评价打分法

KOI、KBI 多以定性指标为主。定性指标多采用评价打分的形式进行评价。如果是对多个评价角色进行评价，则还需要在角色间进行权重的配比。

采用打分方式，如果考核评价结果拉不开差距，可考虑对得分区间分段、分级别进行设置，如设置 A、B、C、D、E 或卓越、优秀……通过规则实施“强制分布”。

（六）结果应用

职能部门及员工的考核结果最主要的应用是兑现绩效工资，根据考核结果计算部门负责人、员工的绩效工资。除激励方式的应用，还有其他方式的应用，例如，部门或员工的评选、评优，等级评定，员工的职务晋升等。绩效考核作为人力资源管理的重要组成部分，银行通过考核结果的应用促进人员的流动、人才队伍的建设和人才发展。

五、分支行职能部门考核体系设计

总行考核分支行，不单独对分支行职能部门进行考核，分支行下辖职能部门由分支行自行制定考核方案并组织考核及管理。在此种情形下，总行会提供一定的参考意见，分支行可参考总行职能部门考核方案制定本分支行下辖职能部门考核方案。另一种情形是总行在制定分支行考核方案时，就做了很精细的职能条线划分，那么分支行只需将相应的职能条线考核指标转变为职能部门的考核指标即可。但不管是哪种方式，分支行下辖职能部门作为分支行的重要组成部分，其部门要以完成分支行目标为首要任务，部门利益要与分支行整体利益一致。

第三节 经营性职能部门考核

正如本章第一节所述，银行包括哪些经营性职能部门，取决于该行的产品、客户定位及组织架构职责设置等因素。通常情况下，前台条线部门、事业部都属于经营性职能部门。前台条线部门包括公司业务部、零售业务部、国际业务部等，事业部包括小微事业部、金融市场部、理财事业部等。

一、经营性职能部门考核

经营性职能部门作为利润中心在考核上与非经营性职能部门最大的不同在于指标内容和考核频率的设置。

（一）以定量KPI指标考核为主

经营相关性按产品、区域、行业、客户等维度进行设置。KPI指标为全行本条线业绩指标。如为公司业务部（按客户+产品），KPI指标为全行公司客户业绩指标汇总，若为××地区业务部，则KPI指标为该地区业绩指标汇总。

（二）考核频率考核

经营性职能部门的贡献易衡量、易量化且周期短，这些特点为其定量指标内容的高频率考核提供了基本条件。同时，及时对经营状况进行跟踪统计、考核评价、分析改进，及时进行激励，有利于经营目标的实现。

二、前台部门考核

（一）考核体系特点

前台部门具有经营性职能部门的考核特点，与事业部不同的是，它并没有获得总行充分的授权及资源配置。也就是对于总行而言，整个条线是利润中心，但在条线内，总行的部门是条线的中后台，负责提供管理上的辅助决策和支撑，分支机构是前台，直接面对客户开展具体的营销活动，即前台部门考核具有以下特点：

1. 对整个条线的业绩指标负责

前台部门作为全行的条线管理性部门，需要对全行整个条线的业绩负责，即其KPI指标与全行整个条线的业绩指标对应，如公司业务部，其KPI指标有对公存款规模、公司类贷款规模，是全行对公存款客户的存款规模和全行所有公司类贷款的规模。

2. 指标易量化和评价，定量占比权重高

由于前台部门与直接创利紧密相关，其工作最终的结果体现在业绩的发

展，故定量指标占比权重要高于非经营性职能部门。同时，作为管理部门也要有一定的指标体现其管理职能。

3. 定量指标的选择要视条线业务、客户发展情况而定

与分支机构的考核发展历程相同，业务的发展一般都遵循规模、利润、价值的路径，但是在同一银行中，业务、客户发展阶段有可能不同，如传统的存贷款业务，可能发展较为成熟，可以用利润指标进行评价；而对于小微业务或者互联网金融业务，可能正处于初创或发展阶段，总行会有大量的成本资源投入，其发展的主要目标是做大规模、提高市场占有率，其业务经营收入可能远远覆盖不了投入的成本，核算利润可能为负，考核时若采用利润指标不仅不能起到激励作用，反而会挫伤积极性。

案例 1

总行前台部门考核

A 银行公司业务部部门负责全行公司客户业务的管理、产品的研发、公司业务经营的指导和监督、公司业务营销团队的建设及考核等，其中，公司业务包括对公资产业务、公司负债业务、对公中间业务。公司业务部采用 3K 指标体系进行考核，KPI、KOI、KBI 三个指标维度各 100 分，各占一定权重比例，权重比例之和为 100%，部门得分=关键业绩指标得分×x%+关键工作任务得分×y%+关键行为 KBI 考核得分×z%，如表 4-10 所示。其中，KPI 指标分别从效益、数量、质量、管理等维度设置具体的指标；效益指标与全行利润（EVA）实现目标挂钩；数量指标为本条线指标，包括传统存贷款业务的规模拓展及客户新增情况；质量指标则关注发展结构优化及内控管理、团队建设。KOI 关键工作任务指标主要由上级领导评价。KBI 关键行为指标，不同指标内容、评价主体不同，占比权重不同。考核指标体系设计与部门职责相匹配，充分体现考核导向，并适当的考虑考核的精细化。

表 4-10　A 银行下辖前台部门考核指标体系（考核周期：按季）

维　度	指　标	评价方式
KPI（x%）	全年利润目标	计划完成率
	对公有效客户数增长率	计划完成率
	对公不良贷款率	计划完成率
	新产品研发数	计划完成率
	内控合规	按不合规次数进行倒扣分，_ 次/分
KOI（y%）	季度关键工作任务完成率	综合评价
KBI（z%）	工作态度、工作能力、管理创新、执行力、工作效果、领导力	上级评价
	工作态度、工作协作与配合、沟通能力、团队建设	同级评价
	工作指导、业务支持、沟通能力、检查走访	下辖分支机构评价
	团队培养、工作指导、团队建设、工作能力	本部门下属评价

前台部门或非事业部的经营性部门考核指标设置可参考本案例，考核内容以定量、本条线业绩指标为土。在指标导向上则需与本行该部门管理业务发展的战略导向要求相匹配，是偏向规模还是偏向效益，不同的导向考核指标会不同，如考核对公存款的规模就可以考核对公存款日均指标，考核效益则需考核对公存款利润指标。

对于 KBI 指标的考核内容，按照"一把手"责任制原则，对部门的考核即是对部门负责人的考核，故 KBI 内容充分体现部门的功能职责定位。对应不同的职责其能力行为导向也不同，例如，对于上级领导部门，领导需要有良好的工作态度、执行力、工作能力、创新性等；而对于下级机构，需要有良好的沟通能力，能够对工作实施有效的指导；评价方式上则需要 360 度评价与行为锚定法相结合；可结合数据获取的难易程度、操作成本的综合考量，调整考核周期，如 KPI、KOI 指标按季考核，KBI 指标按半年或年考核，无论是几个维度指标的考核，在同一考核周期及考核方案内各维度指标权重合计必须满足 100%的要求。

案例 2

分支行前台部门考核

B 银行分行前台部门负责分行所有的业务管理，向上对接总行各个前台部门，将总行各部门的管理、考核等流程制度在本分行内进行向下宣导、贯彻和实施，规划、组织和实施本分行的各项业务经营活动，定期将本分行各项业务经营情况统计向上汇报至总行各前台部门，在总行与分行、分行与下辖各支行间起到了上传下达的作用。

对该部门采用 3K 指标体系进行考核，KPI、KOI、KBI 三个指标维度合计 100 分，最终得分＝∑各 KPI 指标得分＋∑各 KOI 指标得分＋∑各 KBI 指标得分＋加分项得分－扣分项得分，如表 4-11 所示。KPI 指标与分行业绩挂钩，考核客户新增、贷款利润及贷款质量。KOI 指标主要由上级领导评价，考核季度关键任务及临时任务的完成情况。KBI 指标则考核部门对总行制度的执行、本行团队的建设等。考核指标体系设计与部门职责相匹配，与总行、所在分支机构利益、目标保持一致。相比较总行的职能部门，在分支行层面的职能部门是执行者角色，故需考核评价对于总行规章制度的执行，及本机构范围内的团队建设的贡献。

表 4-11　B 银行分支行下辖前台部门考核的指标体系（按季）

维　度	指　标	评价方式
KPI	对公存款有效户新增	计划完成率
	零售白金客户占比	计划完成率
	贷款利润	计划完成率
	不良贷款率	计划完成率
KOI	季度关键工作任务完成率	综合评价
	临时性工作	综合评价
KBI	规章制度执行	所在分支机构领导评价
	合理化建议或创新被采纳数	按采纳数量加分
	团队建设	所在分支机构领导评价

分支行下辖的职能部门考核，依据职能部门的定位及职责确定其考核内

容，要能充分承接总行相应条线部门、本分支行的考核目标。本案例中部门为综合业务管理部门，定量指标涉及各类型业务。在考核实践中，重点要关注其考核组织的对象是总行还是分行，本案例中的部门完全由分行进行考核。例如，是否把总行条线与分行结合，各占一定比例进行考核，取决于总行部门与分行的权限分配，分行权限越大，分行对下辖部门的管控力就越强，考核自主权就越大。

三、事业部考核

（一）事业部考核体系特点

为了强化事业部直接面向市场的部门特点，需要对部门的业绩贡献或创利水平进行考核。事业部考核方案设计具有以下特点：

1. 业绩指标值的核算口径取决于事业部的“责权”

部分商业银行设置事业部制部门，并没有自己的营销团队，在部门权责上更接近于一个前台部门，通常把这类型事业部称为准事业部。事业部是采用准事业部制还是完全事业部制，部门的考核内容会略有差异。准事业部并未实现完全的“独立经营”，对于部门的考核就等同于对条线部门的考核，考核全行条线业绩指标或与分支行条线业绩指标挂钩，如国际业务部考核国际业务结算量，国际业务结算量指标值为各分支行国际业务阶段量指标值汇总。事业部则考核本事业部业绩指标，不存在与分支行挂钩的情况。

2. 考核导向取决于事业部的发展现状

事业部发展阶段不同，考核导向不同。事业部刚设立初创期要以规模为导向，成长期要以规模与利润相结合为导向，成熟期要以利润为导向，设置相应考核指标实施考核。

3. 按事业部利润计提部门资源包、费用包

事业部作为利润中心，部门创造利润直接按照一定比例计提部门的资源包、费用包。对于准事业部、前台部门，利润指标只作为综合考核指标内容中的一项指标，并不是核算部门资源包、费用包的唯一依据。

（二）事业部内部考核

1. 事业部条线内的考核——准事业部

采用条块结合矩阵制结构模式的准事业部，对条线内部考核采用的是“条块结合”的考核模式。“条”的考核是考核条线内的团队或岗位，“块”的考核是考核各分支机构下辖的团队或岗位。条线的考核主要以正向激励为主，考核相应条线业绩的存量保有及增量拓展、业务质量等指标内容。“块”的部分则考核其在分支行机构相应条线目标的业绩贡献或任务完成情况。

采用条块考核的关键点在于条块比例的确定，即事业部与各分支机构的利润分成。就如同分行下辖的职能部门考核一样，分支机构权限越大，获得利润分成就越高，那么条块的比例就越大。同样根据责权利对等原则，分支机构与事业部的责权就需要清晰明确。

2. 事业部条线内的考核——事业部

完全事业部条线内考核完全取决于事业部内制定的激励机制。整体考核模式采用的是总行—事业部、事业部—员工的层级考核模式，即“条条”考核模式。

案例 3

事业部利润考核

C 银行将资金业务部门细分为金融同业部、金融市场部和理财业务部，建立与资产规模和复杂程度相适应的治理体系，实行“专业经营、集中决策、授权管理、单独考核”，通过内部资金转移定价，与分支机构达成较好的利益分配格局。对于金融市场部的考核，整体上采用层级式考核模式。总行考核到事业部，事业部考核部门内部岗位及组织，采用利润考核的方式，以利润指标为基数设置一定的计提比例，核算计提事业部的绩效或费用。

金融市场部绩效薪酬总额 = 经营性业务模拟利润（EVA）×计提比例（W%）×KPI 得分调节系数（Z%）。其中，模拟利润（EVA）由总行年初核定各事业部模拟利润（EVA）全年目标数，按各季度分别完成全年目标的 15%、40%、70%、100% 的比例进行考核，全年统算。

KPI 考核指标如表 4-12、表 4-13 所示。

表 4-12　C 银行金融市场的考核指标

考核维度	考核导向	权　重（%）	指　标
效益	效益领先	—	—
数量	规模扩张		外币资金拆借交易量
			日均债券类资产余额
			外汇交易中外汇交易量排名
			债券承分销金额
质量	结构优化	扣分项	中间业务收入 新产品开发数量
	内控管理		监管部门意见、服务体系建设、审计整改、督办事项、声誉风险管理等
合规	合规风险		合规风险管理
管理	业务管理	扣分项	非信贷资产不良率
			风险资产限额管理
			流动性限额管理
	牌照申请		牌照申请完成进度及完成情况

表 4-13　C 银行金融市场部不同岗位员工的考核

岗位名称	KPI 指标
总经理	资金收益率达标情况；经营利润完成情况
前台交易岗	交易合规与内控措施的落实；工作差错率、违约事件；客户拓展数
中台控制岗	内控措施的落实；工作差错率；套利交易考核
后台结算岗	交易合规与内控措施的落实；工作差错率；账务差错率（定期与清算中心对账）

对于完全意义上的事业部，其具有“独立经营，充分授权”的特点，能够直接创利，且所创造贡献效益也较容易衡量，可借鉴本案例模式。这样既体现事业部作为独立利润中心的特点，又体现对其创利目标的要求及自主经营的充分授权。

案例 4

事业部内部专业系列队伍分设考核

D 银行小微事业部实行“专业经营、单独考核”，通过按照贷款实际收益率计提的方式计提薪酬总包，促进小微条线的业务规模和效益双向发展。在事业部内部具体薪酬总包按队伍系列分为管理系列和员工系列薪酬总包，不同系列人员实施不同的薪酬计算模式和评价体系。

领导班子（总经理、副总）绩效工资=总经理目标绩效薪酬总额×（部门百分制考核得分×45%+部门专项考核得分×50%+部门员工对总经理的综合评价得分×5%）/100+调整金额。部门百分制考核内容如表 4-14 所示。

表 4-14 D 银行小微事业部百分制考核

指标		标准	权重分	考核部门
经营效益类	贷款时点增长	5 亿		计划财务部
	净损失率	≤1%		信贷管理部
	小计			
风险合规类	不良贷款率	≤2%		信贷管理部
	信贷管理	客观评价		信贷管理部
	案件防控	客观评价		法律合规部
	……	……		
	小计			
部门重点工作	商务转型工作	客观评价		商务转型办
	业务培训	客观评价		小微事业部
	……	……		
	小计			
民主测评	总行领导班子对部门的工作满意度评价			总行领导班子
	支行管理人员对部门的工作满意度评价			支行管理人员
共性考核	管理优化及创新、流程管理与执行力、服务作风建设、合规管理等		不占权重	小微事业部
合计			100	

事业部内部的资源包切分及专业岗位系列考核可参考本案例，保障考核的导向性，此模式下的考核体系与案例3相比较，总行对事业部的管控力会稍强一些。

案例 5

E农商银行绿色金融市场2018年刚组建成立，考核重点是要引导部门稳健发展。考核方案中采用了贡献度积分考核，具体的绩效薪酬结构如图4-7所示。

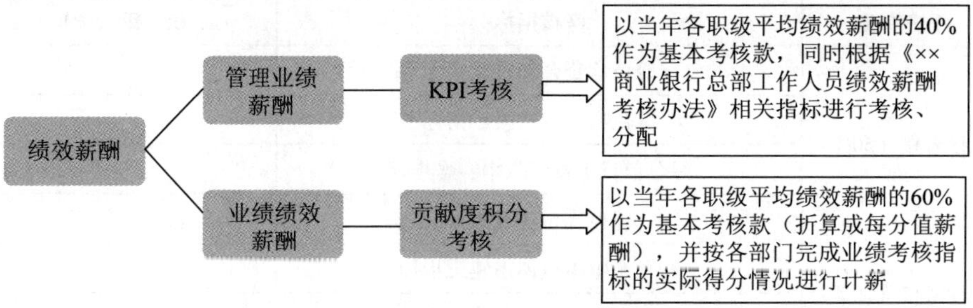

图4-7　E银行绩效薪酬结构

由考核方案可知，考核内容主要有两部分，一是职能部室KPI考核指标，二是业绩绩效考核指标，如表4-15、表4-16所示。

表4-15　E银行绿色金融市场部KPI考核指标

考核维度	考核指标		权　重（%）
定量考核（40%）	创新工作考核	创新数量考核	
		创新质量考核	
		创新课题完成考核	
	信息报道考核		
	联系支行考核		
	完成市办工作考核		
	完成日常工作考核		

续表

考核维度	考核指标	权　重（%）
定性考核（60%）	督办工作考核	
	岗位职责工作考核	
	部室阶段性工作完成情况	
	流程银行考核	
	优质文明服务	
	扣分项	不占权重

表 4-16　E 银行绿色金融市场部业绩绩效考核指标

考核维度	考核指标	权　重（%）
定量考核（50%）	绿色信贷余额占比指标	
	绿色项目信贷投放指标	
	绿色信贷不良贷款率容忍指标	
	绿色支付建设指标	
定性考核（50%）	绿色金融组织体系建设指标	
	绿色金融指标体系建设指标	
业务创新指标	—	—

本案例中事业部并没有以利润作为依据来确定其薪酬包，对部门的考核既有综合评价又有积分考核，对于准事业部来说，其主要职责在于相应条线产品的研发、客户评价模型、定价等业务管理。一方面，没有专职的营销队伍；另一方面，总行也并没有配置相应的资源，而是将资源分配到各个分支机构。在此情形下，准事业部更像是一个前台部门，在考核上也完全可作为一个前台部门来进行考核。一些基于产品研发或客户关系开发的事业部，即准事业部可借鉴本案例考核模式。

第四节　非经营性职能部门考核

各家银行非经营性职能部门差异不大，包括以下几种情形的职能部门：价值链中开展支持性活动的部门，包括计划财务部、人力资源部、综合办公室等；与商业银行经营风险行业特殊性相关的风险管理部、授信管理部等；根据自身的发展阶段及内部职能划分需要，设置的战略管理部、机构管理部等。不管是哪一种情形，非经营性职能部门都未直接参与业务经营活动，主要履行功能性和事务性职能。通常情况下，会把非经营性职能部门与业务间接相关的部门归为中台部门，如计划财务部、人力资源部、电子银行部；与业务几乎不相关的归为后台部门，如安全保卫部、综合办公室、审计稽核部等。

一、非经营性职能部门考核特点

（一）非量化指标多以评价为主

KOI、KBI 指标大部分均为非量化指标，且很多银行并未有完整、全面的数据源。在此背景下，非量化指标的考核可采用评价方式得到考核结果。评价者可以是上级领导、同级同事，也可以是下级主要服务对象，选择哪类或哪几类评价对象，重点需要考虑评价者对评价内容的了解、掌握程度、相关性，以及操作的可行性和经济性。360 度评价成本过高，实践中可适当地变通，如主要评价方为上级领导、部门下属同事、同级领导等，考核频率不要太频繁，在考核内容上尽量简化。

（二）适时调整考核内容

非经营性职能部门的很多工作大多难以量化，不同工作的周期不同，且部门常会有很多临时性的工作，故在考核中应根据各部门重点工作的工作周期及其具体工作计划的安排，调整部分考核内容，以实现对当前工作考核评价及激励作用。

二、中台部门考核示例

计划财务部在大部分银行中被定位为中台部门，负责全行全面预算、利润分解及核算、全面成本管理、涉税管理、全行流动性风险管理等工作。本示例中计划财务部采用 3K 指标体系进行考核，KPI、KOI、KBI 三个指标维度各 100 分，各占一定权重比例，权重比例之和为 100%，部门得分=KPI 关键业绩指标得分×x%+KOI 关键工作任务得分×y%+KBI 关键行为考核得分×z%，如表 4-17 所示。其中，KPI 指标一定比例与全行业绩挂钩，一定比例体现了本条线职责指标。KOI 关键工作任务主要由上级领导评价。KBI 关键行为指标具体不同的指标内容，由不同的评价主体进行评价，不同的评价主体评价，占比权重也不同。考核指标体系设计与部门职责应相匹配，充分体现考核导向，并适当的考虑考核的精细化。

表 4-17 中台部门考核指标体系（计划财务部，按季）

维 度	指 标	评价方式
KPI（x%）	全年利润目标	计划完成率
	资本充足率	计划完成率
	成本收入比	计划完成率
	总费用预算控制率	计划完成率
	内控合规	扣分项
KOI（y%）	季度关键工作任务完成率	综合评价
KBI（z%）	工作态度、工作能力、管理创新、执行力、工作效果、领导力	上级评价
	工作态度、工作协作与配合、沟通能力、团队建设	同级评价
	工作指导、业务支持、沟通能力、检查走访	下辖分支机构评价
	团队培养、工作指导、团队建设、工作能力	本部门下属评价

中台部门的职责能量化的尽量量化，按照利益相关、目标一致的原则，定量指标中也考核全行业绩的完成情况。相比较经营性职能部门，如表 4-9 所示，中台部门 KPI 指标占比权重会低一些。

三、后台部门考核示例

安全保卫部负责全行的安全保卫工作，包括具体规章制度的制定，安保工作的计划编制、执行、监督、整改等。本示例中安全保卫部采用 3K 指标体系进行考核，KPI、KOI、KBI 三个指标维度各自满分 100 分，各占一定权重比例，权重比例之和为 100%，部门得分=KPI 关键业绩指标得分×x% + KOI 关键工作任务得分 ×y% + KBI 关键行为考核得分 ×z%，如表 4-18 所示。各维度指标设置与评价方式基本与中台部门相同，只是在设置指标时，对于能量化的指标尽量进行量化，保障考核的公平性。

表 4-18 后台部门考核指标体系（安全保卫部，按季）

维 度	指 标	评价方式
KPI（x%）	全年利润目标	计划完成率
	部门费用控制率	计划完成率
	安全保卫检查、督查工作	倒扣分
	安全教育培训工作	按培训次数完成情况
KOI（y%）	季度关键工作任务完成率	综合评价
KBI（z%）	工作态度、工作能力、管理创新、执行力、工作效果、领导力	上级评价
	工作态度、工作协作与配合、沟通能力、团队建设	同级评价
	工作指导、业务支持、沟通能力、检查走访	下辖分支机构评价
	团队培养、工作指导、团队建设、工作能力	本部门下属评价

按照利益相关、目标一致的原则，后台部门定量指标一定比例与全行业绩指标的完成情况挂钩。定性指标则按照 QTQRC 原则能量化尽量量化，以增强考核的公平性、客观性。

第五节 职能部门员工考核

职能部门员工分为部门管理系列的负责人、一般员工。具体考核体系设计也按此进行岗位区分。

一、部门负责人考核

部门负责人作为部门的管理者，要对部门的整体履职情况、团队建设、内部管理等承担职责，故对部门的考核就是对部门负责人的考核，即：

部门负责人考核结果=部门考核结果

部门的考核已在本章第三、四节中描述，部门负责人作为中层管理岗位考核将在第五章岗位考核中进行详述。

二、一般员工考核

一般员工作为部门的一员，其考核体系设计要考虑两个基本原则：个人与部门绩效目标的一致性、个人与部门利益的平衡。基于此两点，对于一般员工一般采用总行垂直考核+部门二次分配考核两种形式。绩效工资是考核结果主要的应用，一般员工薪酬及考核如图 4-8 所示。

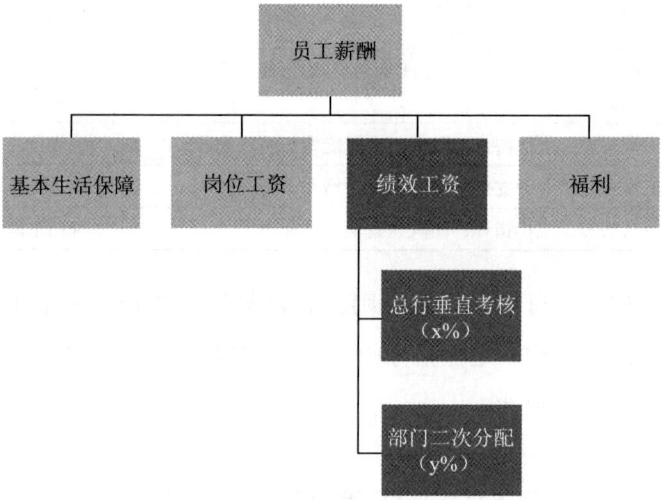

图 4-8　部门一般员工薪酬结构

其中，一般员工考核与总行垂直考核挂钩考核结果，部门二次分配则由部门考核，如果员工考核采用综合考评得分的方式，即：

员工考核得分=部门考核得分×权重 x+部门员工考核得分×权重 y，$x+y=1$

具体部门一般员工作为岗位考核将在第五章岗位考核中进行详述。

三、总行一般员工考核示例

各职能部门职责不同，下辖岗位也各不相同。部门员工一般由总行出具指导意见，框定考评的维度和方向后，部门再进行自主考核，如表 4-19 所示。示例中的银行对部门员工主要考核工作目标完成情况、工作能力、行为规范等内容，采用上级领导评价的方式进行考核。员工的工作表现好与坏其直属领导最清楚，采用部门自主考核更科学、合理；对于部门负责人的考核权限授予，相当于是给部门负责人一个管理抓手，更有利于其部门管理及团队建设。

表 4-19　总行职能部门员工考核计分表

<table>
<tr><th>考核维度</th><th>指　标</th><th>计算方法</th><th>数据来源</th><th>权重分</th><th>指标说明</th><th>员工最终考核得分</th></tr>
<tr><td>岗位工作目标考核</td><td rowspan="2">部门负责人和组长考核评议</td><td>得分=该员工的岗位工作百分制综合考核打分×50%</td><td rowspan="2">由各部门负责人打分，人力资源部负责汇总，审计部负责核对</td><td>50%</td><td rowspan="2">岗位工作目标考核和员工工作能力考核由各部门拟定考核方案</td><td></td></tr>
<tr><td>工作能力考核</td><td>得分=该员工的工作能力百分制综合考核打分×50%</td><td>50%</td><td></td></tr>
<tr><td>员工行为规范考核扣分项</td><td>根据《员工违规行为积分办法》中的各项相关规定执行扣分</td><td>扣分项不需要乘以权重分，直接在最终的考核得分上进行扣减</td><td>由法律合规部负责</td><td>倒扣分制</td><td>员工行为规范考核，采用倒扣分制，依据《员工违规行为积分办法》执行考核，由法律合规部在总分的基础上进行扣减，将结果报绩效考核办公室进行扣分应用</td><td></td></tr>
</table>

续表

考核维度	指　标	计算方法	数据来源	权重分	指标说明	员工最终考核得分
一票否决制		考核期内，如发生严重违规违纪，造成重大风险及责任事故，或由总行绩效考核委员会及审计稽核部直接认定的其他否决事项，将作为一票否决	由审计部负责		一票否决，部门员工直接评定为D级，全额扣除考核绩效，同时取消其所在部门年度评先资格	
总分				100		

第五章　银行岗位考核

第一节　银行岗位考核概述

岗位是组织组成的基本要素，是考核到人的前提条件。银行岗位考核是银行绩效管理的重要内容之一。

一、岗位概述

（一）岗位定义

岗位本义是指军警守卫的处所，现指职位。岗位主要包括以下内容：岗位名称、编号；岗位主要工作范围和职责；岗位工作目标和责任、权限；本岗位与其他岗位的关系；岗位人员所应具备的资格、条件，如知识、能力、经验等；考核项目和标准；其他应补充规定的事项。在人事管理和岗位设置中，“岗位”的内涵比较丰富，它具有两层含义：一是从组织体系的结构上看，岗位处于整个组织体系的最基层位置，是划分和承担具体工作、实现组织目标的最基本单位。如果将某个组织的管理体系比作生物的神经系统，那么处于基层的每个工作岗位就相当于神经末梢，组织的工作内容与决策通过组织结构最终传导到每个岗位。二是岗位具有相应的职权、责任与工作范围。根据岗位的定义可知，岗位是依据组织的需要设立的，是组织重要构成部分，组织机构设计和岗位任务的确定是岗位设置的前提，其权责关系和业务范围都由岗位任务决定。

（二）岗位特征

岗位具备四个主要特征：一是岗位设置的出发点是“因事设岗”。首先，根据组织需要进行岗位设置；其次，对照该岗位的业务范围、任职条件等指标配备适合该岗位的工作人员。二是岗位的数量是有限的。企业设岗的总量受限于该企业的核准编制数，设岗量的多少由该企业开展业务的范围、工作难易程度及经费预算等因素决定。三是岗位具有固定性。岗位本身不应受人员的变动而发生变化，一个岗位在不同时期可以由不同人员承担。四是岗位具有层级性。各组织依据科学的指标和程序进行岗位设计，并在同类岗位内部划分出若干层级。

从价值增值管理的绩效考核角度考虑，岗位并不是指某一个人或某个行政管理的单元，而是通过价值流分析确定的企业内部价值链上一个相对独立的、具有价值增值功能的经营主体与价值实体，是企业内部最小的经济核算单元。岗位具备市场主体、价值实体、负债经营体等属性。

二、岗位分类原则

岗位分类是在对组织中需设岗位的性质进行研究和评估的基础上，根据组织自身的特点、业务需求和相关规定，按照科学设计的标准，对一个组织内的所有岗位，在种类和级别上加以分类设置，并将这些岗位归入一个由岗位类别、岗位系列、岗位等级和档次组成的完善的岗位结构之中。

岗位分类与岗位调查、岗位分析和岗位评价关系紧密。开展岗位分类所必需的各种基础数据和信息应当以岗位调查的结果为基础；岗位分析是对岗位调查的结果进行归纳和研究，对岗位进行科学的描述和规范，是岗位分类的重要前提；岗位评价是岗位分析的目的。

“因事设职”是岗位分类的总原则。具体而言，岗位分类应依据以下原则：

第一，系统原则。岗位设置和划分，应该从各职位的相互联系上、从总体上去把握。任何一个完善的组织机构都是相对独立的系统，因此，在考虑该组织机构的职位设置时，应从系统论出发，把每一个职位放在该组织系统中，分析其存在的必要性。

第二，最低岗位数量原则。最低岗位数量是指一个组织机构为了实现其独立承担的任务而必须设置的岗位数。岗位设置如果过量，就会造成职位虚设，机构膨胀，人浮于事；岗位设置如果低于这个数量，则会造成职位短缺，人手不足，影响组织目标的实现。最低岗位数量原则可以确保组织机构的高效率和高效益。

第三，整分合原则。整分合原则是指一个组织必须在整体规划下明确分工，在分工的基础上进行有效的合作，以增强整个组织的效益。在进行职位分类时，首先，应以组织的总目标和总任务为核心，从上至下层层分解为一个个具体的分目标、分任务和子目标、子任务，直至分解落实到每一个职位上；其次，对这些职位从下至上进行综合，确定各职位上下间的隶属关系和左右间的协调合作关系，以确保组织系统的整体功能。

第四，能级原则。“能级”是原子物理中的概念，是指原子中的电子处在各个定态时的能量等级。职位分类中的“能级”概念，是指一个组织系统中各个职位的功能等级。功能大的职位，在组织中所处等级高，其能级就高；反之，功能小的职位，在组织中的级别低，其能级亦低。在进行职位分类时，应依据能级原则来分析评估不同职位的能级。

三、岗位划分的主要步骤

对组织内岗位进行划分的具体步骤一般为：岗位的横向分级，即根据岗位的工作性质及特征，将岗位划分为若干类别；岗位的纵向分级，即根据每一岗位的繁简难易程度、责任轻重以及所需专业、技能、经验水平等因素，将岗位归入一定的档次级别。

根据岗位分类的结果，制定各岗位的岗位规范即岗位说明书，并以此作为各项人力资源工作的依据；建立企业岗位分类图表，说明企业各类岗位的分布及配置状况，为企业员工的分类管理提供依据。

（一）横向分类的步骤与方法

1. 步骤

第一，将企业内的全部岗位按照工作性质划分为若干大类，即职能职门；第二，将各职能部门的岗位，根据工作性质的异同继续进行细分，把业务相同的工作岗位归入相同的职组，即将大类细分为中类；第三，将同一职组的岗位按照工作的性质进行再次划分，即将大类下的中类再细分为若干小类，把业务性质相同的岗位组成一个职系。

2. 方法

按照岗位承担者的性质和特点，对岗位进行横向的区分。例如，首先，将企业全部岗位分为工人岗位、干部岗位两大类；其次，按照职能、劳动分工等，将岗位划分为若干小类，如将干部岗位大致归为生产管理类、经营管理类、财务审计类、劳动人事管理类、科技管理类、物资管理类、行政管理类、党务群团类和综合管理类等，工人岗位大致可再细分为基本生产岗位、辅助生产岗位和服务岗位等若干小类。

按照岗位在企业经营过程中的地位和作用进行分类。例如，按岗位在生产过程中的地位和作用的不同，可划分为生产岗位、技术岗位、管理岗位和服务岗位四大类，每一大类又可细分为若干小类，如技术岗位可分为科研、设计等小类。

（二）纵向分类的步骤与方法

1. 步骤

第一，按照预定的标准进行岗位排序，并划分出岗级。它是在横向分类的基础上，分别对性质相同的一个小类岗位，即职系内的每一个岗位，按其工作难易繁简程度、责任大小以及上岗人员所需具备的资格条件等因素进行评价，根据评价结果，将各个职系的所有岗位划分为若干岗级。

第二，统一岗等。将不同职系的岗级进行评比衡量，凡是相似的岗级，都归为统一的岗等。

2. 方法

工作岗位纵向分级方法主要有岗位排序法、分类法、因素比较法、评分法、海氏评估法等。

（1）岗位排序法。岗位排序法是根据一些特定的标准，如工作的复杂程度、对组织的贡献大小等，对各个岗位的相对价值进行整体的比较，进而将岗位按照相对价值的高低排列出一个次序的岗位评价方法。排序时基本采用两种做法：一是直接排序法，即按照岗位的说明，根据排序标准从高到低或从低到高进行排序。二是交替排序法，即先从所需排序的岗位中选出相对价值最高的排在第一位，再选出相对价值最低的排在倒数第一位，然后从剩下的岗位中选出相对价值最高的排在第二位，接着选出剩下的岗位中相对价值最低的排在倒数第二位，依此类推。

岗位排序法的主要优点是简单、容易操作、省时省力，适用于规模较小、岗位数量较少、新设立岗位较多、评价者对岗位了解不是很充分的情况。但是这种方法也有一些不完善之处：首先，这种方法带有主观性，评价者多依据自己对岗位的主观感觉进行排序；其次，无法准确得知岗位之间的相对价值关系。

（2）分类法。分类法是将组织的所有岗位按照工作内容、工作职责、任职资格等方面的不同要求分为不同的类别，一般可分为管理工作类、事务工作类、技术工作类及营销工作类等；然后对每一类确定一个岗位价值的范围，并且对同一类岗位进行排列，从而确定每个岗位的岗位价值。分类法是一种简便且容易理解和操作的岗位评价方法，适用于大型组织，便于对大量岗位进行评价。同时，这种方法的灵活性较强，在组织中岗位发生变化的情况下，可以迅速地将组织中新出现的岗位归到合适的类别中去。但是这种划分方法也有一些不足，对岗位等级的划分和界定存在一定的难度，带有一定的主观性。如果岗位级别划分得不合理，将会影响对全部岗位的评价。另外，这种方法对岗位的评价也是比较粗略的，只能得出一个岗位归在哪个等级中，而对岗位之间价值的量化关系则不能很好地体现，因此，在运用中会遇到一定的困难。同时，岗位分类法在适用性方面也有局限，即适合性质大致类似、可以进行明确分组，并且工作内容变化不大的岗位。

（3）因素比较法。因素比较法是一种量化的岗位评价方法，它实际上是对岗位排序法的一种改进。这种方法与岗位排序法的主要区别是：岗位排序法是从整体的角度对岗位进行比较和排序，而因素比较法则是选择多种报酬因素，按照各种因素分别进行排序。因素比较法的具体做法是：分析基准岗位，找出一系列共同的报酬因素。这些报酬因素能够体现岗位之间的本质区别，如责任、工作的复杂程度、工作压力水平、工作所需的教育水平和工作经验等。将每个基准岗位的工资或所赋予的分值分配到相应的报酬因素上。

因素比较法的一个突出优点，就是可以根据在各个报酬因素上得到的评价结果计算出一个具体的报酬金额，这样可以更加精确地反映岗位之间的相对价值关系。因素比较法一般在下列条件下较为适用：需要一种量化方法，愿花大量的费用引入一种岗位评价体系。这种方法的运用不会产生理解问题或雇员的接受问题，并且能把工资结构和基准岗位的相对等级或劳动力市场上通行的工资更紧密地联系起来。

（4）评分法。评分法是指对每个岗位用计量的方式进行评判，最终得出岗位价值的方法。评分法是一种较为精确的工作评价方法。目前，我国一些企业所实行的“岗位技能工资”，基本上就是采取了这种方法。评分法运用的是明确定义的要素，如责任因素、知识技能因素、努力程度因素、工作环境因素等。要素数量可能从几个到十几个不等，这主要看方案的需要；每一个要素被分成几种等级层次，并被赋予一定的分数值（这个分数值就表明了每个要素的权数）。然后，对岗位的要素逐个进行分析和定分，对各个要素的分数进行加总，就得到了一个工作岗位的总分数值。这个总分数值决定了它在岗位序列中的位置。

（5）海氏评估法。海氏评估法对所评估的岗位按照三个要素及相应的标准进行评估打分，得出每个岗位评估分，即岗位评估分=职能得分+解决问题得分+应负责任得分。其中，职能得分、应负责任得分的最后得分都是绝对分，而解决问题得分是相对分（百分值），经过调整的最后得分才是绝对分。

利用海氏评估法评估三种主要付酬因素的分数时，还必须考虑各岗位的“形状构成”，以确定该因素的权重，进而计算出各岗位相对价值的总分，完成岗位评价活动。所谓职务的“形状构成”，主要取决于职能和解决问题的能力两因素相对于岗位责任这一因素的影响力的对比与分配。

从这个角度去划分，组织中的岗位可分为三种类型：

“上山”型。此类岗位的责任比职能与解决问题的能力重要。如公司总裁、销售经理、负责生产的干部等。

“平路”型。职能和解决问题能力在此类职务中与责任并重，平分秋色。如会计、人事等职能干部。

“下山”型。此类岗位的职责不及职能与解决问题能力重要。如科研开发、市场分析人员等。

四、银行业岗位设置现状

岗位设置是组织根据业务目标的需要，规定某个岗位的任务、责任、权力以及在组织中与其他岗位的关系的过程。岗位设置主要包括定岗、定职和定级。定岗即通过对组织业务范围及业务范围内各项工作类型、权责、隶属关系的全面剖析和鉴别，核定各组织对各种岗位任职条件和人员数量的需求。定职即组织基于对每个岗位相应的工作职能进行分析，设置每个岗位所必须具有的上岗条件、权责范围、隶属关系等。定级即通过定性与定量分析，划分每个岗位所属职务系列的各个职级。

岗位设置把整个组织目标传导分解到每个岗位，通过将岗位需求与工作人员能力素质进行匹配来达到合理配置资源、提升效率和效果的目的。因此，科学、合理的岗位设置与最大限度地发挥个人能力、提高工作人员的工作积极性密切相关。

目前，各类商业银行的岗位设置存在一些问题，尤其是市场化程度不高的农商行和城商行等，岗位设置问题更为突出，主要表现在以下几个方面：

第一，忽略了组织战略目标。岗位设置的目的是实现组织的经营目标，为组织战略目标服务，但是目前各类商业银行在设置具体岗位时，尤其是设置岗位职责时，缺乏相应的岗位分析，往往是根据以往的经验和需求来设置相应的岗位，忽略了组织的战略目标。

第二，职责权限模糊。岗位设置时职责不明确，且出现职责交叉的情况，甚至设置了相应的岗位职责，却没有赋予与之相匹配的岗位权限，造成工作难以开展和推行，以及各岗位间相互扯皮的情况。

第三，人员配置不合理。在确定岗位人选时，没有明确的岗位任职资格条件，甚至因人设岗，不能发挥岗位应有的价值；或者一人兼任多个不同类别的岗位，导致不能很好地履行相应的岗位职责。

第四，岗位设置后续动态管理不到位。在设置岗位并赋予相应的职责时，需要对岗位情况进行跟进反馈及考核。目前，一些商业银行没有意识到岗位管理的重要性，甚至对岗位的考核也不明确，不能很好地提升岗位价值。

第五，员工职业生涯发展路径不畅。很多商业银行在设置岗位时，并没有考虑员工职业发展问题，导致员工的职业发展通道单一，往往只能通过工作年限和工作资历逐级向管理岗位晋升，缺乏专业岗位晋升通道，不利于员工工作积极性的发挥，也无法保证人员的稳定性。

五、银行岗位序列划分

为有效解决以上岗位设置中的问题，越来越多的银行引入宽带薪酬体系，并从战略高度出发，逐步分解战略执行单元，落地在岗位上。同时，采用匹配纵向划分的方式，根据各类岗位的性质和职责定位，对这些不同岗位进行归类管理，可以称为不同“岗位序列”，也可以称为“岗位群落”“职能别”等。一般来说，银行将岗位划分为管理序列、专业序列、营销序列和操作序列四大序列。

（1）管理序列：从事管理工作并拥有一定职务的职位。管理序列包括高层管理、中层管理两大类。银行将其承担的计划、组织、领导、控制等管理职责作为主要的付薪依据。例如，在一般企业中常用的所谓“中层和高层”的概念。

（2）专业序列：从事某个方面的职能管理、技术研发等专业工作，且不具备或不完全具备独立管理职责的职位。专业序列包括各类专业人才及技术人才岗位。它与“管理序列”岗位的区别在于，该岗位可能有下级人员，但银行付薪的主要依据不是其承担的管理职责，而是其在指导、监督、督促执行、辅助、支持等方面的职责。

（3）营销序列：从事专职销售或市场开拓等工作的岗位，一般工作场所不固定，甚至在外时间比在银行内时间长。营销序列包括客户经理、资金交易等岗位。

（4）操作序列：是指在银行内部从事生产作业类的岗位，一般工作场所比较固定，岗位技能的专业化程度较高，工作内容重复性较强，创造性体现较少，是构成“基层员工”的主要群体。操作序列包括综合柜员及其他内勤人员岗位。

对不同岗位序列进行清晰界定与划分，主要目的是方便银行采取差异化管理。这种差异化管理最大的区别体现在绩效考核与薪酬激励两方面。不同岗位序列的考核方式、考核指标不同，薪酬结构、薪酬元素和激励模式也不同。

第二节 银行管理类岗位考核

银行管理类岗位包括高层管理、中层管理两大类别。其中，高层管理为银行高管，中层管理包括支行负责人、职能部室负责人和事业部负责人三大类。

一、高层管理

（一）银行高管绩效考核思路

由于银行高管的考核实施方在上级主管部门而非银行内，且受银行规模、经营情况、地域、主管部门管理思路等因素影响，因而不同类型的银行在考核办法的设计上差异较大。较普遍的考核思路为：以绩效薪酬为主，基本薪酬和福利保障为辅；合理确定固定收入与浮动收入的比例关系，合理确定薪酬水平，提高薪酬激励的市场竞争力，同时支持适当和可控的风险，根据岗位责任与风险的大小、业绩的优劣，与相应的激励水平匹配；严格遵守国家的法律法规和薪酬相关制度规定；同时，配置有效、专业、独立的薪酬委员会，并发挥其在高管薪酬管理中的作用。

（二）银行高管薪酬构成

银行高管薪酬由基本年薪、绩效年薪、资金或超额利润奖励、长期激励等构成。

1. 基本年薪

确定高管基本年薪水平的方式有：第一，根据总薪酬的市场水平和固定收入所占比例确定；第二，根据高管与中层或员工的固定薪酬的比例关系确定，高层固定薪酬一般为中层固定薪酬的2~5倍。

2. 绩效年薪

绩效年薪一般需实现约定基数，并在年底根据业绩考核结果发放。绩效年薪=基数×考核得分（考核系数）×岗位系数。绩效年薪分为团队 KPI（X）及个人 KPI 考核(Y)（见表 5-1）。

表 5-1　团队 X 与个人 Y 的适用情况

方　式	适用情况
$X=100\%$，$Y=0\%$	适用于小型银行，或者处于发展期的银行；以及由于高层分工不是很严格、清晰，或者不愿意过多拉开差距，用团队业绩来决定奖金的银行
X 占比大，Y 占比小	适用于单个高管分工相对明确但对业绩影响较小的银行，以及提倡团队协作的银行
X 占比小，Y 占比大	适用于高管分工业绩能够很明显地计量，以及推崇个人英雄主义文化的银行
$X=0\%$，$Y=100\%$	适用于目标得到良好分解的银行，即个人 KPI 能够有效、全面支撑 KPI 的银行

3. 奖金或超额利润奖励

提成计奖通常没有基数，也不会与全面的考核指标关联，而是以关键的 1~2个指标为依据，如净利润、净利润或收入的增长率、净资产收益率（ROE）、投资回报率、EVA 等。

提取方式分为直线式和累进式。直线式，即根据指标的完成情况，按比例直接提取。累进式，即根据业绩的实际完成情况分段设置提取比例，如 ROE≤10%，不提；10%<ROE≤20%，计提 5%；20%<ROE≤30%，计提 10%。

分配方式：确定各高层的分配占比，确定各种业绩水平下的提取系数。

4. 长期激励

长期激励包括任期奖金、与服务年限挂钩的奖金、期股与期权、分红权或利润。

任期奖金的目的是在更长的期限内对经营者进行业绩评价，同时激励高管与企业共同发展。计提方式包括：当年计提，任期满发放；当年计提，滚动发放；任期满一次性计提，一次性发放；任期满一次性计提，延后发放。

与服务年限挂钩的奖金指因服务年限而额外支付的奖金，用于保留关键人员。该奖金属于“金手铐”性质的奖金，若相关人员提前辞职，收入则会减少。

期股与期权为股权激励模式的形式。股权激励模式包括：虚拟股权、股票增值权、持股计划、延期支付、股票奖励、业绩股票、经营者持股等。

分红权或利润体现了分享计划，分享计划是为了使没有股权的高管分享公司收益的一种手段。

（三）银行高管绩效考核示例

银行高管绩效考核示例如表 5-2 所示。

表 5-2 银行高管绩效考核示例

考核方案	方案描述	考核周期
基于权重分配的百分制平衡计分卡考核	1. 绩效考核得分=财务维度指标得分×权重+其他维度指标得分×（1-权重）； 2. 其他维度指标得分=客户维度指标得分×30%+流程及运营维度指标得分×50%+学习与创新维度指标得分×20%	按年考核
基于权重分配的经营管理目标综合考核	高级管理层考核=共性考核×30%+个性考核×70%+加分项考核	按年考核
基于权重分配的千分制综合考评得分考核	1. 总行高管考核包括全行共性考核指标、业务经营指标、经营管理指标、高管层岗位履职情况、职责考核指标五个方面，合计标准分 1000 分，且最低不得低于 300 分； 2. 总行领导季度绩效薪酬=（行领导绩效年基数/4）×（个人季度综合考核得分/1000）	季度考核，按季兑现
基于权重分配的百分制综合考评得分考核	1. 百分制考核包括共性指标、工作指标和分管部门三个层面； 2. 共性指标包括全行指标、转型发展、风险管控、廉洁自律指标，工作指标包括重点工作、督导效果指标，分管部门包括业务指标、部门得分； 3. 董事长最终考核得分=本人考核得分×60%+行长考核得分×25%+其他高管成员总得分÷N（成员人数）×15%； 4. 行长最终考核得分=本人考核得分×60%+其他高管得分÷N（成员人数）×40%； 5. 其他高管最终考核得分=个人考核得分×100%	季度考核，年度总兑现

续表

考核方案	方案描述	考核周期
基于权重分配的绩效考核和领导力评价考核	1. 年薪制由基础薪酬、业绩薪酬和特别贡献奖励三部分组成； 2. 特殊奖励：在超额完成指标的情况下，只有才给予特别贡献奖，按税后利润超额数进行计提； 3. 绩效薪酬与关键绩效管理指标的达成情况挂钩，包括风险薪酬、管理薪酬、效益薪酬，按照税后利润按比例计提	年薪制

注：共性考核是指通过转型发展、风险管控等全行共性指标进行考核，个性考核指标是结合不同高层岗位的特性而制定的指标。

二、中层管理

银行的中层管理人员，在贯彻行党委和行班子的战略和计划以及上级监管部门的工作部署方面，是组织者和执行者。从某种意义上说，中层管理人员的综合素质影响和决定了银行的整体形象和工作质量。随着银行业市场竞争的日趋激烈，中层管理人员作为承上启下的关键环节，对其进行考核的方式方法受到了越来越多的关注。原有的以年终述职、定性打分为主的考核模式已经越来越不能满足衡量中层管理能力高低和体现岗位价值贡献的需要。为便于阐述，本书中的中层管理者包括机构负责人、总行部室负责人和事业部负责人三大类。

（一）机构负责人

根据规模、所辖区域的差异，银行对下辖机构的设置也有所差异。全国性的银行如国有银行和股份制银行，设有四到五级机构，如中国农业银行，设有总行、一级分行（省级分行）、二级分行（市级分行）、一级支行（县级支行）、二级支行或分理处（乡镇网点）；城商行设有三到四级，小一点的农商行只有总行—支行两级机构。因此，在对不同性质银行的机构负责人设计考核方案时，必须充分结合其定位和管理、经营的要求。

1. 机构负责人考核思路

有三种常见考核模式：年薪制、管理绩效+机构业绩绩效、管理绩效+个人业绩绩效。采用年薪制考核方式，与所在支行的经营目标完成情况挂钩；

采用“管理绩效+机构业绩绩效”方式，管理绩效类似于年薪制，与支行任务完成情况挂钩，机构业绩按整个支行业绩计价产生，支行业绩越好，业绩绩效越多，业绩绩效直接体现支行对全行的贡献度；采用“管理绩效+个人业绩绩效”方式，通过对个人业绩的计价，体现其个人营销价值。

2. 机构负责人薪酬结构

机构负责人的薪酬结构分为基本薪酬、职级薪酬、绩效薪酬和其他薪酬。

基本薪酬：以保障员工基本生活为付酬理念，按当地最低工资标准确定，并根据实际情况调整。

职级薪酬：以岗位价值和能力为付酬理念，根据本行经营发展、自身承受能力、市场薪酬水平等因素，综合确定不同岗位职级薪档。岗位职级薪档按本行员工职级管理相关规定确定；职级薪酬标准由董事会、人事薪酬委员会确定和调整。

绩效薪酬：以绩效贡献为付酬理念，包括管理绩效薪酬（X）和机构业绩绩效薪酬(Y)，见表5-3。

表5-3 管理绩效薪酬X与机构业绩绩效薪酬Y的适用情况

方式	适用情况
$X=100\%$，$Y=0\%$	适用于大型银行的分支行；或者精细化管理水平较高，下辖较多网点，主要承担管理职能的支行
X占比大，Y占比小	适用于大型银行的二级分行、中小型银行的直辖分支行；机构定位以管理所辖网点为主，兼顾一定的营销工作
X占比小，Y占比大	适用于大型银行二级分行下辖的支行、中小型银行的二级支行；机构定位以服务所辖区域客户为主，兼顾一定的所辖网点管理工作
$X=0\%$，$Y=100\%$	适用于特殊阶段的特殊考核方式，不具备一般性

其他薪酬：以适度补充为付酬理念，包括本行为员工提供的各类福利（包括法定节假日福利、补贴福利、年休假待遇、住房公积金、基本医疗和基本养老保险、补充医疗保险等）、奖励（包括参加比赛、评为先进等计发薪酬）、加班工资、远期激励薪酬（包括年金、管理人员风险基金）等。

3. 机构负责人考核方案设计

机构负责人考核方案一般有三种：第一种是年薪制，第二种是管理绩效+

机构业绩绩效，第三种是管理绩效+个人业绩绩效。

年薪制的方案设计如图 5-1 所示。年薪制分为基本薪酬和绩效薪酬。基本薪酬包括保障工资、津贴、岗位责任工资；绩效薪酬是指效益工资。其中，岗位责任工资=支行行长岗位责任工资基准值×岗位系数，岗位责任工资一年一定，与等级行绩效考核一年一评保持一致，岗位系数根据等级行考核结果确定。效益工资则从存款、贷款、电子银行、中间业务、经营效益等维度对支行进行考核，支行行长季度绩效工资=全体支行行长本季度可分配绩效工资总额÷支行行长人数×本支行本季度经营目标责任制考核得分，经营目标责任制考核同时也是对支行行长任职期间的工作实绩、目标完成情况的全面客观的考核。

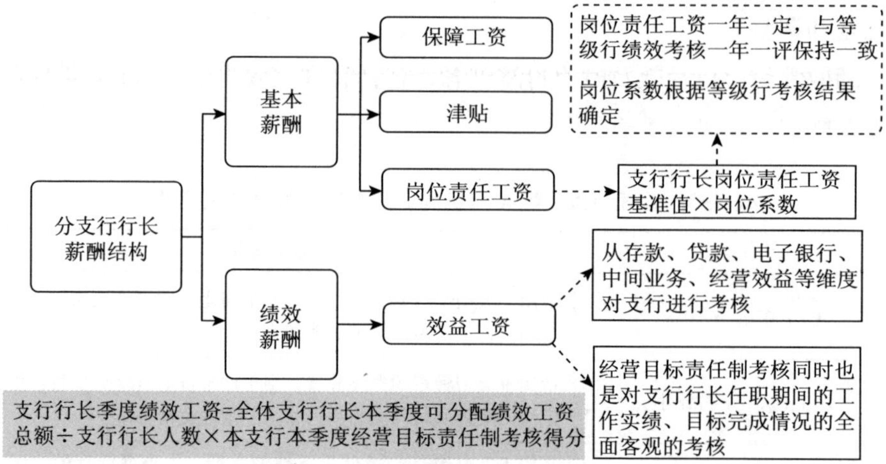

图 5-1　机构负责人年薪制模式

“管理绩效+机构业绩绩效”的设计如图 5-2 所示。绩效工资构成分为管理绩效工资与机构业绩绩效工资。管理绩效工资按月考核、按月进行兑现，与所在支行经营考核目标完成情况挂钩，其工资基准一般由人力资源部进行核定。机构业绩绩效工资一般也是按月考核、按月兑现，与机构业绩挂钩，以产品营销计价方式计发，体现机构的经营效益。

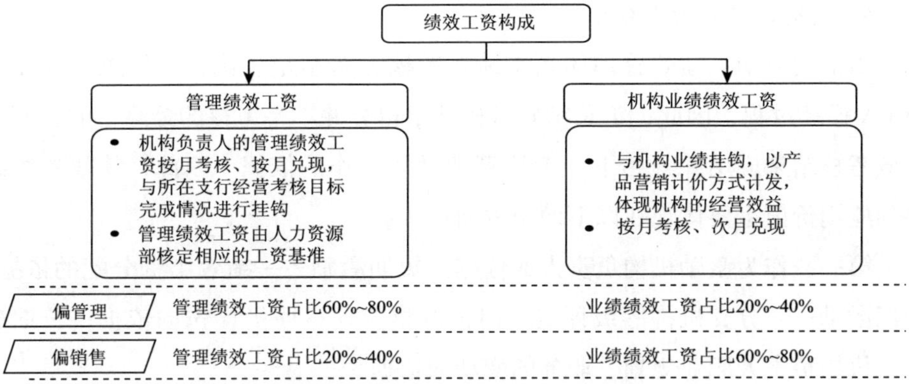

图 5-2 机构负责人“管理绩效+机构业绩绩效”模式

“管理绩效+个人业绩绩效”的设计如图 5-3 所示。机构负责人的绩效分为管理绩效工资与个人业绩绩效工资。管理绩效工资按月考核、按月进行兑现，与所在支行经营考核目标完成情况进行挂钩，其工资基准一般由人力资源部进行核定。个人业绩绩效工资则是多劳多得，按月对个人营销业绩以产品营销计价的方式进行计价，但是应注意，对分支机构负责人的业绩绩效计酬标准，一般比客户经理计酬标准低，介于客户经理计酬标准和机构计酬标准之间，独立进行测算和确定。

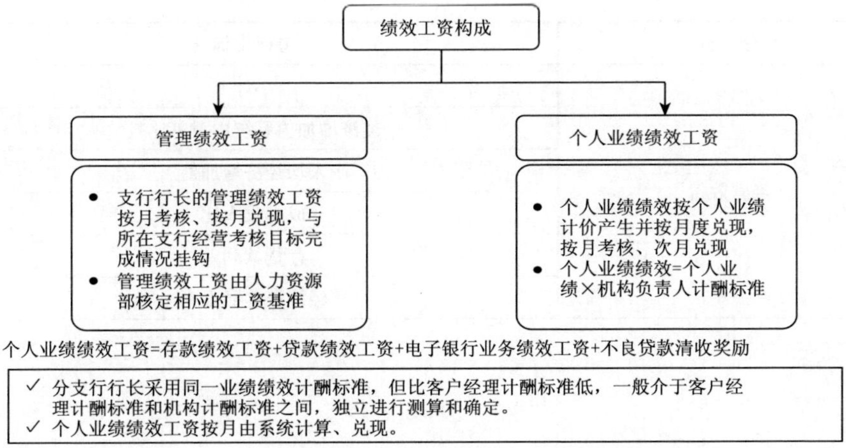

图 5-3 机构负责人“管理绩效+个人业绩绩效”模式

4. 机构负责人考核结果应用

由前文可知，绩效管理体系是绩效考核方案制定、执行、结果、反馈的PDCA循环过程，因此，汇总绩效考核结果得分并不是考核的最终目的，而是绩效考核结果应用并开始下一考核管理循环工作的依据。因此，绩效考核结果的应用价值主要体现在以下两个方面：

第一，作为激励机构负责人的依据。短期激励——绩效工资分配的依据；中期激励——分支机构等级评定、岗位调整变动、评优评先的依据；长期激励：机构负责人职业规划、职务的变动的依据。

第二，作为下一阶段的绩效考核管理工作的依据。

案例 1

股份制银行J是J（集团）股份有限公司控股的一家跨区域经营的股份制商业银行。现全辖员工3万人，下辖34家分行。截至2017年底，资产总额达25000亿元，各项存款达12000亿元，各项贷款余额10000亿元，存贷比例为84%，归母净利润500亿元。其机构负责人的考核见表5-4，为年薪制的考核。

表 5-4　J银行经营目标责任制考核指标

分　类	考评指标
经营效益	小计
	经济增加值系统内贡献比较
	人均经济增加值
	成本收入比
	存贷款利差
	经济资本回报率

续表

分类	考评指标	
持续发展	小计	
	存款	个人存款平均余额贡献比较
		对公存款平均余额贡献比较
		人均存款日均余额及增长
		个人存款日均增量计划完成率
		公司存款日均增量计划完成率
		机构存款日均增量计划完成率
	贷款	小企业贷款计划完成率
	国际结算量计划完成率	
	中间业务收入计划完成率	
	人均新增电子银行客户数	
结构优化	小计	
	对公重要客户计划完成率	
	个人高端客户计划完成率	
	电子渠道交易量占比及提升	
	贷款抵（质）押占比及提升	
	潜在风险客户退出（扣分项）	
	大额用信客户压降（扣分项）	
	小微企业贷款平均增速不低于各项贷款平均增速	
	小微企业贷款户数不低于上年同期户数	
	小微企业贷款申贷率不低于上年同期	
风险控制	小计	
	逾期欠息贷款率	
	利息回收率	
	不良贷款清收计划完成率	
	逾期欠息贷款余额控制	
	新发放不良贷款率	
	贷款分类偏离度（扣分项）	
	执行外汇管理规定	
	信贷质量管理（含“三化四无一优”）	
	内部控制管理	

案例 2

某城商行 G 现全辖员工 517 人，下辖 42 个营业网点。截至 2015 年底，各项存款达 133.98 亿元，日均存款余额 132.71 亿元，各项贷款余额 91.28 亿元，2015 年末提出深化普惠金融、强化创新提升市场竞争力的发展导向，对支行行长的考核如图 5-4 所示。

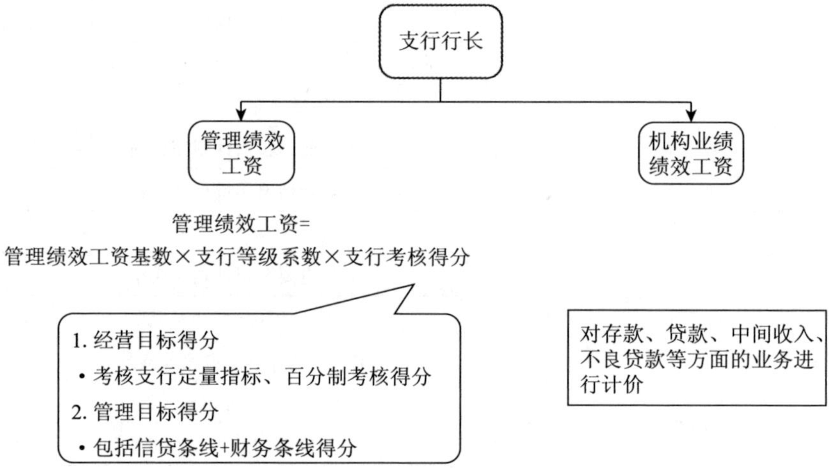

图 5-4　机构负责人“管理绩效+机构业绩绩效”模式

本案例在对机构负责人的考核中，将管理绩效工资与机构经营管理目标考核挂钩，体现了机构经营管理水平。管理绩效工资=考核基准工资×机构经营管理目标得分/100×等级行评定系数。

机构业绩绩效=$\sum$（机构业绩×机构负责人计酬标准），见表 5-5。

表 5-5　机构业绩计酬标准

考核指标	机构业绩计酬标准
人均存款日均存量	各机构：____元/万元/年
人均存款日均增量	各机构：____元/万元/年
人均贷款利息收入	各机构：____元/万元/年
中间业务收入	各机构：____元/万元/年

续表

考核指标	机构业绩计酬标准
不良贷款的压降	各机构：____元/万元/年
机构模拟利润	各机构：____元/万元/年

本案例对支行行长的考核的具体定位，可通过管理绩效工资和机构业绩绩效工资的比例分配予以体现。支行定位更侧重对下辖支行管理的，可赋予其更大的管理绩效工资比例；更侧重本支行发挥经营职能的，可赋予更大的机构业绩绩效工资比例。

案例 3

某农村商业银行 E 现全辖员工 180 人，内设 10 个职能部室，下辖 13 个分支机构。截至 2017 年底，各项存款达 20 亿元，各项贷款余额 18 亿元，存贷比例为 90%。2017 年末，为了鼓励营销，突出机构负责人的营销职能，对机构负责人的考核方式，如图 5-5 所示。

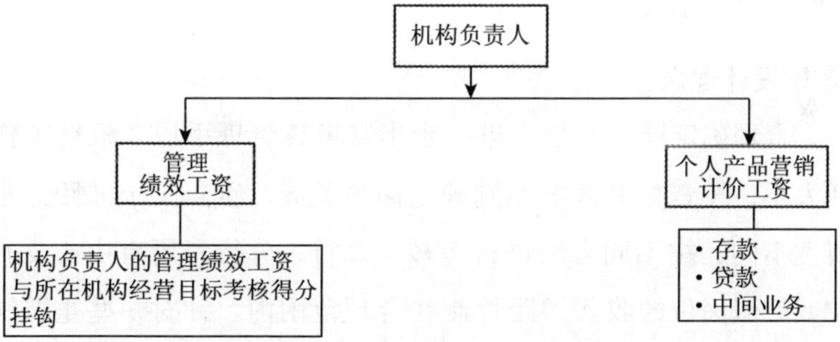

图 5-5　机构负责人“管理绩效+个人业绩绩效”考核模式

经营管理目标考核指标情况见表 5-6。

表 5-6　经营管理目标考核指标

分　类	考核指标
存款类	各项存款日均净增
	各项存款净增
	定活比

续表

分类	考核指标
贷款类	授信贷款计划完成率
	贷款户数拓展
	用信计划完成率
	不良贷款率
利润类	机构模拟利润
	人均模拟利润
中间业务类	活期储蓄账户开户数
	POS机/众码付
	活期储蓄账户开通网上银行/手机银行
管理类	安全保卫
	日常营运
	员工管理
	案件防控
	客户服务

（二）部室负责人

1. 考核设计理念

第一，合理确定岗位差异，进一步丰富考核管理手段。根据工作的复杂性和责任大小，按责权利匹配原则确定岗位差异，重点突出差距。根据从事工作的属性不同，按不同方法进行考核，总行、分行和所有中心支行、县分行同岗位或近似岗位的收入差距控制在合理范围内。针对一些重要岗位的中层干部，积极探索新的激励和约束手段。基于对现有薪酬制度的考量，探索建立后备人才基地、休假、灵活福利以及多级考核管理系统，结合长期管理和短期管理，使银行中层干部感受到自我价值实现的幸福。

第二，建立人才选拔机制。人力资本与货币资本相比，更具有主动性和积极性，学习国外先进的银行管理经验和方法，尝试建立人才库，改变过去中层干部任命的方式，建立银行中层干部公开选拔制度，充分发挥人才作用。一是要加强制度建设，以减少系统中的漏洞。制度是所有约束的基础，建立一个强有力的约束机制，需从加强制度建设入手，以使员工“有法可依”。二是建立垂直的内部审计体系。借鉴国外商业银行的先进经验，建立内部审计管理制度，包括人事、工资、管理费及内部垂直管理体系的实施，并融入整体管理系列。三是加强职业道德建设。制定中层干部行为标准，确定工作的具体细节、行为规范，要有可操作性，所有中层干部必须严格遵守既定的工作标准，违反规定应对其进行处罚。

第三，建立比较全面的考核管理体系。一是思想品德的考核评价。采取定量与定性相结合的方法，两者的权重为8∶2。定量评估方法采用民主评议。民主评议又分为全行测评和科内测评，权重为5∶5。定性评估由“干部考核委员会”综合权衡中层干部的思想和道德方面的表现做出评价。二是工作能力的考核评价。采取定量与定性相结合的方法，两者权重为4∶6。定量考核主要包括当期学识水平的提高、调查研究成果、工作创新成果和参加团体活动成绩等。定性考核由“中层考核评价委员会”依据中层干部在工作思维、统筹兼顾、利益调节、组织协调、培养人才、管理激励和处理突发事件及解决复杂问题的能力等方面的表现做出评价。三是工作态度的考核评价。采取定量考核的方法，包括遵守考勤、责任度、努力程度等内部管理制度的情况。四是工作实绩的考核评价。采取定量考核的方法，包括工作计划的制订、工作任务的完成和工作成绩的确认三部分，三者权重为1∶4∶5。工作计划的制订既要包括本部门的各项岗位职责和上级行安排的工作任务，又要包括自行安排的工作事项；工作任务的完成，即工作计划的完成情况和临时性工作的完成情况；工作成绩的确认，即上级行的专业考核名次，应对各类考核名次赋予不同的分值。工作计划的制订和工作任务的完成情况由内审部门半年进行一次科室内部审计，年终进行一次全面审计。五是廉洁自律的考核评价。采取定量与定性相结合的方法。定量考核采取全行民主测评的方法，定性考核由“中层干部考核评价委员会”根据中层干部在工作和生活方面廉洁自律的表现和通过征询职工和有关部门意见的方式做出评价。

2. 绩效工资构成

部室负责人绩效由部门考核绩效、个人考核绩效和个人营销计价三个部分组成（见图5-6）。

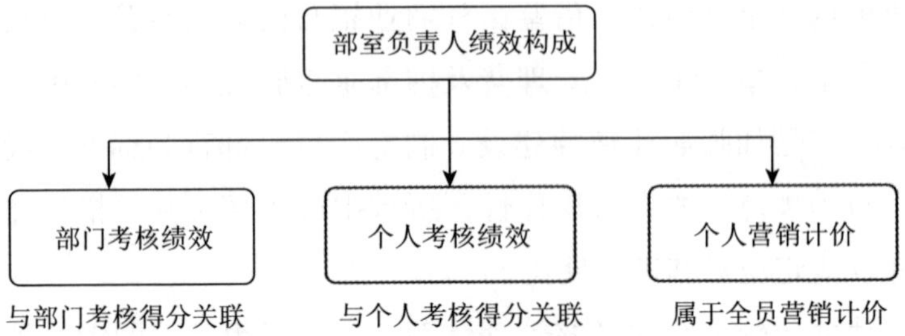

图 5-6 部门负责人绩效构成

3. 考核方案设计

目前，部室负责人的考核方案主要采取 3K 考核方式，即 KOI、KBI、KPI，从目标、行为、业绩三大维度全面衡量部室负责人的工作成效（见图 5-7）。

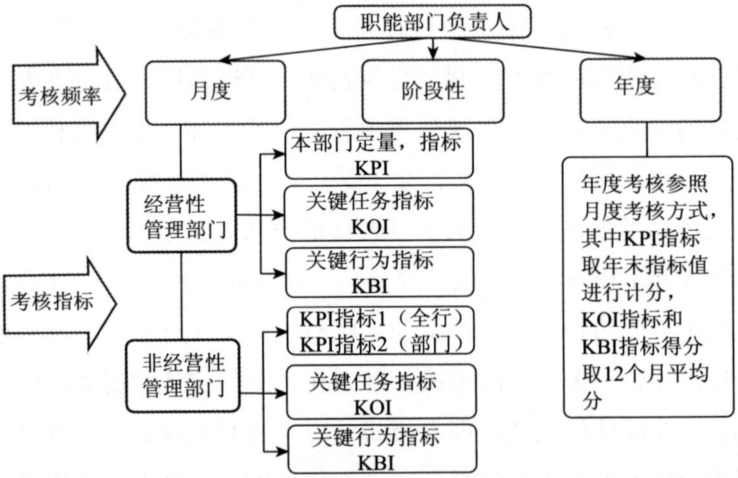

图 5-7 职能部门负责人考核方案

4. 考核结果应用

由前文可知，绩效管理体系是绩效考核方案制定、执行、结果、反馈的 PDCA 循环过程，因此，汇总绩效考核结果得分并不是考核的最终目的，而是绩效考核结果应用并开始下一考核管理循环工作的依据。因此，绩效考核结果的应用价值体现在以下两个方面：

第一，作为激励部室负责人的依据：短期激励——作为绩效工资分配的依据；中期激励——作为岗位调整变动、评优评先的依据；长期激励——作为职业规划、职务变动的依据。

第二，作为下一阶段的绩效考核管理工作的依据。

案例 4

某股份制银行现全辖员工2万人，下辖27家分行。截至2017年底，资产总额达20000亿元，各项存款达10000亿元，各项贷款余额7000亿元，存贷比例为70%。2017年末，该银行对部室负责人采用3K考核方式，其配置见表5-7（以某股份制银行零售金融部为例）。

表5-7 部室负责人3K体系

指标维度	权 重	维 度	考核导向	二级指标
KPI考核：按季度考核	X%	效益	效益优先	本条线创利情况
		数量	规模扩张	全行储蓄存款年日均新增
				全行个人贷款年末余额净增
				全行个人贷款日均新增
				储蓄存款市场份额占比
				个人贷款市场份额占比
			客户拓展	对私存款有效客户净增
				个人贷款客户净增
		质量	结构优化	产品开发建设
				零售金融部口径低成本存款占比
				30万以下贷款结构占比（全口径）
		管理	业务管理	专业化营销队伍建设
				异地营销团队工作推进情况
				联络人考核
				网络化营销工作任务完成情况
		合规	合规风险	合规案防管理
KOI考核：按月考核	Y%	部门关键工作任务或督办事项、半年度述职		部门重点督办工作任务完成率
				部门关键工作任务完成率
				半年度述职相关情况对照检查

续表

指标维度	权重	维度	考核导向	二级指标
KBI 考核：按半年度考核	Z %	工作态度、工作能力、管理创新、执行力、工作效果		
		工作态度、工作协作与配合、沟通能力、团队建设、业务支持		
		工作指导、业务支持、沟通能力、工作作风、检查走访		
		部属培育、工作指导、团队建设、表率性、工作能力		

（三）事业部负责人

1. 考核设计理念

随着事业部制在银行某些部门的广泛使用，针对事业部制考核的探索也逐渐展开，许多银行参考企业的事业部制考核设计理念并进行改良以适应银行业的发展需要。银行事业部制负责人的考核理念如下：一是赋予事业部负责人更多自主管理经营权的同时，也提高了对事业部负责人的考核要求；二是作为事业部的负责人，事业部考核结果与其个人考核结果挂钩；三是事业部作为独立核算的经营单位，对总行来说，考核更多的是其利润贡献情况。

2. 绩效工资构成

事业部负责人的绩效工资主要由部门考核绩效和个人营销计价构成。

3. 考核方案设计

事业部负责人的考核与该事业部的 EVA 和重要经营目标挂钩。事业部负责人绩效薪酬=经营业务模拟利润（EVA）×计提比例×KPI 得分调节系数。

案例 5

某股份制银行对其事业部负责人采取 EVA 考核方式，其绩效工资=经营业务模拟利润（EVA）×计提比例×KPI 得分调节系数。总行在年初核定各事业部模拟利润全年目标数，各事业部按各季度分别完成全年目标的比例，总行根据各事业部完成情况对其进行考核、统算（见表 5-8）；KPI 调节系数则由数量、质量、合规、管理四大维度的得分加总后，匹配得出。

表 5-8 事业部负责人考核模式示例

<table>
<tr><th>考核维度</th><th>考核导向</th><th>权 重</th><th>指 标</th></tr>
<tr><td>效益</td><td>效益领先</td><td>—</td><td>模拟利润（EVA）</td></tr>
<tr><td rowspan="4">数量</td><td rowspan="4">规模扩张</td><td rowspan="4">75%</td><td>外币资金拆借交易量</td></tr>
<tr><td>日均债券类资产余额</td></tr>
<tr><td>外汇交易中外汇交易量排名</td></tr>
<tr><td>债券承分销金额</td></tr>
<tr><td rowspan="3">质量</td><td rowspan="2">结构优化</td><td>10%</td><td>中间业务收入</td></tr>
<tr><td>扣分项</td><td>新产品开发数量</td></tr>
<tr><td>内控管理</td><td>扣分项</td><td>监管部门意见、服务体系建设、现有资产管理、统计数据质量、对账管理、消费者权益保护工作成效与效果、审计整改、督办事项、声誉风险管理</td></tr>
<tr><td>合规</td><td>合规风险</td><td>5%</td><td>合规风险管理</td></tr>
<tr><td rowspan="5">管理</td><td rowspan="3">业务管理</td><td>5%</td><td>非信贷资产不良率</td></tr>
<tr><td>5%</td><td>风险资产限额管理</td></tr>
<tr><td>扣分项</td><td>流动性限额管理</td></tr>
<tr><td>牌照申请</td><td>扣分项</td><td>牌照申请进度及完成情况</td></tr>
<tr><td>管理提升</td><td>加分项</td><td>内训师培养管理</td></tr>
</table>

第三节 银行专业序列岗位考核

近年来，银行业竞争不断加剧，这就需要通过更加科学合理的方式，客观公正地评价每位专业序列岗位从业人员的价值和贡献。与之相应地，考核方式也在不断推陈出新，从最初的定性打分，逐步过渡到定量与定性相结合的方式。

一、考核设计理念

专业序列是指人力资源、信息管理、审计、财务管理、信贷管理等专业领域的工作岗位。为更好地适应外部市场环境，优化银行内部管理，同时满足专业序列岗位的深层次需求，对专业序列岗位的管理日趋完善和精细。但是与客户经理、柜员不同，专业序列岗位的定量指标数据“获取难”，并且由于考核成本高，考核指标虽设计合理，却可能由于没有执行，或者执行时收集不到数据而导致绩效考核流于形式。另外，专业序列岗位的定性指标“难量化”，在具体实践中，使得定性指标考核缺乏依据，导致考核达不到预期效果。随着绩效管理的发展，银行越来越意识到战略管理的重要性，并将绩效管理与战略规划相结合，促进银行战略规划的实现。

基于上述原因，对于专业序列岗位，应采取以价值为导向的绩效管理体系，将绩效管理与战略目标紧密结合，并综合考虑 KPI、KOI 和 KBI 指标，注重员工绩效考核结果与工作过程和行为之间的平衡，实现资源与运营保障的配置与协调。

二、绩效工资构成

专业序列岗位绩效工资主要包括月度绩效工资和年度绩效工资两部分。

1. 月度绩效工资

月度绩效工资与全行总体业绩完成情况和个人营销业绩完成情况相关，目的是促使员工关注并支撑全行业绩目标的实现，并鼓励贯彻全员营销的考核理念。

月度考核绩效工资=全行网点人均绩效工资×岗位系数+个人营销绩效工资

2. 年度绩效工资

年度绩效工资部分的考核主要采取 3K 考核模式，目的是对接银行战略目标，兼顾 KPI、KOI 和 KBI 指标的平衡。另外，为了加强专业序列岗位员工的凝聚力和集体荣誉感，专业序列岗位考核结果应与部室考核结果挂钩。

年度绩效工资=年度考核绩效基准工资×岗位系数×（部室年度考核得分×50%+个人年度考核得分×50%）/100

三、考核方案设计

专业序列岗位考核由工作能力考核、岗位工作目标考核、员工行为规范考核三部分组成，如图 5-8 所示。

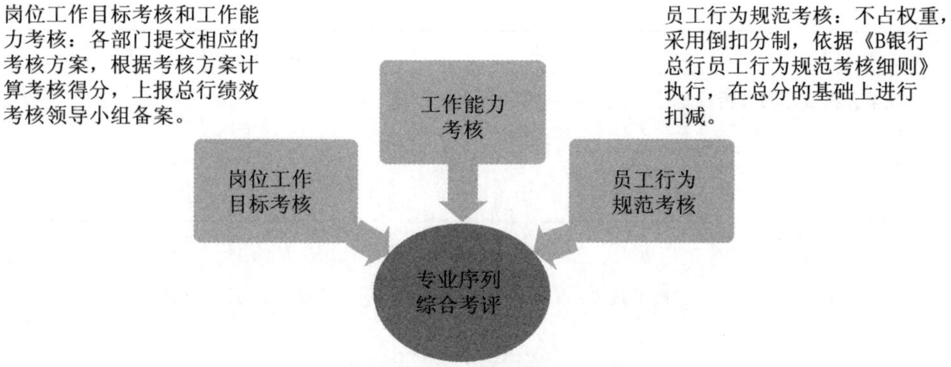

图 5-8　专业序列岗位考核

专业序列岗位综合考核得分=岗位工作目标考核得分×50%+工作能力考核得分×50%-员工行为规范考核扣分

考核得分确定后，部门统一对所有员工的得分由高到低进行排序，然后按照强制分布的比例要求评定相应的等级，员工评定等级由高至低分为 A、B、C、D 四个等级，并对应不同的个人绩效分配系数：

专业序列岗位绩效工资=员工目标薪酬中浮动工资部分×部门的战略贡献系数×部门绩效分配系数×个人绩效分配系数±调整金额；

其中，评为 A 等或 D 等员工，需填写关键事件表，见表 5-9。

表 5-9　专业序列岗位关键事件表

部　门	姓　名	职　位	时　间
被考核人			
直接上级			
负责谈话人			
事件类别	□A 级：填写高绩效事件	□D 级：填写低绩效事件	
本考核期高绩效事件或低绩效事件： 1. 2. 3.			

续表

部 门	姓 名	职 位	时 间
成果分析或原因分析： 1. 2. 3.			
直接上级：	被考核人：		年 月 日

四、考核结果应用

绩效管理体系是绩效考核方案制定、执行、结果、反馈的 PDCA 循环过程，汇总绩效考核结果得分并不是考核的最终目的，而是绩效考核结果应用并开始下一考核管理循环工作的依据。因此，绩效考核结果的应用价值主要体现在以下两个方面：

第一，作为激励员工的依据：短期激励——绩效工资分配的依据；中期激励——岗位调整变动、评优评先的依据；长期激励——员工职业规划、员工职务变动的依据。

第二，作为下一阶段的绩效考核管理工作的依据。

五、专业序列岗位考核

案例 6

某城商行专业序列岗位绩效工资=部门员工基准绩效工资×60%×部门综合考评得分/100+部门员工基准绩效工资×30%×个人综合考评得分/100+全员产品营销计价。

1. 部门综合考评

为了加强专业序列岗位员工的团队凝聚力，特将专业序列岗位考核与所属部门综合考评指标得分挂钩，以体现团队考核理念。职能部门考核实行百分制考核，主要包括四部分：关键业绩指标(包含全行经营目标考核)、关键工作任务、360度考核、其他加减分项。

(1) 关键绩效指标考核（KPI）。关键绩效指标考核主要考核部门承担或者关系全行重点业务经营指标的完成情况，指标权重设置应与综合考评提升的重要程度相匹配。

(2) 关键任务指标考核（KOI）。关键任务指标考核主要包括职责履行、指导服务、内部管理和对外协调等方面的职能发挥程度，由行领导根据岗位关键任务完成情况进行打分评价。

职责履行：工作任务目标完成的质量和效果；日常工作安排和工作思路的及时性、有效性；在解决疑难问题和突发情况的过程中，所提出的意见和建议的针对性、建设性和有效性；岗位直接营销的工作成效。

指导服务：对本专业工作的指导和监督情况；对全系统和地方相关部门涉及本条线的有关情况、数据、信息、资料的掌握、了解和熟悉程度。

内部管理：部门管理水平和组织领导能力的发挥程度；员工的组织纪律性、责任性及精神风貌；贯彻落实各项金融法规政策和行业规章制度、执行民主集中制和廉洁自律情况。

对外协调：与各管辖行、部门之间的团结协作情况；处理与上级单位的关系情况；处理与地方相关部门及客户的关系情况。

(3) 360度考核。360度考核由高级管理者、总行其他职能部门负责人、管辖行行长、本部门下属评分组成。主要考评内容如下：

①高级管理层（上级）评分维度：工作态度、工作能力、管理创新、执行力、工作效果。②总行其他职能部门负责人（职能平级）评分维度：工作态度、工作协作与配合、沟通能力、团队建设、业务支持。③管辖行行长（业务平级）评分维度：工作指导、业务支持、沟通能力、工作作风、检查走访。④本部门下属（下属）评分维度：部属培育、工作指导、团队建设、表率性、工作能力。

(4) 其他加、减分项。加分项目主要包括业务创新、宣传报道、表彰奖励等项目；扣分项主要包括通报批评、工作失职、警告处分、工作作风等项目。

加分项由部门根据实际情况提交加分内容证明，由绩效考核办公室认定；

扣分项由对应部室提交至绩效考核办公室，经认定后进行相应扣分。

2. 个人综合考评

个人综合考评包括个人工作质量、工作效率、工作数量、工作态度、协调沟通、学习成长等内容，得分由部门总经理结合个人当季工作表现情况，按季进行考核评分，并进行强制分布。

3. 全员产品营销计价

为倡导全员营销考核理念，调动全体行员的工作积极性，对专业序列岗位引入全员产品营销考核，并设置相应产品计价标准，发挥多劳多得的考核导向激励作用。

案例 7

某农商行专业序列岗位考核采用 3K 考核体系，以价值为导向，与银行战略目标紧密结合，考核指标体系包括 KPI、KOI 和 KBI 三个方面，主要设计思路如图 5-9 所示。

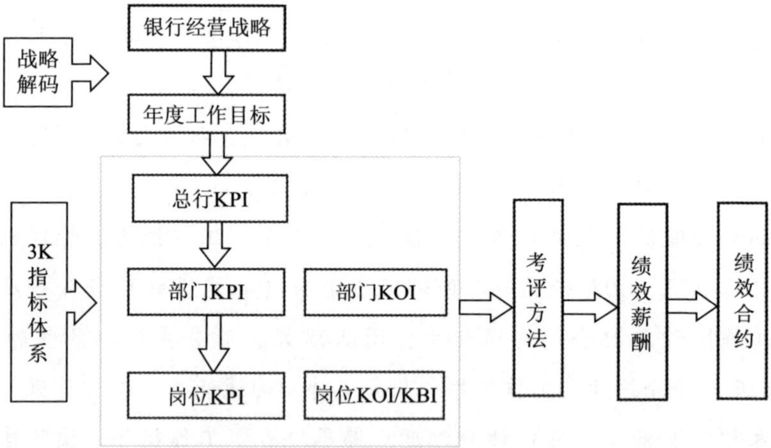

图 5-9 某银行岗位设计思路

1. 关键绩效指标（KPI）

关键绩效指标主要来源于银行经营战略和年度工作目标的层层分解，体现绩效考核指标对银行战略目标的支撑作用。

通过战略解码，分解形成银行整体的绩效考核指标库，并在分解后的绩效考核指标库中，根据岗位工作职责等内容，选取合适的关键业绩指标。在选取过程中，要保证指标库中的考核指标都能落到具体的岗位上，避免遗漏或重复。

2. 关键任务指标（KOI）

关键任务指标实行百分制考核，包括月度重点工作和交办督办工作，从工作质量和完成时效两方面进行。

（1）工作质量：根据单个关键工作的完成情况实行扣分制，考核取数须来源于流程银行系统，系统内设置“通过”“需完善”“驳回”三种，通过的系统默认满分，部门负责人驳回一次对员工进行扣分，分管行长或交办领导驳回一次对部门负责人进行扣分，驳回一次扣10分。

（2）完成时效：按照单个关键工作是否延期完成，分延期和未延期，实行扣分制，延期扣10分。

3. 关键行为指标（KBI）

关键行为指标是岗位工作中不可量化的内容，由部门负责人对部门员工进行评价，考核指标分为以下四个维度：

（1）岗职履行（40%）。在规定时间之内完成本职工作任务及交办事项，且完成数量、质量等明显超出标准；月度完成的工作任务量明显超出部门平均工作任务量（卓越—100分）；规定时间内完成本职工作任务及交办事项，且完成数量、质量符合要求（优—90分）；基本达到规定的时间、数量、质量等工作标准（良—80分）；本职工作基本达标，偶有差错或失误，有时在时间、数量、质量等方面达不到标准（中—70分）。

（2）服务效能（30%）。能够较好地帮助基层解决实际问题或咨询事项，并做好后续跟踪督办服务，执行首问负责制和限时办结制度，且完成结果得到基层满意反馈；服务基层意识较强，能深入基层，了解基层所需，并将相关建议或意见反馈给总行（卓越—100分）；执行首问首办和限时办结制度，服务基层工作得到满意反馈，无投诉事项（优—90分）；能及时地完成条线相关工作，工作成绩获得基层基本满意，未发生投诉事件（良—80分）；对基层提出的建议或意见视而不见，不能在规定时间内办结相关事项或存在拖拉现象（中—70 分）。

（3）协调运转（20%）。能够与同事分享工作经验或方法，促进共同成长，支持同事及协作部门的工作，保持良好合作关系，参与和支持团队工作，推进团队目标的达成，能够较好地协调好内、外部关系，促进工作开展（卓越—100 分）；能够较好地配合牵头部门或外部检查等工作，保持较好、顺畅地沟通协作，促进合作事项的完成（优—90 分）；能在规定时间内配合完成牵头部门或外部检查、汇报。

（4）清廉从业（10%）。能够加强自身或定期组织部门员工学习法律法规、规章制度，掌握并严格执行廉洁自律、“八项规定”等有关规定，工作效率高、质量优、作风认真务实；规范财务支出，严控接待标准，不铺张浪费；严格执行本行“六条禁令”，不利用职务之便谋取不正当利益；积极维护本行形象和声誉（卓越—100 分）；严格执行本行“八项规定”“六条禁令”，规范财务支出，不利用职务之便谋取不正当利益（优—90 分）；工作质量一般，作风不严谨，可能存在财务支出不规范，超权限履职；存在违反本行“八项规定”“六条禁令”相关条款中的一项（良—60 分）；存在违反本行“八项规定”“六条禁令”现象（中—0 分）。

案例 8

某城商行委派会计主管的考核分为日常考核、年度考核和聘期届满考核三部分。日常考核、年度考核由总行结算管理部（分行结算运营部）组织完成，聘期届满考核由总（分）行人力资源部组织进行。

1. 日常考核

日常考核以会计内控、会计基础管理、会计检查、业务培训、柜面营销及服务考核为基础，以会计管理创新、堵截案件、抵制违规行为、合理化建议和获得表彰、奖励情况作为加分项，以会计部位发生事故案件作为减分项，进行综合考评。

（1）会计内控考核。会计内控考核包括制度执行情况、岗位设置及岗位责任制建立情况、日常履行监督授权职责情况、业务差错情况四项指标。

（2）会计基础管理考核。会计基础管理考核包括业务量、对账情况、业务技能考核情况、现金备付率执行情况、工作报告情况五项指标。

(3) 会计检查考核。会计检查考核包括内外部检查情况、业务自查情况及责任人处罚落实情况三项指标。

(4) 业务培训考核。业务培训考核主要内容为组织受派行员工培训情况，包括培训内容是否全面、培训频率是否合理及培训的效果。

(5) 柜面营销及服务考核。柜面营销及客户服务考核主要包括电子回单柜、支付密码器推广应用以及受派行柜面服务水平等。

(6) 加分奖励的项目。会计管理创新：包括会计管理方法创新、业务自查方法创新、服务方式创新、业务产品创新等。堵截案件：主要指由委派会计主管发挥主导作用或在委派会计领导下由所属员工成功堵截的风险案件。抵制违规行为：主要指委派会计主管严格执行制度规定，对领导、柜员的违规授意或违规行为进行坚决抵制，起到防范风险作用的行为。合理化建议：对业务管理过程中发现的问题及对业务发展、风险防控方面通过书面形式提出合理化建议，并被总行采纳的。获得表彰、奖励情况：委派会计主管本人及所属员工获得的内外部奖励情况，根据奖励大小给予适当加分。

2. 年度考核

年度考核按照“总（分）行考核为主，受派行评价为辅”的原则进行考核评分，即总（分）行考核权重占80%，受派行评价占20%。年度考核总行考核部分直接采取日常考核汇总平均计算；受派行考核分别由受派行领导及会计人员进行评分，并按相应权重得出评价结果。

受派行评价包括职业道德、工作作风、管理能力和廉洁自律四个方面。

(1) 职业道德。包括委派会计主管的敬业精神、团队协作精神、政治思想品质、奉献精神、遵守规章制度的自觉性、自觉抵制违规事项的原则性等。

(2) 工作作风。包括委派会计主管的工作积极性和主动性、遵守劳动纪律情况、发挥模范带头作用等。

(3) 管理能力。包括委派会计主管的专业知识和业务能力、分析判断能力、开拓创新能力、灵活应变能力、沟通协调能力、组织领导能力、文字表达能力等。

(4) 廉洁自律。包括委派会计主管廉洁奉公、严己宽人、关心员工、吃苦在前、享受在后的精神风貌等。

3. 聘期届满考核

聘期届满考核由人力资源部根据委派会计主管的日常考核和年度考核结果进行综合评估。

第四节　银行营销序列岗位考核

商业银行营销序列是指直接接触客户并进行信贷银行产品和服务的专职人员。营销序列包括客户经理、资金交易岗、社区经理三大类。目前，针对客户经理的考核主要是与机构考核挂钩，实行两级分配模式。首先，由总行根据分支机构的经营状况进行考核并兑现绩效包；其次，由分支机构对客户经理进行考核并分配。两级分配模式由于受到机构经营状况和分支机构负责人的主观影响，客户经理同绩不同酬的现象频频发生。当然，也有一部分银行对存贷款业绩进行垂直考核以作补充。但受限于数据统计问题，其量化程度非常有限，无法准确地衡量客户经理的真实贡献。因此，提升客户经理的绩效管理效率，建立公平、公开以及公正的绩效考核体系势在必行。

一、客户经理考核体系设计

目前，为了推动以市场为导向、以客户为中心的金融业务改革，大多数商业银行都进行了客户经理专职营销队伍的建设。常见的客户经理类型包括对公客户经理、零售客户经理、小微客户经理三类。考虑到三类专职客户经理的考核体系大同小异，故一并说明。

（一）考核设计理念

为解决目前客户经理考核同绩不同酬、激励性不强、数据统计困难等问题，经过对各家银行绩效考核情况进行梳理和提炼，总结出行之有效的四大考核设计理念（见图 5-10)：第一，考核到人；第二，产品营销计价；第三，总行垂直考核与支行二次分配；第四，“T+1”考核。

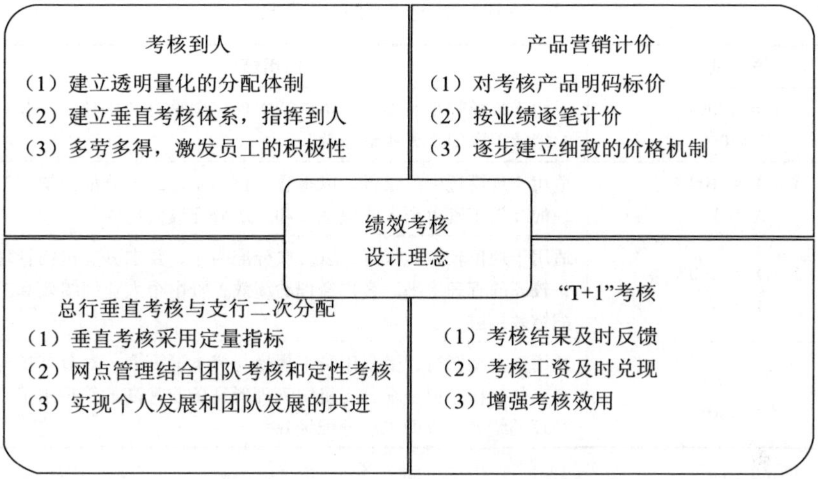

图 5-10　客户经理考核设计理念

（二）绩效工资构成

1. 基本薪酬

基本薪酬是指向员工按月支付的稳定性报酬。确定对公客户经理基本薪酬水平的方式：按所在地区最低工资标准确定，并根据实际情况调整。

2. 职级薪酬

职级薪酬是指根据职务和级别向员工支付的稳定性报酬。确定对公客户经理基本薪酬水平的方式：按员工职级管理相关规定确定，一般每年评定一次职级。

3. 其他薪酬

其他薪酬包括银行为员工提供的各类福利（包括法定节假日福利、补贴福利、年休假待遇、住房公积金、基本医疗和基本养老保险、补充医疗保险等）、奖励（包括参加比赛、评为先进等计发薪酬）、加班工资、远期激励薪酬（包括年金、管理人员风险基金）等。

4. 绩效薪酬

目前，不同银行客户经理的绩效工资构成各不相同，从绩效考核主体出发，可以将客户经理的绩效构成分为总行垂直考核（X）与支行二次分配（Y）两大部分绩效，具体见表 5-10。

表 5-10　X 与 Y 的适用情况

方　式	适用情况
$X = 100\%$ $Y = 0\%$	适用于规模较小的银行，由总行实现完全垂直考核到人，客户经理的绩效工资即个人业绩绩效
$X + Y = 100\%$ $X > Y$	适用于规模适中的银行，以垂直考核为主，二次分配为辅。客户经理的绩效工资由个人业绩绩效和二次分配绩效构成
$X + Y = 100\%$ $Y > X$	适用于规模较大的银行，以二次分配为主，要求分支机构管理者具备较高的管理水平。客户经理的绩效工资由个人业绩绩效和二次分配绩效构成
$X = 0\%$ $Y = 100\%$	适用于大型银行，受限于员工规模与成本等因素，对分支机构管理者充分授权，但要求分支机构管理者具备非常高的管理水平。客户经理的绩效工资即二次分配绩效

（三）考核方案设计

由于国内商业银行所处的发展阶段各不相同，其发展战略的侧重点也会有所差异，体现在绩效考核上则表现为考核导向的不同。目前，国内商业银行的考核导向主要有以规模为主的考核、以规模+利润为主的考核、以利润为主的考核三种。其中，农商行与农信社主要以规模考核为主，也有部分农商行已经过渡到规模+利润的考核，城商行与商业银行则以利润考核居多。银行的类型考核导向不同，需要配置的考核方案也不同。客户经理的具体考核方案见表 5-11。

表 5-11　客户经理考核方案示例

考核导向	方案描述	考核周期
以规模为主	**考核方案一：个人业绩绩效** 个人业绩绩效=存款绩效+贷款绩效+贷款质量绩效+电子银行及中间业务绩效 **考核方案二：个人业绩绩效+二次分配绩效** 个人业绩绩效=存款绩效+贷款绩效+贷款质量绩效+电子银行及中间业务绩效 二次分配绩效由分支机构负责人根据客户经理的业绩及履职情况进行分配 **考核方案三：二次分配绩效** 二次分配绩效由分支机构负责人根据客户经理的业绩及履职情况进行分配	按月考核

续表

考核导向	方案描述	考核周期
规模+利润	**考核方案一：个人业绩绩效** 个人业绩绩效=存款绩效+贷款绩效+贷款质量绩效+电子银行及中间业务绩效+FTP 利润绩效 **考核方案二：个人业绩绩效+二次分配绩效** 个人业绩绩效=存款绩效+贷款绩效+贷款质量绩效+电子银行及中间业务绩效+FTP 利润绩效 二次分配绩效由分支机构负责人根据客户经理的业绩及履职情况进行分配 **考核方案三：二次分配绩效** 二次分配绩效由分支机构负责人根据客户经理的业绩及履职情况进行分配	按月考核
以利润为主	**考核方案一：个人业绩绩效** 个人业绩绩效=FTP 利润绩效+贷款质量绩效+电子银行及中间业务绩效 **考核方案二：个人业绩绩效+二次分配绩效** 个人业绩绩效=FTP 利润绩效+贷款质量绩效+电子银行及中间业务绩效 二次分配绩效由分支机构负责人根据客户经理的业绩及履职情况进行分配 **考核方案三：二次分配绩效** 二次分配绩效由分支机构负责人根据客户经理的业绩及履职情况进行分配	按月考核

（四）考核结果应用

由前文可知，绩效管理体系是绩效考核方案制定、执行、结果、反馈的PDCA 循环过程，汇总绩效考核结果得分并不是考核的最终目的，而是绩效考核结果应用并开始下一考核管理循环工作的依据。因此，绩效考核结果的应用价值也主要体现在以下两个方面：

第一，作为激励客户经理的依据：短期激励——绩效工资分配的依据；中期激励——客户经理等级评定、岗位调整变动、评优评先的依据；长期激励——职业规划、职务变动的依据。

第二，作为下一阶段的绩效考核管理工作的依据。

案例 9

农商行 A 是在原农村信用合作社及辖内多家信用社的基础上，经产权制度改革而成立的一家地方性金融机构。现全辖员工 1500 多人，内设 17 个职能部室，辖内 200 个营业网点。截至 2017 年底，资产总额达 1000 亿元，各项存款达 800 亿元，各项贷款余额 480 亿元，存贷比例为 60%，各项收入实现 40 亿元。为了进一步提高以客户为中心的营销服务能力，农商行 A 开始对客户经理进行专职化团队建设，并设置相应的考核模式。由于所在地区的经济发展较快，目前农商行 A 的主要考核导向仍以规模为主，具体可见表 5-12。

表 5-12 农商行 A 小微客户经理绩效考核

绩效考核				
绩效构成分类		考核模式	绩效算法	考核及兑现周期
个人业绩绩效	存款绩效	计价制	存款绩效=存款存量维护金额×存量维护单价+存款新增金额×新增单价-存款下降扣罚金额×下降扣罚单价	按月考核 按月兑现
	贷款绩效	计价制	贷款绩效= $\sum$（每笔小微贷款实收利息金额（万元）×该笔贷款对应金额区间计酬单价）+考核期末小微信贷管户数×计酬单价+非小微贷款转介绍绩效	按月考核 按月兑现
	贷款质量绩效	计价制	贷款质量绩效= $\sum$（各类新增不良贷款余额×扣罚单价）+贷款绩效×风险保证金计提比例	按月考核 按月兑现
	电子银行及中间业务绩效	计价制	电子银行及中间业务绩效=电子银行产品营销×奖励单价+中间业务收入×奖励单价	按月考核 按月兑现
二次分配绩效		百分制	$\sum$（小微客户经理供支行二次考核绩效工资基准值÷12×该支行或团队下属小微客户经理人数）×当月该支行或团队 KPI 考核总得分÷100	按月考核 按月兑现

案例 10

城商行 B 是在原城市信用合作社及辖内多家信用社的基础上，经产权制度改革而成立的一家地方性金融机构。现全辖员工 1.4 万人，辖内 541 个营业网点与 17 家分行。截至 2017 年底，资产总额达 20000 亿元，各项存款达 10000 亿元，各项贷款余额 8000 亿元，存贷比例为 80%，归母净利润 200 亿元。2017 年末，城商行 B 提出，考核要为经营服务，绩效考核要全面贯彻“大公司业务上收、零售及小微业务下沉”的战略决策思路，在绩效考核前，应做好客户经理队伍分设、存量业务认领、存量分户及移交等工作，其考核导向也从以规模考核为主向“规模+利润”考核过渡。以零售客户经理考核为例，具体如下：

考核周期：零售客户经理实行月度考核与季度考核相结合的方式，总行垂直计价考核部分实行按月考核、按月兑现；二次考核与行为、履职考核实行按季考核、按季兑现。总行垂直计价考核指标见表 5-13。

表 5-13　城商行 B 总行垂直计价考核指标

指标类型	考核指标	计算规则
储蓄存款	个人活期	存量绩效+增量绩效
	个人定期	
	保证金存款	
	个人客户向上晋升	管户客户向上晋升奖励
贷款	个人贷款投放	依据贷款品种、利息上浮、期限调节
	个人贷款管户	依据存增量客户等设置调节系数
	FTP 利润	贷款 FTP 利润比例分成
	不良贷款扣罚	
个人中间业务		买单制（信用卡、个人电子银行业务新增有效户数、理财、贵金属、POS）
个人客户	个人有效客户数新增	日均存款 5 万元以上
对公中间业务		买单制（企业网银、公积金归集）
贷款业务	对公贷款	一次性业务转介费

案例 11

股份制银行 C 是 C（集团）股份有限公司控股的一家跨区域经营的股份制商业银行。现全辖员工 3 万人，辖 34 家分行。截至 2017 年底，资产总额达

25000 亿元，各项存款达 12000 亿元，各项贷款余额 10000 亿元，存贷比例为 84%，归母净利润 500 亿元。2017 年末，股份制银行 C 提出私人银行战略，其考核导向以利润考核为主，以对公客户经理为例，具体如下：

对公客户经理考核实行按月考核、按月兑现，具体指标体系包括条线业绩指标和交叉销售指标（见表 5-14）。

表 5-14　股份制银行 C 对公客户经理考核指标

<table>
<tr><th>类　型</th><th>指标类型</th><th>考核指标</th><th>计算规则</th></tr>
<tr><td rowspan="5">条线业绩指标</td><td rowspan="3">对公存款</td><td>一般对公存款</td><td rowspan="3">存款 FTP 利润×客户综合评定系数×奖励单价</td></tr>
<tr><td>保证金存款</td></tr>
<tr><td>财政性存款</td></tr>
<tr><td>对公贷款</td><td>贷款模拟利润</td><td></td></tr>
<tr><td colspan="2">公司条线中间业务</td><td>买单制（企业网银、公积金归集、国际业务、银承、保函等）</td></tr>
<tr><td rowspan="4">交叉销售指标转介绍</td><td colspan="2">储蓄存款</td><td>存量绩效+增量绩效</td></tr>
<tr><td colspan="2">零售条线中间业务</td><td>买单制（个人电子银行业务新增有效户数、信用卡、贵金属投资等）</td></tr>
<tr><td rowspan="2">贷款业务</td><td>个人贷款</td><td rowspan="2">一次性业务转介费</td></tr>
<tr><td>非大客户类对公贷款</td></tr>
</table>

二、资金交易岗考核体系设计

为了更好地适应外部市场环境，优化部室内部管理，满足部室人员的深层次需求和体现银行绩效考核体系的完整性要求，要求从之前的部门定性打分的状态发展到对一线员工进行精细化考核。

（一）考核设计理念

一般员工作为部门的一员，其考核体系设计要考虑两方面：个人与部门绩效目标的一致性、个人与部门利益的平衡。

（二）绩效工资构成

绩效薪酬一般会在实现约定基数基础上，在年底根据业绩考核发放。

绩效年薪=基数×考核得分（考核系数）×岗位系数

（三）考核方案设计

考核方案设计见表 5-15。

表 5-15　资金交易岗考核方案设计

考核方案	方案描述	考核周期
3K 考核	考核得分 = 关键绩效指标（KPI）× X %+关键任务指标（KOI）× Y %+关键行为指标（KBI）× Z %	按月考核
平衡计分卡	1. 绩效考核得分=财务维度指标得分×权重+其他维度指标得分×（1-权重） 2. 其他维度指标得分=客户维度指标得分× X% + 流程及运营维度指标得分 × Y% + 学习与创新维度指标得分 × Z %	按月考核

（四）考核结果应用

由前文可知，绩效管理体系是绩效考核方案制定、执行、结果、反馈的 PDCA 循环过程，总绩效考核结果得分并不是考核的最终目的，而是绩效考核结果应用并开始下一考核管理循环工作的依据。因此，绩效考核结果的应用价值主要体现在以下两个方面：

第一，作为激励员工的依据：短期激励——绩效工资分配的依据；中期激励——岗位调整变动、评优评先的依据；长期激励——员工职业规划、员工职务变动的依据。

第二，作为下一阶段的绩效考核管理工作的依据。

案例 12

某城商行公司金融部资金交易岗考核，采取的是 3K 考核模式，即 KPI、KOI、KBI，其中，KPI 采取以效益为主，辅以资金数量、交易质量以及风控、合规（表 5-16）。

表 5-16　某城商行资金交易岗考核 3K 模式

被考核单位：XX 部					被考核单位负责人		考核期间
KPI 考核：按季度考核（X%）	考核维度	考核导向	权重	指标	指标权重	口径	评价方式
	效益	效益	%	经济利润	%	全年 EVA 目标______万元	计划完成率
				成本收入比	%	全年成本收入比在____%以内	计划完成率
	数量	规模扩张	%	对公存款日均新增	%	全年日均新增____亿元	计划完成率
				储蓄存款日均新增	%	全年日均新增____亿元	计划完成率
		客户拓展	%	公司贷款日均新增	%	日均新增____亿元	计划完成率
				新增对公有效客户	%	新增有效客户__户	计划完成率
	质量	结构优化	%	新产品开发数量	扣分项	至少完成____项新产品研发，每少完成一个扣____分	计划完成率
				对公中间业务收入	%	全年目标____万元。实际中间业务收入/中间业务收入目标	计划完成率
		风险管控	%	不良贷款率	%	不良贷款率小于____%	计划完成率
	合规	合规风险	%	合规风险管理	%	参照相关考核办法，由合规管理部考核	综合评价
	管理	业务管理	%	公司业务预算执行率	扣分项	期末预算执行率达［_%，_%］之间不扣分，低于_%扣_分，高于_%的，每超_个百分点扣_分，最多扣_分	计划完成率
		管理提升	加分项	团队建设	加分项	参照相关考核办法，由人力资源部年末提供考核结果，加分上限为5分	综合评价
	小计				100%		

续表

<table>
<tr><th colspan="5">被考核单位：XX 部</th><th colspan="2">被考核单位负责人：</th><th>考核期间：</th></tr>
<tr><td rowspan="2">KOI 考核（Y%）</td><td>任务</td><td>部门关键工作任务</td><td>%</td><td>部门关键工作任务完成率</td><td>%</td><td>董事长（%）、行长（%）、分管行领导（%）对部门关键工作任务评分</td><td>上级评分</td></tr>
<tr><td colspan="4">小计</td><td>100%</td><td></td><td></td></tr>
<tr><td rowspan="5">KBI 考核（360 度评价）（Z%）</td><td colspan="4">工作态度、工作能力、管理创新、执行力、工作效果</td><td>30%</td><td>由高级管理层（上级）评分</td><td></td></tr>
<tr><td colspan="4">工作态度、工作协作与配合、沟通能力、团队建设、业务支持</td><td>30%</td><td>由总行其他职能部门负责人（职能平级）评分</td><td></td></tr>
<tr><td colspan="4">工作指导、业务支持、沟通能力、工作作风、检查走访</td><td>20%</td><td>由一级支行行长（业务平级）评分</td><td></td></tr>
<tr><td colspan="4">部属培育、工作指导、团队建设、表率性、工作能力</td><td>20%</td><td>由本部门下属（下属）评分</td><td></td></tr>
<tr><td colspan="4">小计</td><td>100%</td><td></td><td></td></tr>
</table>

第五节　银行操作类岗位考核

操作序列包括综合柜员及其他内勤人员岗位。其中，综合柜员包括前台柜员和后台柜员，本书统称为综合柜员。

一、银行综合柜员考核思路

目前，国内银行对综合柜员的考核主要是与机构考核挂钩，实行两级分配模式。首先，由总行根据分支机构的经营状况进行考核并兑现绩效包；其次，由分支机构对综合柜员进行考核并分配。这种两级分配的模式会受到机构经营状况和分支机构负责人的主观影响，因此，综合柜员同绩不同酬的现象频频发生。当然，也有一部分银行通过业务量这一计件制对综合柜员进行补充考核，通过把综合柜员的日常工作折算成标准业务量，并对标准业务量进行统一定价，来衡量综合柜员的劳动付出程度，但由于其量化程度非常有限，所以无法准确衡量综合柜员的真实贡献度。

现有的综合柜员绩效考核体系往往存在以下几个问题：一是难以有效评

价柜员各项日常工作的价值贡献，导致员工积极性不高；二是未考虑地区差异等因素；三是业绩考核指标偏重个人的短期业绩绩效，忽视个人长远发展绩效，绩效考核体系不完善；四是只能考核增量指标，无法考核存量指标；五是缺乏完善的业绩管理系统，无法将业绩核算到个人；六是无法支持业绩的转移；七是不能及时看到考核结果，激励缺乏时效性；八是同绩不同酬现象普遍存在，员工积极性受到影响；九是薪酬激励形式单一，以短期激励为主，长期激励不足等。

显而易见，随着银行业竞争的加剧，现有的综合柜员绩效考核体系存在的弊端不断暴露，使得综合柜员的工作积极性不高，严重影响了营业网点经营效率的提高，从而进一步降低了银行的核心竞争力。因此，建立一套更加合理的、适应新形势的综合柜员绩效管理体系就显得尤为重要和紧迫。

基于以上原因，在建立新的综合柜员绩效管理体系时，要秉持多劳多得、按绩取酬的原则，在以规模考核为主，既关注存量维护，也注重增量发展的前提下，采取定量+定性、垂直考核+二次分配的考核体系。同时，针对员工的不同需要，采用多样化的激励方式。

二、前台柜员岗考核体系设计

（一）前台柜员考核设计理念

前台柜员的考核设计既要体现柜面服务的质量，又要体现对所在网点各项工作的支持和配合，还要能从全员营销的角度体现鼓励柜员开展销售的激励导向。

（二）前台柜员的薪酬结构

1. 基本薪酬

基本薪酬为按月发放的固定收入。前台柜员的基本薪酬水平根据所在地区最低工资标准确定，并根据实际情况进行调整。

2. 职级薪酬

职级薪酬为按月发放的固定收入。前台柜员的职级薪酬水平根据员工职级管理相关规定确定，一般半年或者一年评定一次职级。

3. 其他薪酬

其他薪酬包括银行为员工提供的各类福利（包括法定节假日福利、补贴福利、年休假待遇、住房公积金、基本医疗和基本养老保险、补充医疗保险等）、奖励（包括参加比赛、评为先进等计发薪酬）、加班工资、远期激励薪酬（包括年金、管理人员风险基金）等。

4. 绩效薪酬

绩效薪酬包括总行垂直考核（X）与支行二次分配（Y）两大部分绩效，具体见表 5-17。

表 5-17 X 与 Y 的适用情况

方 式	适用情况
X = 100%，Y = 0%	适用于规模较小的银行，由总行实现完全垂直考核到人
X 占比大，Y 占比小	适用于规模适中的银行，以垂直考核为主，二次分配为辅
X 占比小，Y 占比大	适用于规模较大的银行，以二次分配为主，要求中层管理者具备较高的管理水平等因素
X = 0%，Y = 100%	适用于大型银行，受限于员工规模与成本等因素，对中层管理者充分授权，但要求中层管理者具备非常高的管理水平

（三）前台柜员考核方案设计

前台柜员岗位考核由岗位履职绩效、个人业绩绩效和二次分配绩效三部分组成，如图 5-11 所示。

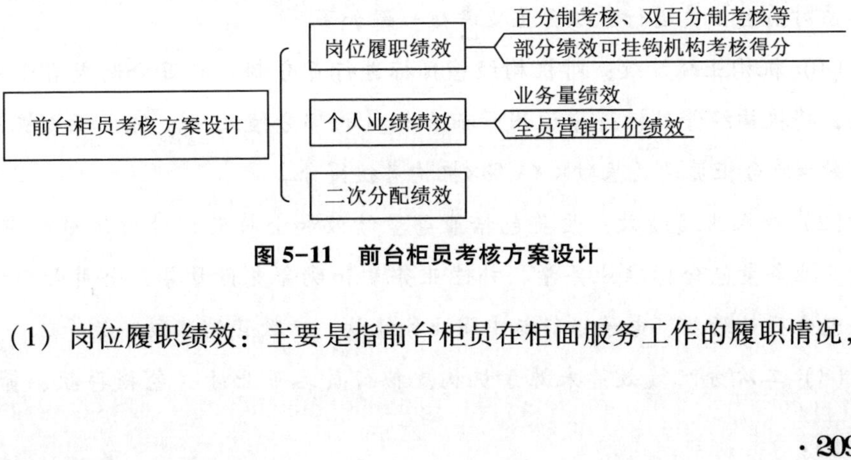

图 5-11 前台柜员考核方案设计

（1）岗位履职绩效：主要是指前台柜员在柜面服务工作的履职情况，包括对合规风险工作、柜面服务质量和学习成长情况等方面，采取百分制或双百分制方式对前台柜员进行考核。

（2）个人业绩绩效：主要包括业务量绩效和全员营销计价绩效两部分。其中，业务量包括标准业务量、补偿业务量和现金支付量等；全员营销计价绩效包括存款绩效、电子银行与中间业务绩效、贷款营销奖励绩效等。

（3）二次分配绩效：来源于机构虚拟行员名下业绩（包括存款、贷款、业务量、电子银行及中间业务）计价薪酬，由总行考核到各支行，各支行根据员工的贡献度进行二次分配。

（四）考核结果应用

绩效管理体系是绩效考核方案制定、执行、结果、反馈的 PDCA 循环过程，汇总绩效考核结果得分并不是考核的最终目的，而是绩效考核结果应用并开始下一考核管理循环工作的依据。因此，绩效考核结果的应用价值主要体现在以下两个方面：

第一，作为激励员工的依据：短期激励——绩效工资分配的依据；中期激励——综合柜员星级评定、岗位调整变动、评优评先的依据；长期激励——员工职业规划、员工职务的变动依据。

第二，还可以作为下一阶段的绩效考核管理工作的依据。

案例 13

某农商行 M 操作序列岗位考核采取定量+定性、垂直考核+二次分配的考核体系对前台柜员进行考核，主要考核框架如下：

（1）机构业绩绩效：对机构经营目标进行百分制、双百分制或者千分制考核，将机构经营目标得分运用于前台柜员的部分绩效中。前台柜员机构业绩绩效=前台柜员绩效基数× *XX* %×机构考核得分。

（2）个人业绩绩效：主要包括业务量绩效和全员营销计价绩效两部分。其中，业务量包含标准业务量、补偿业务量和现金支付量等；全员营销计价绩效包含存款绩效、电子银行与中间业务绩效、贷款营销奖励绩效等。

（3）二次分配绩效：来源于机构虚拟行员名下业绩（包括存款、贷款、业务量、电子银行及中间业务）计价薪酬，由总行考核到各支行，各支行根据员工的贡献度进行二次分配。

绩效考核结果的应用价值主要体现在以下两个方面：第一，作为前台柜员职务的升降、绩效工资的分配、岗位调整变动、奖励惩戒及员工培养教育的依据；第二，作为下一阶段的绩效考核管理工作的依据。

案例 14

某农商行 N 操作序列岗位考核采取以定量+定性、垂直考核+二次分配的考核体系对前台柜员进行考核，主要考核框架为：

（1）机构效益薪酬。机构效益薪酬直接与机构经营情况挂钩。机构效益薪酬和机构得分挂钩，机构得分直接作用于效益薪酬。

机构效益薪酬＝个人效益薪酬基数×所在机构当季度匹配系数

特别地：

第一，全行采用统一的效益薪酬基数标准，即提出绩效薪酬标准值 XX % 作为各岗位的机构效益薪酬考核基数。

第二，所在机构当季匹配系数根据机构当季的业务经营综合考核得分确定。

（2）计价制薪酬。

第一，业务量计价薪酬。业务量由标准业务量和补偿业务量薪酬两部分组成。其中，标准业务量在乘以难易折算系数后进行计酬；补偿业务量由总行以各机构汇总的标准业务总量为标准，参照一定比例计发到各机构，以补偿员工实际工作量。

第二，全员产品营销计价薪酬。包括以下内容：FTP 利润计价薪酬、存款计价薪酬、贷款营销奖励、国际业务计价薪酬、电子银行计价薪酬、中间业务计价薪酬、不良清收奖励薪酬。

第三，机构二次分配绩效。机构二次分配分虚拟行员名下贷款业绩计价薪酬的分配和虚拟行员名下存款及其他业绩计价薪酬的分配。

二次分配依据各岗位的个人贡献度确定分配标准。

二次分配薪酬＝个人贡献度/∑所在机构内各岗位员工贡献度总和×所在

机构虚拟行员名下存款及中间业务计价薪酬包。

特别地：

一是个人贡献度=个人百分制考核得分×个人岗位系数；

二是个人百分制考核评分标准总行统一制定指导意见，各机构可结合指导意见，根据各自情况自行制定评分标准；

三是个人岗位系数以人力资源部当年年初所确定的各行员具体系数为准；

四是虚拟行员存款业绩下降扣罚。当支行虚拟行员存量存款业绩下降时，则分别对支行行长、副行长、会计主管等岗位进行扣罚。同时，按照个人扣罚系数分别扣减支行行长、支行副行长、会计主管、分理处负责人、客户经理、柜员和其他内勤类岗位的绩效薪酬。各岗位责任系数见表 5-18。

个人扣罚系数=个人责任系数/（$\sum$ 所在支行各岗位责任系数）

分摊到个人的扣罚金额=机构整体扣罚金额×个人扣罚系数。

表 5-18　各岗位责任系数

岗　位	个人责任系数
支行行长	××
支行副行长	××
会计主管、分理处负责人	××
柜员、客户经理	××
其他内勤人员	××

三、后台柜员岗考核体系设计

后台柜员是区别于前台柜员的岗位，不需要临柜，一般在后台负责复核、授权、对公验印等工作。

（一）考核设计理念

后台柜员考核设计理念如图 5-12 所示，主要考虑总行垂直考核及机构二次分配与产品营销计价两方面。

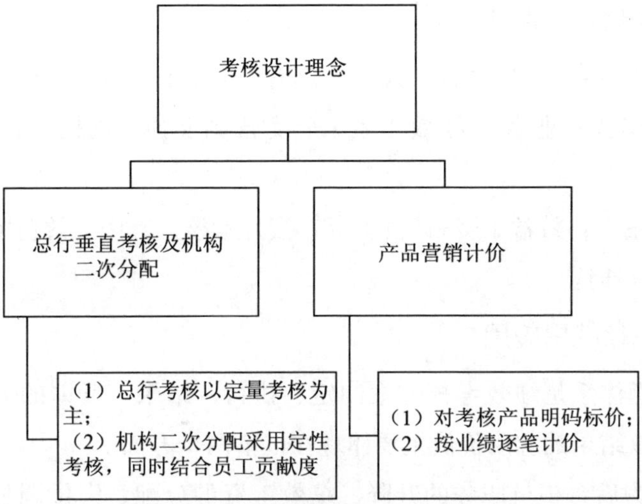

图 5-12　后台柜员考核设计理念

（二）薪酬构成

后台柜员绩效工资主要由固定部分与浮动部分组成。其中，固定部分主要由基本工资、岗位工资和其他工资构成；浮动部分主要是绩效薪酬。

1. 基本工资

基本工资为按月发放的固定收入。后台柜员的基本工资水平根据所在地区最低工资标准确定，并根据实际情况进行调整。

2. 岗位工资

岗位工资为按月发放的固定收入。后台柜员的岗位工资水平根据员工动态等级管理相关规定确定，一般半年或者一年评定一次等级。

3. 其他工资

其他工资包括银行为员工提供的各类福利（包括法定节假日福利、补贴福利、年休假待遇、住房公积金、基本医疗和基本养老保险、补充医疗保险等）、奖励（包括参加比赛、评为先进等计发薪酬）、加班工资、远期激励薪酬（包括年金、管理人员风险基金）等。

4. 绩效薪酬

绩效薪酬包括履职薪酬、全员营销计价薪酬、机构二次分配等。

（三）考核方案设计

（1）方案一：履职薪酬+个人产品营销计价薪酬，按月考核。

（2）方案二：业务量绩效工资+全员营销奖励+机构二次分配，按月考核。

（3）方案三：效益工资+计价工资，按月考核，其中，效益工资与机构及个人考核得分挂钩。

（四）考核结果应用

绩效管理体系是绩效考核方案制定、执行、结果、反馈的 PDCA 循环过程，绩效考核结果的应用价值主要体现在以下两个方面：

（1）作为后台柜员职务的升降、绩效工资的分配、岗位调整变动、奖励惩戒的依据。

（2）作为下一阶段的绩效考核管理工作的依据。

案例 15

某城商行操作序列岗位由效益工资与计价工资两大部分构成。

1. 效益工资（按月考核）

效益工资考核实行百分制考核形式。考核内容：机构经营业绩、个人的经营任务完成情况和本职工作完成情况。其中，效益工资基数为 X 元，岗位效益工资系数 Y。

2. 计价工资（按月发放）

后台柜员的计价制工资采用产品营销计价形式进行考核，即对个人名下的业绩进行计价并核算成绩效工资，具体考核指标见表 5-19。

表 5-19　某城商行后台柜员考核指标

考核项目	考核指标
存款	储蓄存款日均余额
	对公存款日均余额
	各项存款时点余额（总）
	储蓄活期存款余额

续表

考核项目	考核指标
存款	储蓄1年期及以下定期存款余额
	储蓄2年期及3年期定期存款余额
	储蓄5年期定期存款余额
	对公活期存款余额
	对公1年期及以下定期存款余额
	对公2年期及3年期定期存款余额
	对公5年期定期存款余额
业务量	公式：（所在信用社本部或网点的柜员平均柜面业务量×1.0×个人难度系数+个人补偿业务量）×业务量单价+ATM和自助柜员机业务量绩效工资 所在信用社本部或网点的柜员平均柜面业务量：5000笔 个人补偿业务量：100笔 ATM和自助柜员机业务量绩效：200元
中间业务	微信银行
	企业网银有效开户数
二次分配	信用社主任根据个人贡献程度分配：500元
虚拟行员存款业绩扣罚	虚拟行员扣罚总额：1000元 个人扣罚系数：0.07［个人扣罚系数=个人责任系数（1.0）÷$\sum$所在信用社各岗位责任系数］
不良贷款清收奖励	××元

第六章　银行业务考核

银行考核体系包括分支机构考核、职能部门考核和岗位考核。每一种考核都以业务考核为基础，业务考核构成了银行考核体系的第四大部分。本书第三章至第五章详细介绍了分支机构考核、职能部门考核和岗位考核。本章将在此基础上，结合大量的银行业务考核实践，重点介绍银行业务考核。

第一节　银行业务考核概述

实施银行业务考核要注意以下四方面：第一，要明确银行的业务范围；第二，要掌握银行业务考核的理论基础；第三，总结银行业务考核的发展历程和考核模式；第四，在总结大量的银行业务考核案例的基础上，提出银行业务考核的实施步骤。

一、商业银行业务

商业银行业务种类繁多，且呈现出多元化、综合化发展趋势。根据不同的标准，商业银行业务可分为不同的种类。按照业务复杂程度和对银行网点的依赖程度，可以分为传统业务和创新业务；按照业务规模和业务对象，可以分为批发业务和零售业务；按照服务对象的性质，可以分为对公业务和对私业务；按照业务记账单位的币种，可以分为本币业务和外币业务；按照业务空间范围，可以分为国内业务和国际业务；按照银行资产负债表的构成，可以分为负债业务、资产业务和中间业务。其中，按资产负债表划分业务种类的方法是研究银行业务最主要、最常用的一种方法。①

在经济全球化的推动下，金融全球化趋势愈加明显，国际业务在银行整体业务结构中的地位有持续走高态势。因此，本章在综合以上各种划分方式的基础上，将银行业务划分为负债业务、资产业务、中间业务和国际业务四大类型，并重点介绍这四类业务的考核。

（一）负债业务

负债业务是商业银行形成资金来源、开展资产业务和中间业务的重要基础。存款、派生存款、存单是银行的主要负债产品，占资金来源的80%以上。另外，联行存款、同业存款、借入或拆入款项或发行债券等也是银行负债产品的组成部分。

存款种类可以按不同的标准来划分：按存放主体，可划分为储蓄存款、单位存款、保证金存款、财政性存款、同业存款等；按存放时间，可划分为活期存款、定期存款、通知存款。

（二）资产业务

资产业务是指商业银行运用其资金而开展的业务，也就是商业银行将其吸收的资金放贷或投资出去以赚取收益的活动。商业银行的盈利状况和经营效益，很大程度上取决于资产业务的开展效果。资产业务包括贷款和投资两大类型。

贷款业务是指按一定利率和期限贷出货币资金的信用活动，是商业银行最重要、最核心的资产业务。按贷款担保方式，可分为信用贷款、保证贷款、抵押贷款、质押贷款。按贷款期限，可分为短期、中期和长期贷款。1年（含）以内为短期贷款；1（不含）~5年（含）为中期贷款；5年（不含）以上为长期贷款。按贷款对象和用途，可分为工业贷款、农业贷款、科技贷款、消费贷款、投资贷款、证券贷款等。按贷款的质量或形态，有三种划分方式：第一，按贷款是否逾期和逾期时间，可分为正常贷款、逾期贷款、非应计贷款；第二，按贷款四级分类，可分为正常贷款、逾期贷款、呆滞贷款

---

① 蔡则祥，等．商业银行业务经营与管理［M］．北京：高等教育出版社，2015：8-39.

和呆账贷款；第三，按贷款五级分类，可分为正常贷款、关注贷款、次级贷款、可疑贷款和损失贷款。

投资业务是指银行购买有价证券的活动。银行投资购买有价证券主要包括国债、地方债券、股票、企业债券等。

（三）中间业务

中间业务是指商业银行为客户办理收款、付款和其他委托事项而收取服务费、手续费的业务的总称，是银行不需动用自己的资金，依托业务、技术、机构、信誉和人才等优势，以中间人的身份代理客户承办收付和其他委托事项，提供各种金融服务并据此收取手续费的业务。银行经营中间业务无须占用自己的资金，是在银行的资产负债信用业务的基础上产生的，可以促进银行信用业务的发展和扩大。

中国人民银行2002年在《关于落实〈商业银行中间业务暂行规定〉有关问题的通知》中，将国内商业银行中间业务分为九类，包括支付结算类中间业务、银行卡业务、代理类中间业务、担保类中间业务、承诺类中间业务、交易类中间业务、基金托管业务、咨询顾问类业务、其他类中间业务（包括保管箱业务以及其他不能归入以上八类的业务）。以上各类中间业务均会产生相应收入，因此，可以统称为收入类中间业务。

作为一种渠道类业务，电子银行业务也是中间业务的重要组成部分。电子银行业务是指银行通过面向社会公众开放的通信通道或开放型公众网络，以及为客户建设的自助服务设施或专用网络等，向客户提供的离柜金融服务。它主要包括网上银行、手机银行、电话银行、自助银行等。其中，网上银行、手机银行是电子银行业务的主要类型，移动App的快速发展很大程度上实现了手机银行对电话银行的替代。

（四）国际业务

国际业务是指商业银行涉及外币和外国客户的业务活动，包括银行在国外的业务活动以及在国内所从事的有关国际业务。主要包括外汇买卖、国际结算、国际贷款等。① 其中，外汇买卖是银行最基本的国际业务，按既定汇率在不同币种之间进行兑换。国际结算是指以货币收付来清偿债权债务及实现资金转移的活动。国际贷款是指商业银行在国际金融市场上向其他国家的银行、非银行类金融机构、政府、企业及国际机构提供贷款的活动。②

二、银行业务考核理论基础

在总结银行业务考核实战经验、研究考核相关理论的基础上，本章提出基于银行业务要素的考核理论，作为全章的理论基础。银行业务要素的考核理论的核心是明确银行各项业务的要素。银行业务要素指的是该项业务本身具备的元素、属性或特征，它们产生于业务设计或发布之初，并随着业务的更新升级而不断变化。不同于其他行业的业务，商业银行的业务具备同质性强、业务要素稳定的特征，特别是传统的存贷款业务。关于业务考核，要考核的是什么？重点考核哪些？这些都与银行业务的要素密不可分。厘清了业务要素及各个要素之间的关联、主次，就能够确定银行业务的考核内容和考核重点。银行业务要素的考核理论要求在深入细致分析银行各项业务要素的基础上，提取关键评价指标，借助人力资源管理领域的考核工具来设计考核方案。

负债业务以存款为主，存款业务要素包括：类型（对私、单位、保证金、财政性）、期限（定期、活期、通知、协议、一年定期、三年定期、整存整取、整存零取）、利率（固定利率、浮动利率、协议利率、基准利率、高利率、低利率）、金额（年日均、月日均、时点、存量、增量）、客户（个人客户、单位客户、存量客户、新增客户、不同级别客户）。经分析，存款利率和存款期限高度相关，存款期限、存款利率等业务要素又与存款类型高度相关。因此，在设计存款考核方案时，可以重点考虑存款类型。

资产业务以贷款业务为主，贷款业务要素包括：类型（对私、单位、农户、城镇居民、职工、经营性贷款、流动资金贷款）、期限（一年期、三年

① 蔡则祥，等．商业银行业务经营与管理［M］．北京：高等教育出版社，2015：39.
② 庄毓敏．商业银行业务与经营［M］．北京：中国人民大学出版社，2014：254.

期)、利率（固定利率、浮动利率、高利率、低利率）、金额（时点、存量、新增、净增）、担保方式（信用、保证、抵押、质押）、还款方式（利随本清、等额本息、等额本金）、客户（个人客户、单位客户、存量客户、新增客户）、状态（逾期、非应计、五级分类）。经分析，利率、期限、类型等要素具有一定相关性，但并非如存款那样高度相关，而存在营销人员自主操作的空间。因此，在设计考核方案时，要综合考虑贷款类型、利息、期限等要素。

银行收入类中间业务的核心业务要素是收入，渠道类中间业务的核心业务要素是签约客户数。因此，收入和签约客户数是银行中间业务的重要考核指标。

国际业务中，外汇买卖的核心业务要素是买卖金额、外汇买卖客户、外汇买卖收入，国际业务结算的核心业务要素是国际业务结算量、国际结算客户，国际贷款的核心业务要素是国际贷款客户和各项收入。

三、银行业务考核的发展历程和考核模式

本章在总结大量银行业务考核实战经验、考核案例的基础上，将银行业务考核发展分为“以规模为中心”的初始阶段、“以利润为中心”的发展阶段、“以客户为中心”的优化阶段、“以价值为中心”的提升阶段。相应地，银行业务考核的四种模式分别为“以规模为中心”的考核模式、“以利润为中心”的考核模式、“以客户为中心”的考核模式、“以价值为中心”的考核模式。

银行发展的四个阶段：创业期、发展期、成熟期和衰退期。每一阶段的业务考核都是为了更好地与银行的发展战略相匹配，是推动银行业务发展的“指挥棒”和“发动机”。对比银行发展的四个阶段与业务考核的四个阶段，本书认为以上二者之间存在如下关系：在创业期，银行通常采用“以规模为中心”的业务考核模式；在成长期，银行在保留“以规模为中心”的业务考核模式的同时，逐步引入“以利润为中心”“以客户为中心”的业务考核模式；在成熟期，银行采用“以价值为中心”的业务考核模式；而当银行进入衰退期，银行面临不断恶化的经营环境和持续萎缩的市场，客观环境要求银行完善内部的绩效考核机制。

（一）“以规模为中心”的初始阶段

创业期银行的经营战略和业务发展目标主要是快速扩大业务规模和市场占有率，因此，该阶段的银行业务考核要重点体现上述两大经营目标，并引导经营机构、员工积极拓展业务规模，提高市场占有率。

在这种情况下，“以规模为中心”的考核模式应运而生。“以规模为中心”的考核模式强调以规模类指标为主，评价经营机构、职能部室、员工的业务贡献度，如存贷款余额；同时，这一阶段也会选取少量的收益类指标，如利息收入、利息收回率进行考核。

（二）“以利润为中心”的发展阶段

在成长期，银行逐渐摆脱以规模扩张为主的发展路径，转而更加重视资产质量和利润回报。因此，利润最大化、股东价值最大化是这一时期银行的重要战略目标。银行业务的考核模式也由原来的“以规模为中心”转变为“以利润为中心”，通过考核模式的优化引导银行转变经营策略，不再仅仅关注规模扩张，而是更加关注成本节约，实现利润增长的目标。

“以利润为中心”的考核模式要求主要采用利润类指标来评价经营机构、职能部室、员工的贡献度等。

（三）“以客户为中心”的优化阶段

客户是银行各项业务的购买者和使用者，银行的各项收入、利润来自客户。进入成长期的银行，“以利润为中心”的发展战略最终要落在“以客户为中心”的营销服务战略层面上，因此，在引入利润考核的基础上，银行相应地选择“以客户为中心”的考核模式。

“以客户为中心”的考核模式从客户数量、客户贡献度、客户价值提升、客户综合营销水平等角度对经营机构、职能部室和员工的工作绩效进行评价。

（四）“以价值为中心”的提升阶段

随着银行 2.0 概念的涌现，一些进入成熟期的银行先后提出“价值银行”的新型发展战略。这一发展战略要求银行以实现长期生存和发展为根本目标，平衡经营风险与经营效益，追求稳定持续的投资回报，实现银行本身的增长和股东价值的增长。

该阶段银行业务采用“以价值为中心”的考核模式，借助 EVA 指标来评价经营机构、职能部室、员工的投入和产出。

四、银行业务考核的实施步骤

本章将基于“以规模为中心”“以利润为中心”“以客户为中心”“以价值为中心”四种考核模式，运用 KPI、BSC 两种考核工具，分别介绍负债业务考核、资产业务考核、中间业务考核和国际业务考核。

实施银行业务考核一般遵循以下五个步骤：

第一步：明确考核模式，即采用哪一种考核模式。

第二步：定义考核指标，即考核指标的定义和统计口径、统计规则。

第三步：选择考核工具。当考核结果适用于员工时，主要运用 KPI、BSC 的考核工具；考核结果适用于经营机构、职能部室时，则以 BSC 考核工具为主。

第四步：测算考核参数。考核参数的制定本质上是考核资源的优化配置，考核参数的大小体现的是资源的投入程度。在运用 KPI 这一考核工具时，测算考核参数具体指的是测算考核指标的计酬标准或计分标准。在运用 BSC 考核工具时，则是指测算考核指标的权重。

第五步：考核结果应用。运用 KPI 考核工具，考核结果主要应用于员工绩效薪酬或营销费用分配；运用 BSC 考核工具，考核结果则应用于经营机构、职能部室或员工考核得分、等级评定、绩效薪酬、营销费用分配等。

考虑到第一步、第三步、第五步同质性较强，为保持行文的简洁性，避免重复表达，下文将重点介绍实施银行业务考核的第二步和第四步，与个别业务考核同质性较强的第四步也将予以省略。

第二节　银行负债业务考核

鉴于存款是负债业务的主要类型，本节重点介绍存款业务考核。在实际应用中，存单业务被视为存款进行考核。存款业务考核模式包括“以规模为中心”的负债业务考核，有存款存增量考核、存款增量考核、存款保有量考核；“以利润为中心”的负债业务考核，包括存款 FTP 利润考核；“以客户为中心”的负债业务考核，包括新增存款客户考核、存款客户晋级考核、新增金融资产客户考核、金融资产客户晋级考核、资金归行率考核、客户综合营销考核；“以价值为中心”的负债业务考核，包括存款 EVA 考核。

一、“以规模为中心”的负债业务考核

（一）存款存增量考核

存款存增量考核模式是指计算存款考核基数，对存量业绩和增量业绩分别考核。

1. 设计依据

存款考核为什么要区分存增量？从短期看，无论是存量存款还是新增存款，对于银行的价值贡献都是一样的，都属于银行的负债业务和可用资金。从长期看，增量业绩的拓展和增长情况基本上决定了银行在当地存款市场的占有率、资金组织能力、行业地位的巩固提升，以及自身的可持续增长等。从存款组织成本角度讲，任何存量业绩都是经营机构或员工营销而来的，银行在上一年已经为此对他们进行奖励，如果当年仍按照新增业绩对存量业绩予以奖励，一定程度上会弱化对新增业绩的奖励力度，不利于提高员工新增营销业绩的积极性。

从兼顾考核公平性角度讲，若不对存增量进行区分，则将直接导致大小银行效应凸显，存量规模较大的经营机构和员工完全可以仅凭存量业绩坐拥高绩效；而对新开经营机构或存量规模较小但业绩增长较快的经营机构和员工非常不利，其结果就是业务发展方向与考核导向出现偏离。

2. 考核规则

（1）定义考核指标。实施存款存增量考核，定义考核指标需要以下两个步骤。

第一，制定存款存增量的识别规则，即基数核定规则。在银行业务考核指标中，净增类指标都涉及基数问题。存款考核基数一般包括如下几类：年日均余额、季日均余额、月日均余额、时点余额。通常情况下，以上几类余

额的大小依次为时点、月日均、季日均、年日均。考核基数的大小决定了存款考核的严格程度，基数越大，考核越严格，基数越小，考核越宽松。

第二，明确存款统计口径，即存款业绩计算方法。现有的存款统计口径主要包括三大类：年日均、月日均、时点。

（2）测算考核参数。在运用 KPI 这一考核工具时，需要分别测算存量存款和增量存款的计酬标准或计分标准。确定增量存量计酬标准与存量存款计酬标准之间的倍数关系，对存款计酬标准测算至关重要。对于当地存款市场占有率较低、竞争激烈、存款拓展空间较大的银行，可以考虑将增量单价设置得高一些，拉开增量计酬标准和存量计酬标准之间的差距，引导经营机构和员工开展营销，提高业绩。对于当地存款市场占有率较高、竞争不激烈、业绩增长压力不大的县域农商行，可以考虑维持或缩小增量和存量计酬标准之间的差距。

在运用 BSC 这一考核工具时，需要测算存量存款和增量存款的考核权重。一般而言，要保持增量存款的考核权重高于存量存款，具体差距要根据实际情况进行确定。

案例 1

某商业银行对存款业务采用存款存增量考核方式，鉴于该银行所处地域的金融市场存款竞争激烈，为提高市场占有率，该银行不强调存款偏好，没有制定各类存款的发展优先级。考核基数为上年末年日均余额，统计口径为考核期末年日均余额。为鼓励经营机构和员工拓展增量业绩，增量存款计酬标准为存量存款的 10 倍，全年保持不变。

案例 2

某商业银行采用存款存增量考核方式，明确鼓励优先拓展储蓄存款、活期存款，考核基数为上年末 12 月月日均余额，统计口径为考核期末月日均余额。1 季度“开门红”期间增量存款计酬标准为存量存款的 6 倍，2~3 季度下调为存量存款的 4 倍。各类存款计酬标准高低依次为储蓄活期、储蓄定期、对公活期、对公定期、保证金、财政性、同业存款。

（二）存款增量考核

存款增量考核仅对新增存款进行考核，对存量存款不考核。

1. 设计依据

尽管存量存款仍对银行具有贡献价值，但增量存款决定了银行在当地新增市场的占有率，并影响银行的持续发展。当银行绩效资源相对稀缺时，能够集中优势资源，提高资源利用效率。

2. 考核规则

（1）定义考核指标。实施存款增量考核，定义考核指标需要以下两个步骤。

第一，制定增量存款的识别规则，即基数核定规则。该部分参考存款存增量考核部分内容，此处不再赘述。

第二，明确存款统计口径，即存款业绩计算方法。该部分参考存款存增量考核部分。

（2）测算考核参数。在运用 KPI 这一考核工具时，需要测算增量存款的计酬标准或计分标准；在运用 BSC 这一考核工具时，需要测算增量存款的考核权重。

增量考核意味着银行存款绩效资源 100%投放到新增业绩上，能够显著提高绩效资源的利用效率，更好地激励经营机构和员工营销新增存款，而且完全规避了存量规模不同带来的大小行效应。然而，该方式的主要风险是在银行经营状况不好、存款增长难度较大的情况下，没有增量业绩或增量业绩很低，经营机构或员工只能获得较低的考核得分和较少的绩效工资，不利于团队和人员的稳定。

案例 3

某银行鉴于绩效资源较少、存款发展压力较大，采用存款增量考核方式。该银行明确优先发展储蓄存款，制定存款考核基数为上年末年日均余额，统计口径为考核期末年日均余额。储蓄存款计酬标准高于其他类型存款。

（三）存款保有量考核

存款保有量考核是指不区分存款存量、增量，按照考核期末存款余额进行考核。

1. 设计依据

存款保有量考核一般适用于银行中后台职能部室或非营销岗位的员工，不适用于经营机构、前台职能部室和营销岗位。

对中后台职能部室或非营销岗员工考核存款保有量，主要基于如下几个方面的考虑：第一，此类部室或员工的部门职责、岗位职责并非专职营销，更多履行管理和服务职能，因此，不宜采用存增量的考核模式；第二，此类部室或员工仅有的营销对象多为熟人营销，可持续增长空间较为有限。

2. 考核规则

不同于存款存增量或存款增量考核，实施存款保有量考核不需要区分存增量，不计算考核基数。但同样需要制定指标统计口径，包括存款年日均余额、月日均余额、时点余额等。

案例 4

某银行2014—2015年针对全行非营销序列人员采用存款存增量考核模式，执行2年后员工反映比较激烈，主要集中在两点：一是本身岗位职责并非营销，日常工作以履职运营为主，没有时间和精力拓展客户；二是接触到的客户都是自己身边的亲戚、同学、朋友，能挖掘的资源已经充分利用，难以持续增长。鉴于以上情况，该行2016年对于非营销岗位人员的存款业绩采用存款保有量考核方式，统计口径为存款月日均余额。采用该考核方式后，员工满意度明显得到提高。

二、"以利润为中心"的负债业务考核

存款FTP利润考核

1. 设计依据

实行存款FTP利润考核的设计依据包括：从宏观层面讲，利润考核是银行考核的发展趋势，各家银行都遵循由规模考核向利润考核转变的发展路径。从微观层面讲，从营业收入管理到经营利润管理是每家银行实行精细化管理

的关键举措，经营利润管理要求不能单方面依靠规模考核，要引入利润考核与之相匹配。

2. 考核规则

（1）定义考核指标。实施存款 FTP 利润考核，定义考核指标包括以下两个步骤。

第一，定义存款 FTP 利润。存款 FTP 利润是指根据存款 FTP 转移价格和存款对客利率之间的利差计算出来的利润。存款 FTP 利润并非实际利润，而是模拟利润。

第二，确定存款 FTP 利润计算方法。存款 FTP 利润的计算方法包括两种：

方法一：存款 FTP 利润=存款余额×（存款 FTP 转移价格-存款实际利率）。

方法二：存款 FTP 利润=存款余额×（FTP 转移价格-存款利率）×（1-准备金率）+存款余额×准备金率×（准备金利率-存款利率）。

以上两种计算方法的差别在于是否考虑存款准备金对 FTP 利润的影响。一般而言，考虑存款准备金的必要性并不大，优先采用第一种计算方法。

（2）测算考核参数。当运用 KPI 这一考核工具时，需要测算存款 FTP 利润的计酬标准或计分标准；当运用 BSC 这一考核工具时，需要测算存款 FTP 利润的考核权重即可。

为了体现对不同类型存款的发展偏好，“以规模为中心”的负债业务考核通常会分别考核不同类型的存款，制定不同的考核参数。存款 FTP 利润考核则无须如此复杂。由于存款 FTP 转移价格定价环节，已经充分考虑了银行对存款类型的发展偏好，因此，存款 FTP 利润考核只需要统一制定计酬标准或考核权重即可。

案例 5

某银行 2014 年提出存款 FTP 利润考核模式，2015 年开始核算 FTP 利润数据至每个员工，2016 年考虑到全行已经具备考核 FTP 的数据基础，员工对 FTP 也有了充分了解，因此，在全行正式引入 FTP 利润考核。该行采用存款 FTP 利润的通用计算方法。实行 FTP 利润考核一年后，该行经营机构和员工对存款成本关注度得到明显提高，营销存款时更加注重效益。该行全行存款结构较上年末得到一定优化，各项低成本存款占比均有所提高。

三、“以客户为中心”的负债业务考核

“以客户为中心”的负债业务考核包括新增存款客户考核、存款客户晋级考核、新增金融资产客户考核、金融资产客户晋级考核、资金归行率考核、客户综合营销考核等。

（一）新增存款客户考核

1. 设计依据

银行的营销模式已逐步转变为“以客户为中心”，拓展新客户，增强客户黏性已成为银行的重大发展战略。因此，银行迫切需要通过加大客户考核力度助推业务发展。

2. 考核规则

（1）定义考核指标。何谓新增存款客户？一般而言，新增存款客户是指当年新开或往年睡眠客户被激活，且业绩达到有效标准的个人客户或公司客户。根据开户时间，可以将新增存款客户划分为纯新增客户、视同新增客户。纯新增客户是指当年在本行开户，且往年未在本行开立过存款账户的全新客户；同时，客户存款规模达到规定标准的客户。视同新增客户是指此前在银行办理过存款业务，但业务往来较少乃至后续没有业务往来的客户，此类客户在银行业被定义为“睡眠客户”或“僵尸客户”。对于此类客户，可以通过营销策划，重新激活，并且客户存款规模达到规定标准，也可视为新增客户。

（2）测算考核参数。当运用 KPI 这一考核工具时，需要测算新增存款客户的计酬标准或计分标准；当运用 BSC 这一考核工具时，需要测算新增存款客户的考核权重。

案例 6

某银行 2015 年之前的存款考核以规模考核为主，缺乏客户考核。当年，该行提出要重点发展存款客户，提高有效客户数量。相应地，该行 2015 年增加

了新增存款客户考核。其中，新增存款客户标准为当年新开户，且考核期末存款年日均5万元（含）以上的客户。通过引入这一考核方式，该银行当年新增存款客户增长率达到此前的2倍，超额实现了当年的存款客户发展目标。

（二）存款客户晋级考核

1. 设计依据

“以客户为中心”不仅要求大力拓展新增存款客户，而且要加大存量存款客户维护力度，挖掘客户潜力，提升客户价值。

2. 考核规则

定义存款客户晋级考核指标，需要建立存款客户评价模型，制定存款客户标准，划分存款客户类型。

第一，建立存款客户评价模型。存款客户评价模型以评价客户存款规模为主，包括时点余额、月日均余额、年日均余额等。

第二，制定存款客户标准，划分存款客户类型。根据银行存款客户结构，区分不同价值的客户数量和存款规模，基于此划分存款客户类型，如普通客户、优质客户、黄金客户、钻石客户等。存款客户类型的划分档次根据银行客户结构而定，如客户结构相对分散则可以多设几个档次，相反，则简化该项工作。

案例7

某银行2016年之前一直采用新增存款客户考核方式，2016年提出要提升存量客户价值，增加存款客户晋级考核。划分存款客户类型，制定客户标准如表6-1所示。

表6-1　存款客户类型及标准

客户类型	客户标准
普通客户	3万元以下
优质客户	3万元（含）~30万元（含）
黄金客户	30万元~50万元（含）
钻石客户	50万元以上

对于当月客户级别发生过变动的，按月进行奖励或扣罚；跨级别变动的当月享受多倍奖励或扣罚。

（三）新增金融资产客户考核

1. 设计依据

伴随着银行产品的多样化发展，特别是中间业务产品的不断丰富，客户在银行的金融资产不只有存款，还包括理财、基金、贵金属等。这就要求银行在做客户营销和维护时，不仅要关注传统的存款业务，更要注重综合配置各类资产，对于关注资产配置的中高端客户尤应如此。相应地，考核要体现以上金融资产（AUM）客户营销理念。

2. 考核规则

（1）定义考核指标。金融资产是指一切代表未来收益或资产合法要求权的凭证，亦称金融工具或证券，包括现金、存款、理财、股票、债券、凭证等。金融资产客户是指在一家银行同时办理多种金融资产业务的客户，又称AUM客户。

新增金融资产客户是指当年在银行开户或睡眠客户被激活，且拥有的各类金融资产规模达到规定标准的客户。根据开户时间，划分为纯新增客户和视同新增客户。纯新增客户是指当年在银行开户，且往年未在该行办理过金融资产业务的全新客户，同时金融资产规模达到规定标准。视同新增客户，是指此前在银行办理过金融资产业务，但在相当长一段时间内没再发生过业务往来，经过经营机构和员工的营销和维护活动，重新在该行办理金融资产业务，且各类金融资产规模达标的客户。金融资产规模指的是各类金融资产余额之和。

（2）测算考核参数。在运用KPI这一考核工具时，需要测算新增金融资产客户的计酬标准或计分标准；在运用BSC这一考核工具时，需要测算新增金融资产客户的考核权重。

对银行而言，金融资产客户的价值和贡献度大于存款客户，因此，新增金融资产客户的计酬标准或考核权重应高于新增存款客户指标。

（四）金融资产客户晋级考核

1. 设计依据

“以客户为中心”不仅要求大力拓展新增金融资产客户，而且要加大存量金融资产客户维护力度，挖掘客户潜力，提升客户价值。

2. 考核规则

定义金融资产客户晋级考核指标，需要建立金融资产客户评价模型，制定金融资产客户标准，划分金融资产客户类型。具体操作方法与实施存款客户晋级考核基本一致。

第一，建立金融资产客户评价模型。该评价模型以衡量客户的各类金融资产规模为主。

第二，制定金融资产客户标准，划分客户类型。根据银行金融资产客户结构，区分不同价值的客户数量和金融资产规模，基于此划分金融资产客户类型，如普通客户、优质客户、黄金客户、钻石客户等。金融资产客户类型的划分档次根据银行客户结构而定，如客户结构相对分散则可以多设几个档次，相反，则简化该项工作。

案例 8

某银行当年末个人金融资产客户结构如表 6-2 所示。

表 6-2 某银行个人金融资产客户分布表

个人 AUM 余额	客户数及占比		余额及占比	
	数量（户）	占比（%）	余额（万元）	占比（%）
1000 万元（含）以上	49	0.00	88258	1.82
500 万（含）~1000 万元	80	0.00	53717	1.11
200 万（含）~500 万元	474	0.02	135065	2.78
100 万（含）~200 万元	1695	0.06	222615	4.59
50 万（含）~100 万元	7774	0.29	512757	10.56
40 万（含）~50 万元	5900	0.22	261787	5.39
30 万（含）~40 万元	11707	0.44	401175	8.26
20 万（含）~30 万元	27168	1.01	654773	13.49
10 万（含）~20 万元	76561	2.84	1063043	21.90

续表

个人 AUM 余额	客户数及占比		余额及占比	
	数量（户）	占比（%）	余额（万元）	占比（%）
5 万（含）~10 万元	101510	3. 77	718229	14. 80
3 万（含）~5 万元	78722	2. 93	304725	6. 28
2 万（含）~3 万元	63927	2. 38	155088	3. 20
1 万元（含）~2 万元	101929	3. 79	144214	2. 97
1 万元以下	2213746	82. 26	138561	2. 85
合计	2691242	100. 00	4854009	100. 00

通过分析该行个人金融资产客户可知：一是 100 万元以上客户数量少、占比低，但业绩贡献度大。其中，个人金融资产余额合计占比略高于 10%，这类客户属于高价值客户。二是 3 万元以下客户数量多，但是业绩贡献度小。其中，个人金融资产客户占比均将近 90%，个人金融资产余额合计占比约 9%，这类客户属于长尾客户。三是 3 万元~100 万元个人金融资产客户数占比 12%，余额合计占比超过 80%。这类客户属于骨干客户。四是长尾客户规模巨大，考虑到员工维护精力有限，因此，此类客户不是现阶段营销和考核的重点。100 万元以上客户尽管价值巨大，但数量较少，且对员工自身资源和维护能力要求较高，是需要争取的客户。3 万元~100 万元客户才是营销和考核的重点。

基于客户分层营销、考核理念，将个人金融资产客户划分为以下 7 种类型，如表 6-3 所示。

表 6-3　某银行个人金融资产客户划分类型

个人 AUM 余额	客户类型
100 万元以上	贵宾客户
50 万元（含）~100 万元	钻石客户
30 万元（含）~50 万元	白金客户
10 万元（含）~30 万元	黄金客户
5 万元（含）~10 万元	白银客户
3 万元（含）~5 万元	优质客户
3 万元以下	普通客户

对于当月客户级别发生过变动的，按月进行奖励或扣罚；跨级别变动的当月增加奖励或扣罚，奖励或扣罚标准为各级别晋级、下降标准累加。

（五）资金归行率考核

1. 设计依据

近年来，金融脱媒化、互联网金融的深化发展给银行营销存款带来了前所未有的挑战。银行对存款的需求越来越迫切，投入的资源越来越多，但效果却不是特别理想，特别是新客户拓展方面大不如前。这就要求银行要充分挖掘既有客户价值，包括存款客户和贷款客户。资金归行率考核正是基于这一业务现状而进行的。此外，很多银行发现本行的裸贷客户越来越多，资金归行率逐年走低。裸贷客户是指在银行有贷款业务但无存款业务的客户。简言之，客户贷款后把钱直接取走，不产生资金沉淀效应。

2. 考核规则

资金归行率是指银行贷款客户在该银行存放的存款余额占贷款余额的比例。

资金归行率考核是针对公司贷款客户而言的，零售贷款客户较少涉及。

资金归行率=贷款客户名下各类存款规模/贷款客户名下各类贷款规模。

案例 9

某银行当年经营发展计划提出要提高贷款客户的资金归行率，降低裸贷客户数量，提高贷款客户综合贡献度。为匹配该业务发展思路和要求，引入资金归行率考核，借助考核达到牵引经营机构和加强员工贷款客户资金沉淀。

设定资金归行率5%的目标，资金归行率不低于5%的，按照每高于1个百分点奖励50元的标准进行奖励，500元封顶；资金归行率低于3%的，按照每低于1个百分点扣罚100元的标准进行扣罚；资金归行率在3%~5%的，不奖不扣。

（六）客户综合营销考核

1. 设计依据

银行竞争加剧不仅要求竞争新增客户，同时要着力竞争客户黏性和综合贡献度。大量数据表明，银行普遍存在客户数量多、客户黏性弱的现象，客户综合营销效果不好，很容易被其他银行抢走。如何提升客户综合营销效果已经成为银行的共同课题。引入客户综合营销，从动力方面解决激励问题，发挥引导员工加强客户综合营销力度的作用。

2. 考核规则

客户综合营销指银行以客户为中心，开展多种业务和产品销售的营销模式。实施客户综合营销考核，定义考核指标，应遵循如下三个步骤：

第一，建立客户综合营销评价模型。客户综合营销评价模型一般是基于客户办理业务数量而对客户综合营销效果做出的评价。办理业务数量越多，说明综合营销效果越好。

第二，制定客户综合营销标准。在以客户办理业务数量评价客户综合营销效果的基础上，可以引入有效标准概念，即从交易金额、交易次数等角度定义有效，符合标准的才能认定为有效客户综合营销，否则视为无效营销。从实施角度讲，银行可以采用“分步实施”的策略，首先引入客户综合营销考核，其次再逐步过渡到客户综合有效营销考核。

第三，划分客户综合营销类型。根据客户办理业务数量的不同划分客户综合营销类型，如同时办理两项业务的客户、同时办理三项业务的客户等。在划分客户综合营销类型时，要结合银行实际开办的业务种类，业务种类越多，各项业务之间的关联性越强，区分可以更丰富。

案例 10

某银行将在同一营业网点办理 5 项（含）及以上业务类型的客户定义为“五福客户”，将新增“五福客户”数作为考核项目。通过该考核引导网点和员工加大客户综合营销力度，增加客户对银行的黏性，提升客户价值和综合贡献度。经过一年的实施，该银行“五福客户”数明显增加，此类客户的综合贡献度也得到提升。

四、“以价值为中心”的负债业务考核

“以价值为中心”的考核模式通常借助 EVA 评价各项业务产生的经济利

润和价值，相应地，存款 EVA 考核是“以价值为中心”的负债业务考核的主要方式。

1. 设计依据

银行从重规模逐步过渡到重利润，继而进入重价值的发展阶段，要求必须实施“以价值为中心”的负债业务考核。借助 EVA 指标，能够更加精准、全面地评价存款业务的贡献度。

2. 考核规则

（1）定义考核指标。定义存款 EVA 考核指标包括如下两个步骤：

第一，定义存款 EVA。存款 EVA 指在存款 FTP 利润的基础上，扣减经济资本成本和各种税费之后的利润。

第二，制定存款 FTP 利润计算方法。

存款 EVA=存款 FTP 利润-经济资本成本-增值税-各种费用

（2）测算考核参数。在运用 KPI 这一考核工具时，需要测算存款 EVA 的计酬标准或计分标准；在运用 BSC 这一考核工具时，需要测算存款 EVA 的考核权重。

对银行而言，存款 EVA 较存款 FTP 利润的价值和贡献度更大，因此，存款 EVA 的计酬标准或考核权重应高于存款 FTP 利润。

案例 11

某银行考核支行的存款 EVA，该项考核指标权重 30 分，支行考核总分 100 分。

存款 EVA=存款余额×（存款 FTP 转移价格-存款对客利率）-经济资本成本-增值税-支行费用

存款 EVA 考核结果运用于支行考核得分和支行员工绩效薪酬。

第三节 银行资产业务考核

尽管银行资产业务呈现多元化发展趋势，但贷款仍然是资产业务的核心业务，本节重点介绍贷款业务考核。贷款业务考核模式包括“以规模为中心”

的资产业务考核，有贷款利息收入考核、新增贷款投放金额考核、净增贷款余额考核、新增贷款发放笔数考核；“以利润为中心”的资产业务考核，包括贷款 FTP 利润考核；“以客户为中心”的资产业务考核，包括新增贷款客户考核、新增授信客户考核、管理贷款客户考核；“以价值为中心”的资产业务考核，包括贷款 EVA 考核。

一、“以规模为中心”的资产业务考核

“以规模为中心”的资产业务考核包括贷款利息收入考核、新增贷款投放金额考核、净增贷款余额考核、新增贷款发放笔数考核等。

（一）贷款利息收入考核

1. 设计依据

贷款利息收入考核的设计依据包括：

一是对于绝大多数国内银行，尤其是中小银行，利息收入仍是银行营业收入的主要来源，加强收息工作仍是银行的重中之重。

二是利息收入也是衡量贷款业务开展情况和贡献度的最直接、最简洁的关键绩效指标。

三是利息收入受贷款到期收回率、收息率的直接影响，利息收入考核既是对贷款效益的考核，也是对贷款质量的考核。

2. 考核规则

（1）定义考核指标。贷款利息收入是指银行发放贷款给客户，按照一定利率向客户收取的利息。

（2）测算考核参数。在运用 KPI 这一考核工具时，需要测算贷款利息收入的计酬标准或计分标准；在运用 BSC 这一考核工具时，需要测算贷款利息收入的考核权重。

在鼓励做小做散的业务导向下，实施贷款利息收入考核，通常会考虑贷款金额这一业务要素。单户贷款金额越小，相应利息收入的贡献度就越大；相反，贡献度就越小。在这种情况下，无论是测算计酬标准或是考核权重，都有必要向小额贷款倾斜。

案例 12

某银行采用贷款利息收入考核方式。为体现鼓励做小做散的业务发展方向，提高收息率的工作要求，增加贷款金额和收息率两个业务要素，贷款金额越小，计酬标准越高，贷款金额越大，计酬标准越低。

贷款利息收入绩效=贷款利息收入×计酬标准×70%+贷款利息收入×计酬标准×收息率×30%

（二）新增贷款投放金额考核

1. 设计依据

新增贷款投放金额考核的设计依据包括：

一是新增贷款投放金额决定了银行在当地新增市场的占有率和市场地位，影响银行的可持续发展。

二是银行贷款业务的期限配置意味着每年都有大规模存量贷款到期，如果贷款持续投放工作跟不上，则必将导致银行贷款余额减少，利息收入缩水，影响银行的收入水平。

三是相比于存量贷款维护而言，新增贷款投放占用了更多的工作时间和精力，属于衡量经营机构和员工贡献度的另一关键业务指标。

2. 考核规则

新增贷款投放金额是指银行当年发放贷款的金额。

相对于其他考核方式，新增贷款投放金额可以运用更多的业务要素，原因主要有以下两个方面：一是存量贷款已经成为既定事实，以常规维护工作为主，无须考虑其他业务要素，而新增贷款则存在较大的营销拓展空间；二是银行通过新增贷款调整各项贷款结构。此处所说的其他业务要素一般包括贷款产品、利率、期限、担保方式等。①贷款产品，根据不同产品设定不同产品系数，助推贷款产品结构调整优化；②贷款利率，根据不同利率水平制定利率系数，同银行利率偏好保持一致，鼓励投放高利率贷款；③贷款期限，根据不同贷款期限制定期限系数，匹配银行贷款期限偏好；④担保方式，根据不同担保方式制定担保方式系数，体现银行担保方式偏好。

案例 13

某银行当年个人贷款投放任务重、压力大，希望借助新增贷款投放金额考核，引导鼓励经营机构和员工多发放贷款。该行在考核新增贷款投放金额时，同时引入产品、利率、期限三个业务要素。将个人贷款按授信品种号划分为非按揭类个人消费贷款、捷贷通、非捷贷通类个人经营性贷款、三农贷款四个类型，分别设置产品系数 1.3，1，1.1，1.3。根据每笔贷款实际执行利率相对基准利率的上浮或下浮比例来计算利率系数。根据贷款期限设置期限系数，6 个月以下系数为 0.5，6~12 个月系数为 1，1~3 年系数为 1.2，3 年以上系数为 1.4。通过引入以上业务要素和系数，个人贷款投放量的考核导向达到不言自明的效果，即鼓励做个人消费贷款、三农贷款、消费贷款，优化全行个贷结构。三农贷款响应国家政策要求，鼓励客户经理增强自身议价能力，实际执行利率越高，获得的绩效收益就越高。

该银行借助新增贷款投放金额考核，最终实现个人贷款投放任务的超额完成，取得了较好的考核效果。

（三）净增贷款余额考核

1. 设计依据

净增贷款余额考核的设计依据包括：

一是净增贷款余额影响银行的可持续发展，没有净增就意味着银行的贷款规模没有增长。

二是净增贷款余额是新增贷款投放和存量贷款到期的差值，当新增贷款投放金额大于存量到期贷款金额的，则产生贷款净增，否则无贷款净增。因此，贷款净增相对新增贷款投放难度更大，考核压力更大，是衡量经营机构、员工贷款工作贡献度的另一关键业务指标。

2. 考核规则

（1）定义考核指标。净增贷款余额是指当年贷款余额较上年贷款余额增长部分。实施净增贷款余额考核需要明确贷款考核基数，该点类似于存款存增量考核，要明确存款考核基数。通常情况下，会以上年末贷款余额为考核基数，基于考核基数判断是否有净增贷款，贷款余额较考核基数高出的部分为净增贷款余额，小于考核基数的则没有净增贷款余额。

（2）测算考核参数。在运用 KPI 这一考核工具时，需要测算净增贷款余额的计酬标准或计分标准；在运用 BSC 这一考核工具时，需要测算净增贷款余额的考核权重。

考虑到净增贷款余额的贡献度要大于新增贷款投放金额，因此，该项考核指标的考核参数应大于新增贷款投放金额的考核参数。

案例 14

某银行 2018 年由于存量贷款大规模到期，出现了有新增、无净增的现象，严重制约了银行业务的发展，并影响了营业收入和利润水平，因此，该银行增加了对贷款净增的考核。考核基数为上年末贷款余额，按月统计贷款净增金额，当月有净增的予以奖励。为体现绩效资源向净增贷款倾斜的薪酬政策，鼓励员工多做净增，将净增贷款计酬标准确定为新增投放的 3 倍。

（四）新增贷款发放笔数考核

1. 设计依据

新增贷款发放笔数考核的设计依据：一是新增贷款对于银行而言意义重大；二是对于某些特定类型的贷款，其他考核方式不适用，或者采用其他考核方式难以科学评价此类贷款的贡献度。

2. 考核规则

（1）定义考核指标。新增贷款发放笔数是指银行当年发放给客户的贷款笔数。新增贷款发放笔数考核，首先应明确该项考核指标适用于哪些贷款类型。根据实施经验，新增贷款发放笔数考核模式贷款具备如下特征：一是该类贷款风险低，发生不良的概率小；二是贷款同质性高，包括利率、期限、担保方式等；三是属于银行重点鼓励发放的贷款；四是该类贷款不宜采取其他考核模式，如绝大多数按揭贷款利率同基准利率基本持平，如果采用利息收入考核模式，短期内按揭贷款产生的利息收入非常有限，不仅无法科学衡量按揭贷款给银行带来的实际收益，而且容易挫伤经营机构和员工的积极性。

（2）测算考核参数。在运用 KPI 这一考核工具时，需要测算新增贷款发放笔数的计酬标准或计分标准；在运用 BSC 这一考核工具时，需要测算新增贷款发放笔数的考核权重。

新增贷款发放笔数适用于特定类型的贷款，此类贷款同质性高，不同贷款间不存在明显差异，因此，增加其他业务要素的必要性不大。如在实际应用中认为需要增加其他业务要素，可以考虑贷款金额、利率、产品、期限等业务要素。

案例 15

某银行 2016 年个人贷款投放压力巨大，根据该行测算，要完成当年个人贷款投放任务，必须大力发展按揭贷款和公积金贷款。由于政策原因，这两类贷款利率偏低、金额偏小，单纯依靠贷款利息收入考核、新增贷款投放金额考核产生的绩效收益微薄，无法调动经营机构和员工拓展此类贷款的工作积极性。在这一背景下，该银行增加个人按揭贷款、公积金贷款发放笔数考核，按月统计各类贷款发放笔数并予以考核、奖励。该银行制定了非常具有吸引力的计酬标准，因而该项考核产生了较好的效果，以上两类贷款在当年得到了迅猛发展，顺利完成了当年个人贷款投放任务。

二、“以利润为中心”的资产业务考核

“以利润为中心”的资产业务考核主要采用贷款 FTP 利润考核方式。

1. 设计依据

贷款 FTP 利润考核的设计依据同存款 FTP 利润考核，详见本章第二节，此外不再赘述。

2. 考核规则

（1）定义考核指标。实施贷款 FTP 利润考核，定义考核指标需要从如下两个步骤具体开展。

第一，定义贷款 FTP 利润。贷款 FTP 利润是指根据贷款对客利率和贷款 FTP 转移价格之间的利差所计算出来的利润。贷款 FTP 利润并非实际利润，而是模拟利润。

第二，确定贷款 FTP 利润计算方法。贷款 FTP 利润常用计算方法包括以下三种：

计算方法一：贷款 FTP 利润=贷款余额×（贷款实际利率-FTP 转移价格）

计算方法二：贷款 FTP 利润=贷款余额×（贷款实际利率-FTP 转移价格）-资产减值准备-应收未收利息新增

计算方法三：贷款 FTP 利润=贷款余额×（贷款实际利率-贷款 FTP 转移价格）-资产减值准备-应收未收利息新增-增值税

以上三种计算方法的区别在于是否考虑资产减值准备、应收未收利息新增、增值税等因素。其中，资产减值准备计提规则为正常类贷款计提 1%、关注类贷款计提 2%、次级类贷款计提 25%、可疑类贷款计提 50%、损失类贷款计提 100%；应收未收利息新增指贷款累计欠息；增值税指银行需要缴纳的增值税。

此外，银行可以根据自身实际情况在上述计算方法基础上进行调整。如考虑贷款期限、额度、担保方式、资本期望收益率等要素，从而充分发挥贷款 FTP 利润考核在调整贷款期限结构、金额结构、担保结构等方面的导向作用。

实施贷款 FTP 利润考核，银行通常会采取由简入繁的实施原则，首先，采用第一种计算方法；其次，采用第二种计算方法，在此基础上逐步过渡到第三种计算方法。

案例 16

某银行实行贷款 FTP 利润考核，引入多个业务要素，调整后的贷款 FTP 利润=［贷款余额×（贷款利率-资金成本价格）-贷款余额×经济资本分配系数×期限调整因子×担保方式调整系数×风险缓释系数×资本期望收益率-增值税］×贷款额度调节系数。

每天逐笔抽取根据资金成本价格计算当天模拟利润，分三种情况：正常价格（价格一般低于执行利率，高于时整笔贷款利润按 0 计算）、逾期价格（价格与执行利率相同，利差为 0）、非应计价格（执行利率为 0，利差为负）。在贷款正常情况下，贷款模拟利润为正，体现对贷款效益的考核；而在贷款发生逾期或形成非应计之后，该笔贷款模拟利润及相应绩效工资为负，体现对贷款质量的考核。

根据贷款客户授信额度划分区间分别设置贷款额度调节系数，客户授信额度越大，调节系数越低，体现总行鼓励做小额贷款的导向。

三、“以客户为中心”的资产业务考核

“以客户为中心”的资产业务考核包括新增贷款客户考核、新增授信客户考核和管理贷款客户考核。

（一）新增贷款客户考核

1. 设计依据

新增贷款客户考核的设计依据：

一是银行的营销模式已逐步转变为“以客户为中心”，拓展新客户、增强客户黏性已成为银行的重大发展战略。因此，银行迫切需要通过加大客户考核力度来助推业务发展。

二是每家银行都有自己的经营区域，同一区域的信贷需求和拥有信贷需求的客户数量在同一时间内相对不变，客户拓展和竞争是重中之重，这也成为加强贷款客户考核的一大背景。

三是新增贷款客户难度大，会占用经营机构和员工较多的时间和精力，属于关键业绩指标。

2. 考核规则

区域性银行的贷款客户群体量小面窄，纯新增客户拓展空间较小，存量再贷客户同样具备价值贡献。基于这一背景，新增贷款客户一般包括两种情况：第一种情况是纯新增贷款客户，即在银行首次办理贷款业务的客户；第二种情况是视同新增贷款客户，即贷款结清后有一段时间未与银行发生贷款业务，此后重新办理贷款业务的客户。

实施新增贷款客户考核，可以关联的业务要素主要有贷款金额和担保方式。即在考核新增贷款客户这一指标时，不仅仅要考核客户数，还要考核贷款客户的贷款金额和贷款的担保方式。

案例 17

某银行 2017 年为鼓励经营机构和员工开拓新客户，完成全行贷款业务增户扩面的业务发展目标，引入新增贷款客户考核，同时扩大新增贷款客户范围，将视同新增纳入统计。

新增贷款户数包括：①纯新增客户：此前未在本行办理过贷款业务，当年在本行首次办理贷款业务（发生借款，下同）的客户，且考核期末贷款余额大于 10000 元；②视同新增客户：上年年底前在本行办理过贷款业务并结清，此后未在本行办理过贷款业务的客户，考核年重新在本行办理贷款业务，且考核期末贷款余额大于 10000 元的客户。

此外，该银行为鼓励拓展抵质押类贷款，增加了担保方式、贷款金额等业务要素。抵质押类贷款的计酬标准高于信用担保类，贷款金额越小的计酬标准越高。

（二）新增授信客户考核

1. 设计依据

新增授信客户考核的设计依据：

一是需要通过加大授信客户考核力度助推业务发展。

二是授信客户是实际发生贷款业务的前提。

三是授信客户考核指标同样是员工的关键业绩指标。

2. 考核规则

（1）定义考核指标。授信客户是指银行审批通过授信额度的客户。授信客户和贷款客户的区别在于，前者不以实际发生借款为前提，后者专指已经实际发生借款的客户。

（2）测算考核参数。在运用 KPI 这一考核工具时，需要测算新增授信客户的计酬标准或计分标准；在运用 BSC 这一考核工具时，需要测算新增授信客户的考核权重。

相对于新增贷款客户而言，新增授信客户不会为银行直接产生如利息收入一类的价值贡献，属于过程性指标，因此，其考核参数要低于新增贷款客户，一般作为新增贷款客户考核的补充。

（三）管理贷款客户考核

1. 设计依据

管理贷款客户考核的设计依据：

一是需要通过加大贷款客户考核力度，助推业务发展。

二是管理贷款客户考核指标同样是员工的关键业绩指标。

2. 考核规则

管理贷款客户是指同银行实际发生了贷款业务的客户。考核经营机构或员工个人管理的贷款客户数量。贷款客户考核常用的业务要素有贷款金额、存量客户、增量客户。贷款金额越小，贡献度越大，反之，贡献度越小，体现鼓励做小做散的业务发展导向。存量客户的贡献度低于增量客户的贡献度，考核要体现资源向增量客户倾斜的原则。

四、"以价值为中心"的资产业务考核

贷款 EVA 考核是"以价值为中心"的资产业务考核的主要方式。

1. 设计依据

贷款 EVA 考核的设计依据同存款 EVA 类似，此处不再赘述。

2. 考核规则

（1）定义考核指标。定义贷款 EVA 考核指标包括如下两个步骤：

第一，定义贷款 EVA。贷款 EVA 是指在贷款 FTP 利润的基础上，扣减经济资本成本和各种税费之后的利润。

第二，制定贷款 FTP 利润计算方法。

贷款 EVA = 贷款 FTP 利润 - 经济资本成本 - 增值税 - 各种费用（2）测算考核参数。

在运用 KPI 这一考核工具时，需要测算贷款 EVA 的计酬标准或计分标准；在运用 BSC 这一考核工具时，需要测算贷款 EVA 的考核权重。

对银行而言，贷款 EVA 较贷款 FTP 利润的价值和贡献度更大，因此，贷款 EVA 的计酬标准或考核权重应高于贷款 FTP 利润。

案例 18

某银行考核支行的贷款 EVA，该项考核指标权重 25 分，支行考核总分 100 分。

贷款 EVA＝贷款余额×（贷款对客利率－贷款 FTP 转移价格）－经济资本成本－增值税－支行费用

贷款 EVA 考核结果可运用于支行考核得分和支行员工绩效薪酬。

第四节　银行中间业务考核

银行中间业务包括收入类中间业务和渠道类中间业务。前者的核心业务要素是收入，重点考核收入；后者的核心业务要素是签约客户数，重点考核签约客户数，两者对应的分别是银行业务考核的“以客户为中心”的考核模式及“以利润为中心”的考核模式。

一、“以客户为中心”的中间业务考核

渠道类中间业务的考核主要采用“以客户为中心”的考核模式，本节重点介绍新增个人网银客户考核、新增个人手机银行客户考核、新增企业网银客户考核。

（一）新增个人网银客户考核

1. 设计依据

新增个人网银客户考核的设计依据：金融科技水平的不断提升，银行人力成本的持续走高，要求银行通过提高电子银行水平降低业务办理对人员的依赖，达到节约人力成本、提高业务办理效率的目的。

2. 考核规则

新增个人网银客户指的是银行新签约网银业务的个人客户。银行在推广个人网银业务的过程中，出现了大量僵尸客户，这类客户占用银行内部资源，长期不发生交易。在实际应用中，会从交易笔数和交易金额角度制定个人网

银客户有效标准，达标的才计为一个新增个人网银客户，不达标的则不纳入统计。

案例 19

某银行采用新增个人网银客户考核方式，将当年新开个人网银、当月发生 1 笔以上账务类交易且交易金额不小于 100 元的定义为新增个人网银客户。该银行实施这一考核方式后，在一定程度上减少了僵尸客户数量，节约了银行的内部资源。

（二）新增个人手机银行客户考核

1. 设计依据

一是金融科技水平的不断提升，银行人力成本的持续走高，要求银行要通过提高电子银行水平降低业务经营成本，达到节约人力成本、提高业务办理效率的目的。

二是移动端的快速发展及对 PC 端的不断替代，用户对移动端强烈地依赖和使用习惯，决定了客户对于个人手机银行产品的需求高于个人网银。

2. 考核规则

（1）定义考核指标。新增个人手机银行客户是指银行新签约手机银行业务的个人客户。在推广个人手机银行业务的过程中，同样也会出现“僵尸客户”，这与个人网银业务相似。因此，在实际应用中，同样会从交易笔数和交易金额角度制定个人手机银行客户有效标准，达标的才计为一个新增个人手机银行客户，不达标的则不纳入统计。

（2）测算考核参数。在运用 KPI 这一考核工具时，需要测算新增个人手机银行客户的计酬标准或计分标准；在运用 BSC 这一考核工具时，需要测算新增个人手机银行客户的考核权重。

考虑到个人手机银行业务对个人网银客户有逐步替代趋势，客户对手机银行业务的依赖性和使用率更高，因此，新增个人手机银行客户的计酬标准或考核权重应大于新增个人网银客户。

（三）新增企业网银客户考核

1. 设计依据

新增企业网银客户考核的设计依据如下：

一是要求银行通过提高电子银行水平降低业务经营成本，达到节约人力成本、提高业务办理效率的目的。

二是企业客户需要通过电子渠道发生交易，对企业网银产品存在着先天的需求。

2. 考核规则

（1）定义考核指标。新增企业网银客户指的是银行新签约企业网银业务的对公客户。不同于个人电子银行业务容易出现“僵尸客户”的情况，企业网银客户的需求较为稳定，实际发展的交易次数和交易金额通常较大，因此，在定义考核指标时，不需要特别考虑是否达标问题。

（2）测算考核参数。在运用 KPI 这一考核工具时，需要测算新增企业网银客户的计酬标准或计分标准；在运用 BSC 这一考核工具时，需要测算新增企业网银客户的考核权重。

对于银行而言，企业网银客户的综合贡献度明显大于个人网银客户和个人手机银行客户，其拓展难度也要远高于后者。在制定计酬标准或考核权重时，企业网银客户应高于个人网银客户和个人手机银行客户。

二、“以利润为中心”的中间业务考核

银行通常会以收入指标来计量中间业务的利润，因此，“以利润为中心”的中间业务考核指的是中间业务收入考核。

1. 设计依据

一是传统存贷利差的不断缩窄导致利息收入持续缩水，银行仅依靠利息收入难以持续发展。

二是我国银行的中间业务收入占比远低于国外先进银行，中小银行尤为如此，该项业务拓展空间巨大。

三是收入是评价中间业务产品最简单、最直接的关键业务指标。

2. 考核规则

（1）定义考核指标。中间业务收入指的是银行通过办理各类中间业务获得的营业收入，包括信用卡的年费、票据业务的手续费、信托业务的服务费等。

案例 20

某银行 2016 年开办的中间业务有代理贵金属、代理人身保险、银行承兑汇票、保函、财务顾问等。此类业务都会产生中间业务收入，统一采用收入考核方式。不同的是，该银行根据当年各项业务发展策略，明确主次产品，对于重点发展、营销难度较大的产品奖励力度更大。

三、“以价值为中心”的中间业务考核

“以价值为中心”的中间业务考核主要有中间业务 EVA 考核。

1. 设计依据

中间业务 EVA 考核的设计依据，同存款 EVA 考核，详见本章第二节。

2. 考核规则

（1）定义考核指标。定义中间业务 EVA 考核指标包括如下两个步骤：

第一，定义中间业务 EVA。中间业务 EVA 是指在中间业务收入的基础上，扣减各种税费之后的利润。

第二，制定中间业务 EVA 利润计算方法。

中间业务 EVA＝中间业务收入－增值税－各种费用

（2）测算考核参数。在运用 KPI 这一考核工具时，需要测算中间业务 EVA 的计酬标准或计分标准；在运用 BSC 这一考核工具时，需要测算中间业务 EVA 的考核权重。

对银行而言，中间业务 EVA 较中间业务收入的价值和贡献度更大，因此，中间业务 EVA 的计酬标准或考核权重应高于中间业务收入。

案例 21

某银行投资银行部主要负责该行中间业务的销售和管理，该银行对投资银行部采用中间业务 EVA 考核，投资银行部 EVA＝各类中间业务净收入－增值税－部门费用。考核结果运用于投资银行部绩效薪酬兑现。

第五节　银行国际业务考核

银行国际业务包括外汇买卖、国际业务结算、国际贷款，其中外汇买卖的核心业务要素是买卖金额、外汇买卖客户、外汇买卖收入，国际业务结算的核心业务要素是国际业务结算量、国际结算客户，国际贷款的核心业务要素是国际贷款客户和各项收入。相应地，外汇买卖主要采用“以规模为中心”“以利润为中心”“以客户为中心”的考核模式，国际结算主要采用“以规模为中心”“以客户为中心”的考核模式，国际贷款主要采用“以利润为中心”“以客户为中心”的考核模式。

一、“以规模为中心”的国际业务考核

（一）外汇买卖金额考核

1. 设计依据

买卖金额是银行外汇业务最直接的业务要素，能够衡量银行外汇业务的规模和贡献度，具有简洁直观、容易衡量统计的特征，适合用来评价考核外汇业务。

2. 考核规则

（1）定义考核指标。外汇买卖金额是指银行办理外汇业务的金额。

（2）测算考核参数。按照业务性质，银行的外汇业务可以分为即期外汇买卖业务、远期外汇买卖业务、外汇衍生工具买卖业务。其中，即期外汇买卖业务是最常见的外汇业务，业务规模也最大。鉴于此，在实施外汇买卖金额考核时，一般不再区分业务性质，而是差异化测算考核参数。

案例 22

某银行考核分支机构、国际业务部、员工的外汇买卖金额，根据折算人民币后的外汇买卖金额，按照一定奖励标准予以奖励。考核结果运用于分支机构、国际业务部、员工的绩效薪酬兑现。

（二）国际业务结算量考核

1. 设计依据

结算量是国际业务最直接的业务要素，每一笔国际结算都会产生一定的业务量，借助该指标能够简单直接地评价分支机构、职能部室、员工在营销办理国际业务结算方面的贡献度。

2. 考核规则

（1）定义考核指标。国际业务结算量是指银行办理国际业务结算的金额。

（2）测算考核参数。国际业务的结算形式包括汇款、托收、信用证、保函等。银行测算国际业务结算量考核参数，通常根据不同结算形式采用差异化策略，即不同结算形式产生的国际业务结算量的考核权重和计酬标准不同。

案例 23

某银行考核分支机构、国际业务部、员工的国际业务结算量，根据折算人民币后的结算金额，按照一定奖励标准予以奖励。考核结果运用于分支机构、国际业务部、员工的绩效薪酬兑现。

二、“以利润为中心”的国际业务考核

（一）外汇买卖收入考核

1. 设计依据

外汇买卖收入考核的设计依据同中间业务收入考核，此处不再赘述。

2. 考核规则

（1）定义考核指标。外汇买卖收入是指银行办理外汇业务获得的各项手续费和佣金。

（2）测算考核参数。外汇买卖收入的贡献度和价值较外汇买卖金额更直接，也更大，因此，外汇买卖收入的考核参数应高于外汇买卖金额。

案例 24

某银行考核分支机构、国际业务部、员工的外汇买卖收入，按照一定奖励标准予以奖励。考核结果运用于分支机构、国际业务部、员工的绩效薪酬兑现。

（二）国际贷款收入考核

1. 设计依据

国际贷款收入考核的设计依据同第三节“资产业务考核”中“贷款利息收入考核的设计依据”。

2. 考核规则

国际贷款收入是指银行办理国际贷款业务获取的各项收入，包括佣金和利息收入，其中又以利息收入为主。

案例 25

某银行考核分支机构、国际业务部、员工的国际贷款收入，按照收入金额予以奖励，考核结果运用于分支机构、国际业务部、员工的绩效薪酬兑现。

三、“以客户为中心”的国际业务考核

（一）新增外汇买卖客户考核

1. 设计依据

同传统存贷款业务发展趋势相似，银行间国际业务的竞争也将从规模竞争向客户竞争转变，营销和服务策略从以规模为中心向以客户为中心转变，相应地采用客户考核模式的必要性也就越来越大。

2. 考核规则

新增外汇买卖客户是指银行新拓展的在本行办理外汇买卖业务的客户。新增客户的外汇买卖金额越大，该客户的综合贡献度越大，相应的考核权重

或计酬标准就越高。

案例 26

某银行考核分支机构、国际业务部、员工的新增外汇买卖客户数量，根据外汇买卖金额划分客户类型，买卖金额越大的客户贡献度越大，计酬标准越高，考核结果运用于分支机构、国际业务部、员工的绩效薪酬兑现。

（二）新增国际业务结算客户考核

1. 设计依据

新增国际业务结算客户考核的设计依据参考新增外汇买卖客户考核的设计依据。

2. 考核规则

新增国际业务结算客户是指银行新拓展的在本行办理国际业务结算的客户。新增客户的国际业务结算量越多，表明该客户的综合贡献度越大，相应的考核权重或计酬标准就越高。

案例 27

某银行考核分支机构、国际业务部、员工的新增国际业务客户数量，并根据结算规模划分多个档次，包括结算量为1000万美元及以下的客户、结算量为1000万~2000万美元的客户、结算量为2000万~5000万美元的客户、结算量为5000万~10000万美元的客户、结算量为10000万美元以上的客户，档次越高，计酬标准就越高。考核结果运用于分支机构、国际业务部、员工的绩效薪酬兑现。

（三）新增国际贷款客户考核

1. 设计依据

新增国际贷款客户考核的设计依据参考本章第三节资产业务考核中新增贷款客户考核的设计依据，及本节新增外汇买卖客户考核的设计依据，此处不再赘述。

2. 考核规则

新增国际贷款客户是指银行新拓展的在本行办理国际贷款业务的客户。

案例 28

某银行考核分支机构、国际业务部、员工的新增国际贷款客户数量，根据客户数量予以奖励，考核结果运用于分支机构、国际业务部、员工的绩效薪酬兑现。

第七章　银行绩效管理运营体系

本书第三章至第六章从银行分支机构、职能部门、岗位和业务角度，详细介绍了构建绩效管理体系的过程，本章将对银行绩效管理运营体系（以下简称为“运营体系”）进行阐述。

第一节　银行绩效管理运营体系概述

一、银行绩效管理运营体系的含义

银行绩效管理运营体系是指为保证绩效管理得以“落地”，达到绩效考核的预定目标，银行所开展的各种相关管理活动的总称。银行绩效管理运营体系主要解决的是绩效考核体系建设完成、考核结果首次应用后，提高银行员工对于绩效管理体系的接受度、满意度，让全体员工参与到绩效管理当中，提升全体员工的参与感。

二、银行绩效管理运营体系的重要性

要把绩效考核管理体系建设好、运作好且产生效果，需要做好“打造”和“运营”两大工作。其中，“打造”仅仅完成了绩效管理体系的初始建设，而绩效管理体系要达到预期效果，必须通过运营才能真正实现。实践证明，成功且有效的绩效管理体系需遵循“三分靠打造、七分靠运营”的原则。建设一套适合银行的绩效管理体系，需要从运营、文化、制度、软件四大体系进行优化。

运营体系是绩效考核制度得以落地的保证。目前，在绩效考核改革中，

很多银行把注意力放到了绩效考核体系的打造上，而忽略了绩效管理体系的运营，最终导致绩效管理体系无法落地，绩效考核改革以失败告终。如由于缺乏绩效考核管理团队，缺乏“一把手”的强有力推行，行领导意见无法统一，绩效考核改革的主心骨作用没有充分发挥，改革阻力很大，导致绩效考核改革“夭折”，而无法推行下去。由于缺乏有效的绩效沟通与改进，导致员工无法理解绩效考核的意义，绩效理念淡薄，不支持绩效考核改革。由于缺乏流程保障，导致绩效考核工作无法按照既定的路线推进、工作过程缺乏方法指导、工作结果缺乏衡量标准等，导致绩效考核效果不佳、难以发现问题等。相反，多数注重运营体系的银行，它们能够在强有力的组织保障下，按照既定的工作流程、科学的方法等开展绩效考核相关工作，其绩效考核得以顺利落地实施、平稳运行。

银行开展绩效考核改革的核心目标是“效果”，如促进业务发展与转型、推动银行业绩和价值的不断提升、提升员工的满意度等。一是有效的绩效运营，能够在强有力的组织保证下形成绩效文化，强化员工的绩效理念，让员工知道、了解、理解、接受绩效考核，从而支持、配合绩效考核，充分利用绩效考核提升个人的业绩，使总行的经营目标能够分解到员工层面，促进经营目标的实现。二是有效的绩效运营，能够对银行各个层面的业绩进行监控，并采取相对应的措施以保证业务沿着既定的方向开展。三是有效的绩效运营，能够对绩效考核问题进行诊断，对机构与员工层面的业绩进行诊断与分析，对绩效考核的重点、标准、工具等进行动态调整，让绩效考核更加切合银行的经营战略，更好地发挥“指挥棒”的作用。

三、银行绩效管理运营体系的局限

目前，银行在绩效管理的运营方面还存在较大的局限性，主要有以下几个方面。

第一，缺乏绩效运营组织的建设。绩效管理是企业管理中最核心和最复杂的部分，是“一把手”工程，是银行的重大改革项目之一，是调动全体员工主动性和积极性的最有效管理方式，是支撑企业战略落地的最有效工具。因此，很多银行在绩效考核管理体系的建设期投入大量的人力、物力和财力。

然而，绩效考核管理体系初始建设完成后，绩效考核管理的组织保障形同虚设，只是让绩效专员去管理与执行，“一把手”没有真正参与绩效管理，或者绩效管理组织与团队的能力跟不上绩效管理发展的需要。

第二，缺乏绩效管理支撑体系的建设。要建设好绩效管理体系，不单只是配备一套软件系统，还需要对存量业绩进行分配，需要对新增业绩关系进行管理，需要有产品营销定价体系或积分规则体系、FTP 定价体系、培训辅导体系、营销引导体系等。目前，大部分城商行、农信联社、农合行和村镇银行在这些方面的管理都存在很大的改进空间。

第三，缺乏较完整的绩效管理应用体系建设。各商业银行对绩效管理体系的结果应用较为狭窄，绝大多数银行仅应用于薪酬管理。对绩效管理的结果应用并未进一步进行拓展，如等级评定、HR 管理（特别是员工职业发展）、费用管理等。

第四，缺乏推广服务体系的建设。一方面，在绩效管理推广与使用过程中，缺乏与各分支机构相对应的推广服务流程体系，缺乏对员工的政策指引，难以发挥绩效管理“指挥棒”的作用。另一方面，绩效管理体系建设是一个持续的、不断循环的改进过程。绩效管理是为经营管理服务的，随着商业银行经营管理和发展的变化，绩效管理体系也需要不断改进与完善，才能建立一套适合自身发展与管理需要的绩效管理体系。

第五，缺乏绩效文化体系的建设。垂直考核到个人的绩效管理体系建设目的就是要打破吃“大锅饭”或“中锅饭”现象，形成“多劳多得，按绩取酬”的绩效文化。有些商业银行，特别是部分城商行、农商行、农信联社、农合行以及国有商业银行长期以来形成了吃“大锅饭”的现象，“干多干少一个样、干与不干一个样、干好干坏一个样”，甚至存在干得多、错得多、反而还要受处分的情况。另外，部分商业银行的员工对绩效有一定的认识偏差，这种思想也制约着绩效管理体系的有效推行。缺乏绩效文化体系的同步建设，导致一些银行在绩效考核建设期就矛盾重重，或者根本过不了磨合期，要么步履艰难，要么半路夭折。因此，在绩效管理体系的建设与运营过程中，需要通过绩效理念培训、制度宣导、能力提升培训、员工座谈会、绩效工资分析会、标杆打造与表彰、绩效反馈与申诉渠道建设等来进行绩效文化建设。

第六，缺乏影响绩效管理的配套管理体系变革。在绩效管理体系的运营过程中，随着绩效改革的深入，会发现很多问题，有的是绩效管理自身的问题，这可以通过持续不断地改进与完善来解决，而有些是其他管理上或机制上的问题，就需要配套管理体系改革来解决。

综上所述，银行绩效管理运营体系是重要的，直接决定了绩效管理的落地与效果，但是原有的银行业绩效管理运营体系还存在诸多短板。有鉴于此，在大量的银行绩效管理运营实践经验的基础上，需要持续不断地优化与完善银行绩效管理运营体系，逐步形成一套能被广大员工普遍接受、认可并执行的绩效管理体系，实现绩效管理体系的高效运营。

四、运营体系的主要内容

长期的银行绩效管理经验表明，绩效运营体系的主要内容包括如下几个方面。一是打造管理团队。打造有效的绩效管理团队，包括银行自己的绩效管理团队、服务公司的绩效管理团队。二是流程建设。打造绩效管理体系的最佳流程，包括建设、管理、推广流程的最佳模型，在绩效考核建设期、磨合期、成熟期，工作内容不同，工作流程也有所差异。三是文化建设。打造“规则公开与公平、过程透明、结果公正”“多劳多得、按绩取酬”的绩效文化，包括各种绩效管理会议，尤其是“两会”和支行行内绩效座谈会、理念宣传与培训、标杆打造与宣传表彰、制度宣导、系统培训和岗位淘汰等。四是绩效反馈与改进。绩效反馈与改进对于实现考核的效果至关重要，通过绩效反馈与改进，能让员工理解与支持绩效考核，能让员工知道怎样才能取得高绩效，促进员工成长，能把总行的战略目标传导至机构与员工，能让管理者知道哪些地方还存在问题并及时改进，保证绩效考核沿着既定的方向进行。

第二节　绩效管理团队

绩效管理体系的建设与运营是一项复杂的系统工程，涉及全体员工及全部业务的全面考核管理工作。组建强大的绩效管理团队，使绩效管理体系的建设与运营能顺利开展，为实现绩效考核预期目标和“效果”保驾护航，是实现绩效考核效果的组织保障。

一、绩效管理团队的含义

绩效管理团队是为绩效管理服务的，是打造与实施绩效管理体系最有效的保证，各业务条线部门、各支行和科技部门都应参加到绩效管理体系的建设与运营当中，通过绩效管理，更好地支持各业务条线的管理与各支行的业务发展。因此，银行应组建“一纵一横”的强大绩效管理团队。其中，“一纵”团队是指，绩效管理体系建设与运营是“一把手”工程，建立董事长、考核办和从总行到支行专管员的绩效管理“一纵”团队。“一纵”专管员机制保证业务管理数据的准确性和及时性，起到打通绩效管理体系“最后一公里”的作用。“一横”团队是指，总行建立各业务对口条线部门的部门负责人和指定兼职业务专管员的绩效管理“一横”团队，需要各业务条线部门参与到绩效管理体系的建设与运营当中，更好地服务于各业务条线部门的业务管理与业务发展需要。

二、绩效管理团队不同角色的职责

在银行绩效管理团队中，不同角色的主要职责如下。

（一）“一纵”团队的职责

第一，董事长的职责。绩效考核涉及员工的利益分配，绩效管理改革对整个银行有重大的影响。因此，很多银行把绩效管理作为“一把手”工程，由董事长直接牵头开展。绩效考核改革成功的银行的经验表明，要使绩效考核“指挥棒”的作用得到发挥，实现绩效管理的效果，在绩效管理体系的建设与运营中，董事长需要牵头开展如下工作：组建绩效管理团队；年度战略解码，制定本年度的考核方案；主持推广考核方案、宣贯考核理念、统一全行思想；主持绩效工资分析会；主持员工座谈会。

第二，考核办主任/牵头部门负责人的职责。考核办主任/牵头部门负责人在绩效运营中是总揽实施的角色，董事长的意图能否实现到位，很大程度上与考核办主任/牵头部门负责人有关。在绩效管理体系的建设与运营中，考核办主任/牵头部门负责人的主要职责如下：承上启下与部门协调，负责项目的组织、协调、推动、执行、督导等一系列工作；关键节点向上级领导汇报工作；与服务公司讨论解决方案，并报上级领导进行决策；组织会议，与服务公司敲定议程，提前制定会议材料、议程、主要解决的问题等；组织培训，重点是理念、制度、系统等与绩效考核相关的培训工作；标杆支行与标杆员工的选拔、宣传和组织表彰；处理员工申诉与反馈工作，重点负责对绩效业务专管员无法解决的员工问题与申诉反馈工作；绩效文化推广工作；上级领导交办的其他工作等。

第三，总行专管员的职责。总行专管员在考核办主任/牵头部门负责人的指导下，负责绩效考核工作的具体实施。总行专管员包括业务专管员和技术专管员，由考核办进行管理。其中，在绩效管理体系的建设与运营中，总行业务专管员的职责如下：①配合服务公司进行绩效管理方面的相关工作，如支行调研与访谈等；②负责绩效系统基础信息、价格参数、人员岗位变动等信息的维护；③负责全行业绩关系管理、监控、调整、审核工作；④定期组织召开“两会”（绩效分析会、支行座谈会），对会议成果进行跟进和落实；⑤编写月度考核报告，分析绩效考核运行情况；⑥开展理念与制度培训宣讲，提高员工对绩效考核的认知和认可度；⑦处理员工的绩效问题与申诉，无法处理的上报考核办主任；⑧收集各业务条线和支行的绩效问题与需求，为绩效体系的不断优化完善奠定基础；⑨完成上级领导交办的其他工作。在绩效管理体系的建设与运营中，总行技术专管员的职责如下：①保证接口数据稳定下发、接口数据正常；②负责绩效考核系统的运维等工作；③对后台跑批数据进行检查，保证数据的准确性；④收集系统功能方面的缺陷和不足；⑤负责对基层员工在系统方面的答疑解惑工作；⑥开展系统培训宣讲，提高员工对绩效系统的认知和掌握；⑦协助各业务条线部门提取相关数据，以便业务部门进行条线业绩分析；⑧对系统数据库进行定期备份和清理；⑨完成上级领导交办的其他工作。

第四，支行绩效考核专管员的职责。支行绩效考核专管员要解决的是绩效考核落地“最后一站”的问题，直接与本支行人员对接，具有不可替代的作用。在绩效管理体系的建设与运营中，支行指定兼职的业务专管员，其职责如下：①负责支行内员工业绩的认领、审核与录入工作；②协助总行定期收集统计考核手工数据；③定期组织召开支行内部绩效座谈会，对会议成果进行跟进和落实，并把会议成果上报至总行；④熟悉考核方案和系统操作，组织开展支行业务和系统培训；⑤负责支行内部员工的一般绩效考核问题答疑解惑工作；⑥收集支行人员意见和建议，并上报总行；⑦完成总行交办的其他绩效事项。

（二）“一横”团队的职责

（1）业务条线部门的职责。在绩效管理体系的建设与运营中，各业务对应的条线部门负责人及其兼职绩效考核专管员，其职责如下：①负责条线部门对应业务的年度计划任务制定、分解和下达；②参与条线业务的年度考核方案制定、讨论；③负责条线业务考核中手工数据的收集、统计与评分工作；④负责条线业务的绩效工资分析与汇报；⑤负责条线业务的员工意见收集、一般考核问题处理与反馈；⑥配合在绩效管理体系建设中与条线业务对应的其他工作；⑦完成总行领导交办的其他事项。

（2）信息科技部门的职责。在绩效管理体系的建设与运营中，信息科技部门负责人及其兼职专管员，其职责如下：①负责绩效管理信息系统的软硬件采购和网络维护；②负责绩效管理信息系统的接口数据下发与维护；③负责绩效管理信息系统的数据备份与数据安全；④负责绩效管理信息系统的其他科技支撑服务；⑤完成总行领导交办的其他事项。

三、绩效管理团队的重要性

绩效管理团队对于绩效管理的实施与推进至关重要，管理团队的各个层面均发挥着不同的作用，共同促进绩效管理工作的开展。

绩效管理是“一把手”工程，银行“一把手”对绩效管理的重视程度、对绩效管理的关注度，直接决定了绩效管理效果。对各家银行的绩效管理实践调查数据显示，在绩效考核实施阶段，高层管理者对绩效考核推动不足的比例，由 2016 年的 18%，降至 2017 年的 13%、2018 年的 10%，呈现逐年下降的趋势。这表明“一把手”在绩效管理中的决定性作用已经成为一种共识。

另外，据相关数据显示，绩效考核由“一把手”亲自“挂帅”的银行，其绩效工资兑现基本达到100%，绩效管理效果得到较大体现；而在“一把手”没有负责绩效管理的银行中，能够兑现绩效工资的比例约为70%，甚至有一些银行的绩效管理因此无法继续推行。可见，绩效管理要取得效果，与“一把手”的高度重视有较大的关系。

绩效考核业务专管员和技术专管员在一定程度上影响绩效管理的效果。近年来，绩效专管员岗位作用初步显现，其作用与地位得到进一步提升。行业调查数据显示，设立了绩效考核专管员岗位的银行中，绩效兑现的银行比例约为84%，较没有设立绩效考核专管员的银行高出约5个百分点。此外，调查数据显示，90%的银行领导重视绩效考核业务专管员岗位的相关工作，通过设立绩效考核业务专管员推进绩效考核工作。更为重要的是，为了顺利推进绩效考核，绩效考核业务专管员岗位的重要性将进一步突显，未来1~2年内，近70%银行的绩效考核业务专管员岗位将会发挥更大的作用；而另外的近30%也会持续发挥作用。

绩效考核办公室在绩效管理中起到承上启下的作用。绩效考核办公室或者绩效考核牵头部门负责人在绩效管理中承担着重要角色，承担很多具体的绩效考核工作。因此，为了推动绩效考核落地，很多银行设立了专门的绩效考核办公室。其中，一些银行把绩效考核办公室设在一级部门下面，形成二级部门，甚至还有一些银行把绩效考核办公室设置为一级部门，充分体现了其重要性。调查数据表明，绩效考核办公室的作用初步显示：设立专门的绩效考核办公室的银行中，兑现绩效工资的银行的比例达到近90%；而尚未设立专门的绩效考核办公室的银行中，兑现绩效工资的银行的比例还不到80%。此外，相关数据显示，绩效管理无法推行的银行均没有设立专门的绩效考核办公室。

案例 1

2014 年 6 月，L 银行为提升经营业绩，促进零售转型，开启了绩效管理改革。在绩效管理改革之初，由副行长主管相关工作，工会作为主管部门，工会主席承担具体相关工作，并设置绩效考核业务专管员 1 名。绩效管理建设之初虽然制定了相对完善的绩效考核制度，但是由于各方面难以协调，直到 2015 年 12 月绩效管理也没有得到实施。

后来，经第三方服务公司深入调查了解，由于缺乏绩效沟通、培训、辅导等，导致员工不理解、不认可绩效考核，认为绩效考核损害了他们的利益。而背后最根本的原因在于，L 银行缺乏强有力的绩效管理组织保障，最终导致其他相关工作难以开展。后来，经 L 银行与第三方服务公司讨论，决定从 2016 年 5 月起，把绩效管理改革升级为“一把手”工程，由董事长亲自抓绩效改革，由人力资源管理部门负责具体落实，并且设置了绩效考核业务专管员和技术专管员，分别负责落实业务和技术相关事宜，还建立了绩效考核相关工作流程，着力打造绩效考核文化体系。

在董事长大力推动下，在人力资源部总经理和 2 名专管员的努力下，及其他有关部门大力配合下，L 银行的绩效考核逐步走向正轨。通过借助相关工作流程，让员工理解绩效考核，利用绩效考核提升业绩，从而 L 银行也发挥了绩效管理“指挥棒”的作用，推动了向零售业务转型。截至 2018 年 2 月，L 银行绩效管理稳定运行，其效果也得到充分的体现。可见，“一把手”参与以及打造有效的绩效管理团队对于绩效管理作用的发挥非常重要。

第三节　流程保障

一、背景

银行绩效管理体系建设一般会经历建设期、磨合期和成熟期三个阶段，在绩效管理体系建设过程中也都会经历这三个阶段，这也符合员工的认知与心理转变和企业管理能力不断提升的需要，绩效管理体系建设风险主要出现在“磨合期”，因此，“磨合期”是绩效管理改革成败的关键。员工绩效考核认知过程如图 7-1 所示。

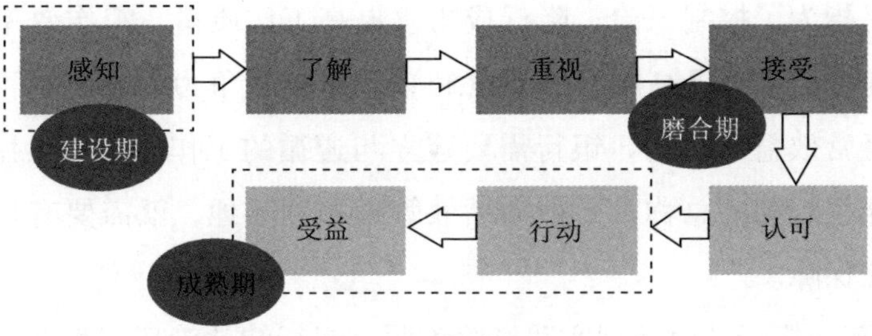

图 7-1　员工绩效考核认知过程

绩效管理体系建设的三个阶段划分如下（见图 7-2）。一是建设期：初步建成绩效管理体系。其完成标志是开始兑现绩效，正式打破原有分配体系，周期一般为 6 个月到 1 年。二是磨合期：各层级员工对新的绩效管理体系了解、重视、接受、认可。其完成标志是连续、稳定、及时按照绩效管理系统兑现绩效工资 2 年，周期一般为 1~3 年。三是成熟期：能自如使用“指挥棒”，充分调动员工工作积极性和主动性，推动企业业绩和价值的不断提升，成熟期无完成标志，周期一般在 3 年以上。

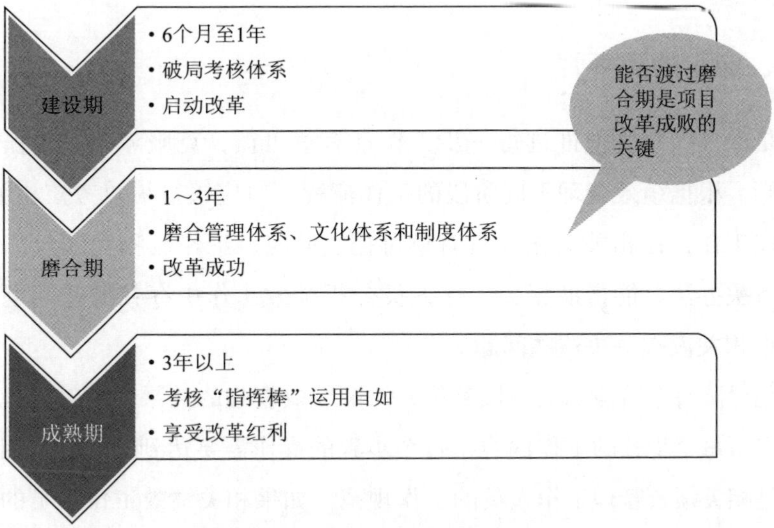

图 7-2　绩效管理体系建设三阶段

二、流程的含义

流程是指为了控制风险、降低成本、提高工作质量、工作效率以及对市场的反应速度，最终提高顾客满意度和企业市场竞争力，进而达到利润最大化和提高经营效益的目的，银行需要建立与遵循的工作方法、工作步骤、工作目标等相关规则的总称。要推动绩效管理顺利落地，就需要有相关的绩效运营流程来保障。

近20年的银行绩效管理实践经验表明，银行绩效管理流程在保障绩效考核发展的不同时期有不同的内容。其中，绩效考核建设期，其流程保障需要包括绩效管理体系诊断、效果规划、项目启动、咨询调研、理念培训、咨询调研、制度建设、业绩平台上线、存量清理、价格测算、工资平台上线、工资分析、绩效推广宣传等。建设期之后，绩效管理进入了磨合期，这一时期主要的流程包括绩效管理能力提升、专管员能力提升、标杆打造、软文推广、内训师、一对一辅导、对接年度计划、制度调整、软件优化、工资监测、系统运行、支行调研、“两会”、效果评估等。进入成熟期的绩效考核，其运行状况基本稳定，这一阶段的流程基本与磨合期的相同，只是在操作的细节上有所差别。

三、流程的重要性

一是保证绩效管理推进每一步工作都有章可循，克服障碍。流程本质上也是规则。根据绩效管理不同阶段的工作流程，对应银行绩效考核相关人员，开展相应工作，让相关工作人员有章可循。同时，工作流程为绩效工作开展提供了解决办法，能帮助相关工作人员分析绩效工作中存在哪些问题，并且能够根据相关流程解决这些问题。

二是保障每个阶段的工作做到位，保证绩效管理的效果。绩效管理工作流程中规定了每个步骤的工作内容，每个步骤的操作需要达到的标准。因此，工作流程是相关绩效管理工作人员的工作规范。如果相关绩效工作人员的每个步骤都做到位了，那么绩效管理工作就能够顺利推进，效果将是水到渠成的事。

四、建设期主要流程

银行在绩效考核建设期主要存在进度慢、兑现难、质量差等问题。其中，进度慢主要表现为高层在确定考核制度等方面进度难以把握、中层在推进绩效工作时缺乏方法、绩效工资兑现时间无法确定等。绩效工资兑现难主要表现为高层意见不一致、缺乏参考标准、基层接受度存疑等。质量差主要表现为绩效建设中，单个环节的工作质量没跟上，出现反复调整、无法确定制度和方案等，工作环节之间不统一、没对接等。

对上述问题进行分析后，建设期的主要工作流程逐步形成并得以完善，建设期主要工作流程及简要说明如表 7-1 所示。其中，效果规划、绩效管理手册、制度建设、价格测算、工资分析、项目启动会等环节，均需要银行的“一把手”参与。

表 7-1 建设期主要工作流程及简要说明

流程名称	工作目标	备 注
绩效管理体系诊断	对绩效管理现状进行诊断，帮助效果管理，指导后续工作开展	必选
效果规划	银行需要对绩效考核的效果目标、实现计划进行沟通、确认，达成共识	必选
绩效管理手册	组建绩效管理团队，规范绩效管理流程	必选
反馈与沟通机制	提高员工对绩效考核的认知度和认可度	必选
项目启动会	召开启动会，强化仪式感，获得高层领导支持	必选
理念培训	统一思想	必选
咨询调研	全面调研、把握痛点	必选
制度建设	制度定稿并签字确认	必选
业绩平台上线	业绩平台上线并培训	必选
存量清理	业绩分配到人	必选
存量清理后专项营销活动	存量清理后通过专项活动让员工持续使用系统、感知考核	可选
价格测算	形成第一版工资	必选
工资平台上线	工资平台上线	必选
工资分析	通过反复测算调整让行领导认同单价、工资结果	必选

续表

流程名称	工作目标	备　注
工资公示	通过公示阶段，让员工有一个了解、接受、反馈的过程，减少直接兑现后的矛盾激化	必选
软文推广、宣传	通过全过程的软文推广与宣传，强化文化体系建设	必选
系统启动会	正式启用系统，强化员工的重视与接受	必选

五、磨合期主要流程

结合大量的银行绩效管理经验，针对磨合期的特点，可以把磨合期分为“辅导期”“平稳期”“优化期”3个环节，每个环节的工作流程如表7-2所示。在磨合期，绩效管理流程归结起来，可以用一句话概括：每天维护业绩关系，每月兑现绩效工资，每季进行效果评估，与年度计划对接，紧密围绕战略与管理。

表7-2　磨合期主要工作流程及简要说明

阶　段	流程名称	节点/频率	备　注
辅导期（3个月）	月度监控	每月	必须
	支行调研、座谈	每月	必须
	一对一辅导	每月	必须
	“两专”强化	每月	必须
	业绩关系管理	每天	必须
	绩效反馈	随时	必须
	培训和转培训	每季度	
	绩效宣传（软文推广）	每季度	
	二次分配	每月	
	支行内部座谈会	每周/每月	

续表

阶　段	流程名称	节点/频率	备　注
平稳期（6个月）	月度监控	每月度	必须
	“两会”	每季度	必须
	标杆评选	每月度	必须
	业绩关系管理	每天维护	必须
	绩效反馈	随时	
	绩效宣传（软文推广）	每季度	
	两专强化	每月	
	二次分配	每月	
	支行内部座谈会	每月/季度	
优化期（1年后）	季度监控	每季度	必须
	对接年度计划	年末	必须
	“两会”	每半年	必须
	支行内部座谈会	每月度	必须
	效果评估	每半年/年	必须
	培训与转培训	每季度或半年	必须
	制度调整	每一年	必须
	二次分配	每月	必须
	绩效管理成熟度评估	每半年/年	必须
	标杆评选	每半年/年	
	绩效反馈	随时	
	同业交流	每半年	
	绩效宣传（软文推广）	每月度	
	两专强化	每月度	
	业绩关系管理	每天维护	

六、成熟期主要流程

随着绩效管理步入成熟期阶段，绩效管理工作将迈向新的台阶。成熟期作为绩效管理最终效果的体现，是绩效改革稳健打造和运营的成果，也是银行最为关注和期待的阶段。为确保成熟期有效平稳运行，及时识别和消除风险隐患，更好地发挥效果，银行在绩效管理成熟期需要开展如下工作流程，如表 7-3 所示。

在成熟期，各种关键工作需要根据银行绩效管理运行的实际情况进行展开，通过对绩效管理各个体系进行优化及监控，有效地巩固运营成果及做好纠偏。在这一时期，银行能自如地使用“指挥棒”，充分调动员工工作积极性和主动性，推动银行业绩和价值不断提升。

表 7-3 成熟期主要工作流程及简要说明

阶 段	流程名称	节点/频率	备 注
成熟期	对接年度计划	年末	
	制度调整	每一年	
	系统优化	随时	
	相关培训	每季/半年/年	
	制度小手册	制度调整并发文后修订	
	业绩关系管理	每天维护	
	二次分配管理	每月	
	工资监控报告	每月	
	系统运行报告	每月	
	绩效管理能力提升计划	启用会后不定期	
	绩效考核专管员强化培训	每月度	
	标杆打造	每季度	
	软文推广	每季度	
	支行调研	每半年	
	“两会”	每半年	
	效果评估	每半年/年	

七、业绩关系管理与运营

业绩关系贯穿从建设期到成熟期整个流程，而且也是提高员工积极性与业务的重要基础。业绩关系认定是对客户名下某个产品、服务或交易行为参与营销员工业绩贡献的认定。因此，在业绩关系管理建设中必须加强银行客户管理，使考核与激励机制配套、与信息化建设等方面结合，并重点做好业绩关系类型、岗位职责、分成规则和标准、认定流程和组织规则等的制定和推动工作。

（一）明确各类关系中各种角色定位

不同业务或产品不同人员承担的角色和职责不同。如在信贷业务需要考虑业务后续的责任风险承担及双人维护的要求，在维护人角色中会设置主办维护人、协办维护人。

以理财产品为例，转介绍销售流程中的角色定位包括转介人、销售人、操作人这三种角色。介绍人可能是大堂经理、柜员、其他管理人员；销售人有可能是管户的客户经理，也可能是其他有权销售人员；操作人通常指的是负责为客户办理各种理财业务的柜员。在各种关系中，不同角色的定义如表7-4所示。

表 7-4 不同角色的定义

角　色	说　明
推荐人（转介人）	可以是单笔业务的推荐/转介人，也可以是客户的推荐/转介人，是指将客户引导到银行开展业务的人员
主办人（拓展人）	是指具体跟进该客户，促使其办理业务，对日常的客户账户管理起到重要作用的人员，如针对信贷业务，其承担主要的信贷调查职责
协办人	是指协助主办维护人员完成业务、协助进行客户管理的人员
有权销售人	是指拥有相关产品销售资质、并与客户签订相关理财协议的产品销售人员
交易操作人	为客户办理各种业务的操作人员
管户人	是指 CRM 管户客户的客户经理

（二）确定各角色的销售权益分润机制

不同角色在产品销售时定位和职责不一样，其对应的权益计算，即分享权益的比例也会不同，特别是在各种关系交叉在一起的时候，分配模型与分润规则比较复杂，当对客户营销银行某个产品或服务成功后，销售流程中的每一个角色都应该享有该客户营销后的分润。

第一，设定分润原则。按照谁销售谁收益、优先顺序的原则认定归属关系并确认销售利益，同时对应相应的责任关系。

第二，设置合理的分润比例区间。可分润部分总和为 100%，各角色可按职责分工、营销介入贡献程度来确定对应的比例；也可以从不同业务发展方向及重点产品阶段性来进行调整和协调各方的利益。如在单一的业绩关系管理以及无管户、无推介人的情况下，对一个贷款账户进行业绩认定，各角色的分享比例如表 7-5 所示。又如在有转介人的情况下，在一个原来存款销售账户上，原来有拓展的客户经理（营销拓展人），现在某个柜员（转介人）转介绍给理财经理，进行理财业务（销售人）营销，销售权益业务转介认定，各个角色的分享比例如表 7-6 所示。

表 7-5　无转介人下的业绩分成比例

角　色	业绩分成比例
主办人员	80%
协办人员	20%

表 7-6　有转介人下的业绩分成比例

角　色	业绩分成比例
转介人	20%
营销拓展人	30%
销售人	50%

（三）结合绩效考核，完善销售业绩和权益计算规则

对于各家银行而言，要想充分激励员工的营销积极性，应建立利润与规模相结合的 KPI 考核模式，考核结果直接与薪酬挂钩；要想真正做到按劳分配、按绩取酬就必须考核到人，而考核到人的前提是业绩到人，业绩到人就需要完善销售业绩和权益计算规则，从而加强对人员的考核激励作用。

第一，区分业绩的权益分享长短期机制。区分不同业务和客户规模的销售权益是长期分成、短期分润或者一次性分润。如某银行规定，贷款金额 500 万元以上的对公信贷客户转为 500 万元以下的客户，转介绍后新老管户客户经理对该客户产生的绩效奖励是按 7∶3 进行长期分成。而小企业客户经理和大企业客户经理相互转介绍的新增对公信贷客户，按 1200 元/户对介绍人进行一次性奖励。

第二，按照考核规则与口径，明晰业绩统计与考核业绩的关系。银行为

了发展综合金融，鼓励客户经理在做主业的同时，开展交叉销售。对于各个条线的客户经理岗位考核，对应主业和副业的业绩计算规则和口径是不一样的。例如，对于理财经理依靠员工个人关系所引入的零售客户，可以申请按关系户做分配，按关系户存款计提奖励，计入其他收入，不纳入其管理客户的存款规模，且不计入其考核业绩。

（四）建立明确的业绩认定流程和组织管理

建立一套适合本行的客户业绩关系管理规则和流程，需要确定管理组织、统一管理、协调解决业绩关系管理中存在的问题。根据本行的实际情况，具体考虑的内容包括产品种类、人员角色、客户范围等，以此指导全行的客户业绩关系管理。建立业绩关系认定流程，需关注以下几个问题。

第一，明确组织管理及分工。分支机构设立专门的管理人员，负责本机构的业绩关系管理；总行业务或管理部门设立管理员，负责跨行营销、跨条线营销的业绩关系管理，协调解决业绩关系中存在的问题。由管理员把业绩分配关系逐笔录入或批量导入绩效考核系统。

第二，制定认定和审批流程。制定规范存量和增量客户的认定规则与流程，如客户在开户前作申报，或开户后作认定，并在开户后一定期限内，客户经理填写《业绩分配确认单》，由审批人确认业绩关系。

第三，明确业绩转移认定规则和审批流程。不同业绩的转移规则是不一样的，要明确客户经理转岗或者离职等状况下业绩的处理方式。不同的处理方式对客户经理本身或者接受的客户经理业绩和考核指标产生的影响也是不同的。

第四，完善业绩关系协调和问题处理机制。由于业绩关系涉及营销人员的切身利益，在一些跨分支机构或跨条线关系分配出现矛盾的时候，就需要由相关支行行长及客户经理协商解决，协商不成的，由总部考核管理部门协调。

（五）运用信息化系统，支撑业绩关系管理实施

由于客户业绩关系管理的多样性和复杂性，靠手工台账管理难以满足银行业务发展和管理的需求，特别是对于业绩计算有较高要求的业绩转移，必

须有信息化系统支持。

考核系统业绩关系管理模块既要满足客户业绩关系、账户/产品业务的关系、资源转介等关系的灵活性、稳定性、实用性、延展性要求，又要适应业务的快速发展变化和各种特殊业务需求。对业绩关系及其相关数据进行统一管理，加强对人员及各种业务分成的有效监控，使每个客户经理都能对自己的客户和业务、业绩水平，甚至绩效水平一目了然，在满足考核到人的要求基础上，大大提高员工营销的积极性，促进银行业务的发展。

第四节 绩效文化

绩效文化对于绩效管理顺利实施具有至关重要的作用。因此，绩效管理需要相应的绩效文化作为支撑，让员工感知、了解、反馈、接受、重视绩效管理（见图 7-3），从而为绩效管理的顺利实施营造良好的环境。

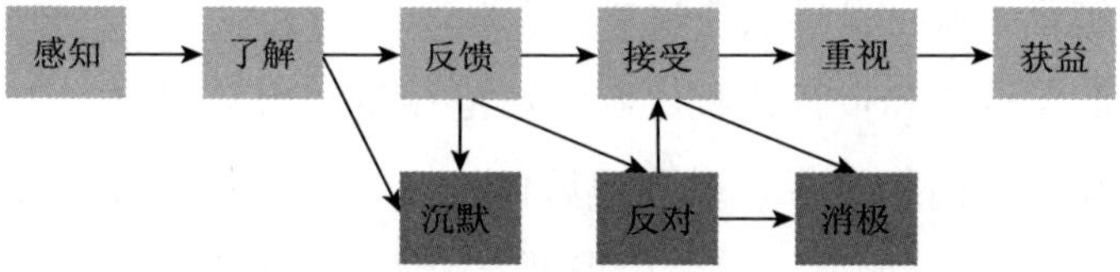

图 7-3 员工对绩效考核认识变化的过程

一、绩效文化的含义

绩效管理体系的核心理念是打造“规则公开与公正、过程透明、结果公平”“多劳多得、按绩取酬”的绩效文化。从定义来看，绩效文化是指企业基于长远发展方向和愿景，通过对公司战略、人力资源、财务、团队建设等一系列有效的整合与绩效评价、考核体系的建立与完善，让员工逐步确立企业所倡导的共同价值观，逐步形成以追求高绩效为核心的优秀企业文化。企业绩效文化包含企业物质文化、企业行为文化、企业制度文化、企业精神文化。其中，物质文化是表层，行为文化是浅层，精神文化是深层。

二、绩效文化的重要性

宣导绩效管理文化与理念，通过科学的评价方式，对员工付出多少、工作难易、绩效好坏进行评价，以便对战略实施效果进行评价。在这个过程中，能够树立起考评意识，形成强有力的绩效文化，强调绩效考核是为银行效益服务的。

第一，让员工感知绩效管理改革。对于多数银行尤其是中小商业银行而言，在原来吃“大锅饭”的分配制度下，员工没有考核的概念，也不知道什么是绩效管理改革，这主要是绩效文化及制度缺失的原因。因此，在绩效管理变革的初期，绩效文化宣导的重点目的在于让员工感知到绩效变革，可以通过理念培训、软文推广等方式来强化文化体系建设。

第二，能帮助员工了解、重视、接受和认可绩效变革。在绩效管理变革的磨合期，绩效文化的重点在于帮助员工了解、重视、接受和认可绩效变革。通过内部绩效座谈会和支行辅导，并发放绩效管理小手册，帮助员工接受和了解绩效管理。一个好的绩效管理体系是一场涉及银行、股东和所有人切身利益的变革，是一种新的分配体系，构建新的分配体系需要得到广大员工的了解、重视、接受和认可，才能实现预期效果，这种认知与心理上的变化过程就是一种新的绩效文化形成的过程。

第三，能提升员工积极性，让员工从绩效变革中受益。绩效文化要达到的效果是提升员工积极性，让员工从绩效变革中受益。因此，在绩效考核运行平稳期，银行可以通过建立反馈与沟通机制，提高员工对绩效管理的认知度和认可度。

三、银行绩效文化建设的局限

银行绩效文化建设的局限性主要表现在以下四个方面。

第一，对绩效管理的认识高度不够。只有较少的管理者掌握绩效管理技术和方法，还没有普及，甚至许多人力资源管理者（绩效管理是人力资源管理中的核心内容，人力资源部门是最主要的推动者和执行者）还不清楚绩效管理的实质内容，这对于理解绩效文化和有效推行绩效管理，无疑会造成较大的障碍。

第二，缺乏银行最高领导的支持。绩效管理不仅是人力资源管理的任务，在管理流程中，它牵一发而动全身，涉及银行管理的各个环节，任何一个环节的缺失或阻碍都有可能导致整个计划的失败，所以也把绩效管理作为“一把手”工程。最高管理者的支持与参与，对于建设实施绩效管理体系非常重要。在实践中，如果没有“一把手”支持，想要建设与实施有效的绩效管理体系相当困难，这也是导致绩效考核失败的一个很重要的原因。

第三，绩效文化首先要适应中国文化的大环境，简单照搬西方绩效管理理论而不考虑中国长期的历史文化特征和国情情况，势必导致绩效管理在中国“水土不服”。

第四，对绩效管理还存在认识上的误区。把绩效管理简单当作一种考核评估方法，忽略了许多其他的绩效管理环节和内容，如银行合理的组织架构、岗位职责和配套的工作分析、全面预算体系和激励约束机制、薪酬体系等，简单地评估，就很难提高绩效管理水平。

四、绩效文化宣导的途径

为解决银行业绩效文化建设存在的问题，银行业对绩效文化建设进行各种探索，目前关注焦点主要集中在如下几个方面：理念与制度宣讲、开展员工座谈会、绩效工资分析会、树“标杆”、立“典型”等方法。

第一，理念与制度宣讲。宣讲绩效管理理念和制度是发挥绩效文化作用的重要方法。在绩效管理改革刚启动时，银行可以利用项目启动会向员工宣传绩效变革的意义，通过宣讲会宣导业绩维护的重要性及业绩关系管理规则，针对不同岗位开展制度宣讲会；兑现工资后，开展员工绩效工资分析会，让员工了解总行的考核意图、考核导向及考核办法；在完善制度后，第一时间召开培训会，并下发制度和配套绩效考核手册，把总行的理念快速地传达到一线员工。这种方法的主要目的是让员工感知、了解绩效考核改革。

第二，召开“两会”。开展员工工座谈会和绩效工资分析会，即“两会”，了解员工真实想法和绩效开展情况。通过座谈会和分析会，了解员工对绩效考核的看法和下一步的工作开展等内容，使绩效考核办法更加接地气，更加有针对性。召开“两会”的主要目的在于，向员工宣导绩效考核制度与文化，让员工理解绩效考核，反馈其对绩效考核中存在的问题；同时，向员工宣传绩效考核的理念。

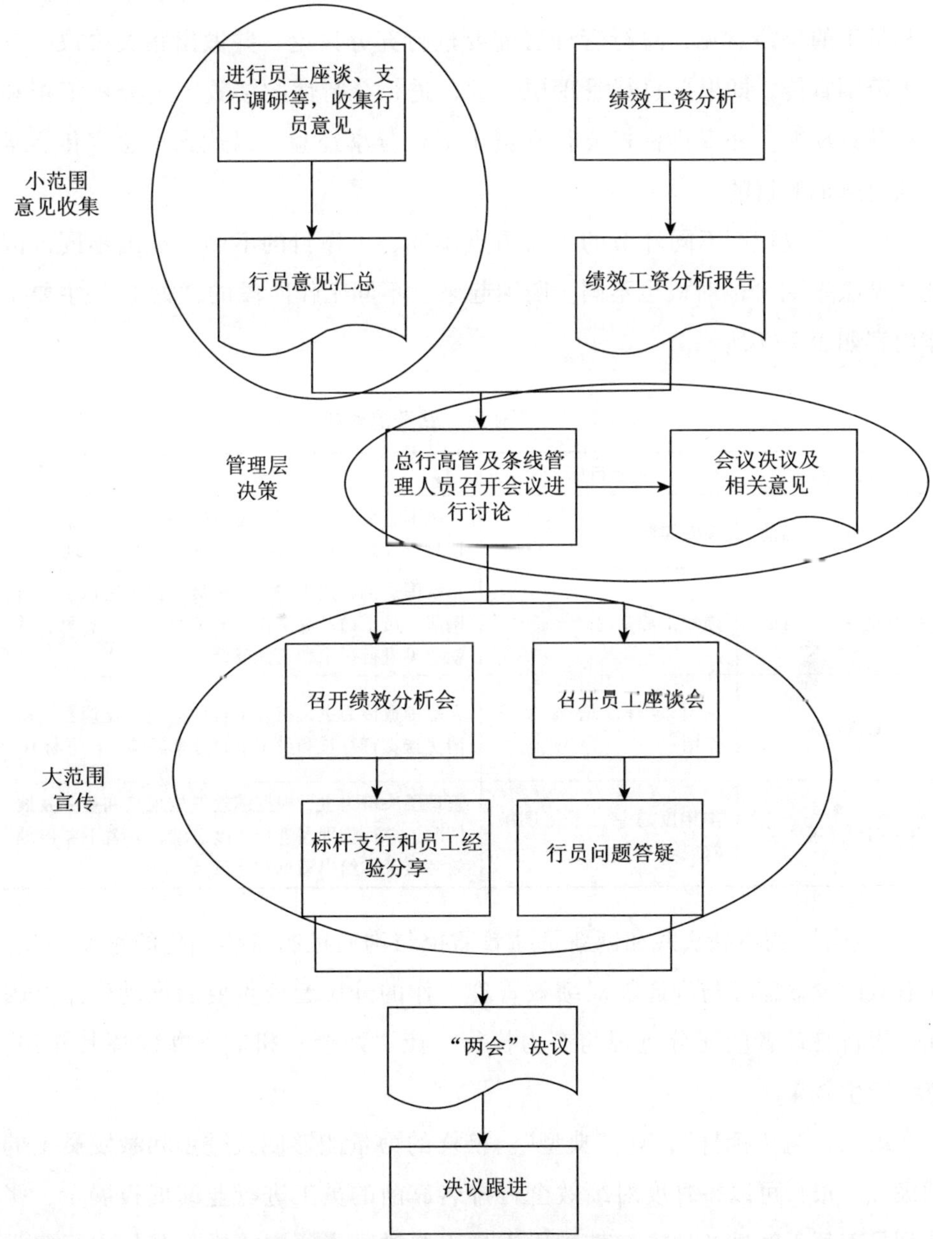

图 7-4　“两会”开展的流程

目前，从银行业的绩效实施经验来看，由于范围与对象有所不同，绩效分析会与员工座谈会比较典型的形式主要包括如下几种（见图 7-4）。一是小范围意见收集，即多形式、分批次地进行意见收集，如集中员工代表进行座谈、下支行走访调研、员工抽样访谈等。二是管理层决策，对于绩效分析结果和员工的反馈意见，总行管理层需要进行充分讨论，并做出相关决议。三是大范围宣传，即根据总行管理层决议，进行全行性的绩效工资分析汇报和员工意见反馈，并安排标杆支行和员工上台分享经验，以达到理念宣传、推动项目落地的目的。

由于绩效管理不同环节的工作重点不同、工作目的不同、范围不同，因此“两会”召开的时机也不同。归纳起来，不同工作阶段的“两会”主要工作内容如表 7-7 所示。

表 7-7 “两会”召开的时机

时 间	主要目标	形 式
绩效即将兑现之前	绩效如期兑现	大范围宣贯为主，召开全行性的绩效座谈会，传达总行绩效兑现的决心，保证绩效如期兑现
绩效兑现 3 个月后	绩效正常兑现	小范围意见收集为主，开展员工代表座谈、支行调研、员工访谈等工作，充分收集员工意见，并就意见进行讨论和正式反馈
每季度末	树立标杆，增强考核作用	大范围宣传为主，召开全行性的绩效座谈会，邀请优秀支行行长和员工上台分享经验，树立标杆
第四季度/年度末	本年度总结，下年度绩效规划	管理层决策为主，根据绩效考核现状和业务发展情况，总行管理层进行年度总结，并就下年度绩效考核工作给出意见和建议

“两会”的不断实践和创新是绩效监控与沟通机制持续优化的重要表现，而有效的绩效监控与沟通能对绩效管理工作的开展起着重要的推动作用。因此，银行管理者应充分重视与有力执行，让“两会”机制不断发挥其作用，持续产生效果。

第三，树“标杆”，立“典型”。榜样的力量能够使人进步和激发员工的积极性。银行可以每月度对绩效全行排名靠前的员工进行业绩展板展示，张贴到员工每天经过的地方，鼓励优秀员工并激励大家向榜样学习。支行每月对业绩优秀的员工进行个人业绩增长展示和心得分享，将个人荣誉和机构整体荣誉紧密地结合在一起，打造“人人争先”的绩效文化。通过这种方式，营造绩效考核的氛围。

五、提升银行绩效文化的举措

银行要建立一套有效和适合自身的绩效管理体系，需要银行领导者、管理者和全体员工的高度重视和努力。绩效管理体系是一个系统工程，绝不是靠某一个部门就能完成的，更不是简单的一个“工具”。银行应从以下几方面开始着手，为银行绩效文化的形成做好基础铺垫。

第一，广泛宣传绩效管理的意义、作用和方法，使管理者与员工明白，其所包含的各种评估方法和配套的措施，能提高工作绩效和管理能力，最终受益的是银行和员工。通过广泛宣传，使之深入人心，使管理者与员工由被动转为主动，由“要我做”转为“我要做”。这样绩效管理的实施才真正有广泛的群众基础，才能深入开展。

第二，加强对领导者、管理者和全体员工绩效管理内容的培训教育。制定学习目标和任务，让管理者真正掌握绩效管理，形成一个管理者学绩效、懂绩效，自觉使用绩效管理工具，形成银行上下积极倡导绩效文化的氛围。

第三，不但要把绩效管理体系以制度和流程的形式建立起来，还应把注意力转移到文化建设层面，真正在银行形成绩效文化的氛围。

第四，设立日常的银行级绩效管理领导小组，实行“一把手”和各部门经理责任制。按照项目管理的要求，制订长期目标和近期工作计划，并将绩效项目推进工作当作管理者日常性工作和绩效评估指标之一，认真扎实地推进和实施。

第五，绩效管理是一个不断完善和持续改进的过程，应根据银行自身发展情况和绩效体系运行过程中发现的问题及时进行完善和改进。应建立沟通和反馈机制，以保证及时处理发现绩效体系存在的问题，通过经常性的绩效交流和沟通，在绩效管理领导小组中形成绩效文化。

第六，应注重长期宣传。在绩效管理实施过程中，银行应着力对优秀团队和优秀员工的宣传，树立标杆和榜样，激发和带动其他人员，这将极大地调动团队和员工的积极性。

第五节 绩效反馈与改进

“三分打造、七分运营”的绩效管理体系建设与实施理念，与绩效管理的核心目的和理念是一致的，绩效管理的核心目的是持续不断地稳步提升员工个人绩效、组织绩效，从而促进银行稳步向前发展。然而，目前一些银行在绩效管理体系上线运营后缺乏沟通、反馈与改进，未能起到为绩效管理体系保驾护航和持续改进服务的重要作用。要想让绩效管理体系达到预期效果，银行应根据市场、环境、管理和政策等不断变化的要求，不断进行调整和优化完善绩效管理，才能让绩效管理体系持续发挥作用。

一、绩效反馈与改进的含义

缺乏绩效反馈与改进，是组织绩效不佳的原因之一。绩效反馈工作直接影响到绩效考核的效果。

绩效反馈与改进主要通过管理者与被考核员工之间的沟通，就被考核员工在考核周期内的绩效结果进行面谈，在肯定成绩的同时，找出工作中的不足并加以改进。绩效反馈的目的是让员工了解自己在本绩效考核周期内的绩效是否达到所设定的目标，行为态度是否积极端正，使管理者和员工双方对考评达成一致意见。双方共同探讨绩效未合格的原因并制订绩效改进计划，同时，管理者还要向员工传达组织的期望，双方对下一绩效周期的目标进行探讨，最终形成下一个考核周期的绩效合约。由于绩效反馈在绩效考核结束后实施，而且是管理者和员工之间的直接对话，因此，有效的绩效反馈对绩效管理起着至关重要的作用，并能促进员工不断地成长与提升。

二、绩效反馈与改进的重要性

绩效反馈与改进是一个绩效考核周期的最后一步，由被考核员工和管理人员一起，分析和讨论考评的结果。如果不将考核结果反馈给被考评的员工，员工无法准确知道自身的不足与管理者的期望，考核将失去重要的激励、奖惩作用。因此，有效的绩效反馈与改进对绩效管理起着至关重要的作用，对于被考核员工分析自身成绩、不足与成长起着重要的推动作用，从而促进员工持续不断地提升个人绩效。

第一，绩效反馈是提高绩效的保证。绩效考评结束后，员工对考核结果并不一定能理解，特别是对于绩效考核中的定性指标，这时就需要管理者就考核的全过程，特别是被考核员工的绩效情况进行详细介绍，指出被考核员工的成绩与不足，并对被考核员工的绩效提出改进建议。

第二，绩效反馈是增强竞争力的手段。任何一个团队都存在两个目标：团队目标和个体目标。如果个体目标与团队目标一致，能够促进团队的不断进步，形成团队合力；反之，就会产生负面影响。管理者向员工进行绩效反馈时，不只分析个体目标，还应分析其所在团队目标，让员工准确理解个体目标与团队目标，从而增强团队的凝聚力与竞争力。

三、绩效反馈的基本原则

（1）经常性原则。绩效反馈应当是经常性的。首先，管理者一旦意识到员工在绩效中存在不足，就有责任立即去纠正它，并且保证员工努力方向不偏离组织的目标。其次，绩效反馈过程有效性的一个重要决定因素是员工对于评价结果的基本认同。

（2）对事不对人原则。在绩效反馈面谈中双方讨论和考评的是工作行为过程和工作业绩，也就是工作中的一些事实表现，而不是讨论员工的个性特点。

（3）多问少讲原则。与员工进行绩效反馈沟通时应遵循“二八定律”，80%的时间留给员工，20%的时间留给自己，而自己在这20%的时间内，可以将80%的时间用来发问，20%的时间才用来“指导”“建议”，因为员工往往比主管更清楚自己在工作中存在的问题或不足。

（4）着眼未来的原则。绩效反馈面谈中很大一部分内容是对过去的工作绩效进行回顾和分析，但这并不等于绩效反馈面谈集中于过去。对过去的工作进行分析的目的并不是停留在过去，而是从过去的工作中总结出一些对未来发展有益的经验，从而不断提升员工的个人能力和绩效。

（5）正面引导原则。不管员工的绩效考核结果是好是坏，银行应当坚持多给员工一些鼓励并促进其成长，至少让员工感觉到，虽然绩效考核成绩不理想，但得到了一个客观认识自己的机会，找到了应该努力的方向，并且在前进的过程中会得到直接主管人员的帮助。

（6）制度化原则。只有有了相应制度，管理工作的顺利开展才有相应保障。因此，绩效反馈与改进必须建立一套制度，只有将其制度化、规范化、流程化，并且建立健全执行的保障机制，才能保证绩效反馈与改进能够持久地执行与发挥作用。

四、绩效反馈的内容

（1）工作业绩。工作业绩的综合完成情况是主管进行绩效面谈时最为重要的内容，在面谈时应将考评结果及时反馈给员工。如果员工对绩效考评的结果有异议，则需要和员工一起回顾上一绩效周期的绩效计划和绩效标准，并详细地向员工介绍绩效考评的过程。通过对绩效结果的反馈，结合绩效考评情况，找出绩效不足的原因，为以后更好地完成工作打下基础。

（2）行为表现。除了绩效结果以外，还应关注员工的行为表现，如工作行为、工作能力等，对工作行为和工作能力的关注可以帮助员工更好地成长，提高员工的技能，也有助于员工进行职业生涯规划。

（3）改进措施。绩效考核的最终目的是持续不断改善个体绩效和组织绩效。在面谈过程中，针对员工未能有效完成的绩效计划，主管应该和员工一起分析绩效不佳的原因，并设法帮助员工提出具体的绩效改进措施。

（4）未来目标。绩效面谈反馈作为绩效管理流程中的最后环节，主管应在这个环节中结合上一绩效考核周期的绩效计划完成情况，结合员工新的工作任务，和员工一起提出下一绩效周期中新的工作目标，帮助员工制订新的绩效计划。

五、绩效反馈的形式

绩效反馈涉及两个层面：员工个人层面和组织层面。员工个人层面是直接主管与被考核员工的绩效面谈，而对于组织层面，是绩效管理领导小组与决策管理者们分析产生与制约绩效体系发挥效果的原因，对于有效的继续保持，对于无效或不好的进行变革与改进。绩效考核体系具体实施时会存在一些问题，有些是绩效考核体系自身的问题，有些是影响绩效的其他问题，对于这些问题应进行配套改革。绩效反馈可分为三种形式：员工个人绩效面谈、组织绩效分析会、效果评估与汇报会。

（1）员工个人绩效面谈。员工个人绩效面谈是指直接主管针对本期绩效管理过程和绩效考评结果与被考核员工面对面的沟通，并且对考评结果达成一致的过程。主管在这个环节中还应结合本绩效考核周期的绩效计划完成情况、下一绩效考核周期中员工新的工作任务，与员工一起制定下一绩效周期中新的工作目标，帮助员工制定下一绩效考核周期的新绩效合约。

（2）组织绩效分析会。组织绩效分析会是指机构负责人针对本机构、分管行领导针对分管条线或部门、绩效考核领导小组针对全体员工的绩效管理会议，具体可进行员工绩效座谈会和全体员工的绩效管理工资分析会。可以是考核周期完成后，针对绩效考核整体情况的分析，也可以是考核执行过程中某一项主题的分析。

（3）效果评估与汇报会。效果评估与汇报会是指依据效果评估模型对银行绩效考核体系的整个运营情况进行全面“体检”，并向绩效考核领导小组及各业务条线管理部门负责人进行汇报的过程。哪些有效继续保持，哪些无效需要进行优化和改进，并结合相关的行业绩效考核指数提出绩效改进的专业化建议。效果评估具体内容，参照本书第九章相关内容。

绩效反馈是绩效管理不断持续改进与完善的重要阶段和环节，是对本绩效考核周期的有效性进行评估，也将为下一绩效考核周期打下坚实基础。因此，各层级管理者应充分重视与有力执行，让绩效考核体系不断发挥其作用和持续产生效果。

第八章　银行绩效考核系统建设

绩效管理的各项制度、绩效评价过程等都需要绩效考核系统来支撑，以提高绩效管理效率与精确度。本章将从软件层面介绍绩效考核系统面临的主要问题、系统建设的模式和特点以及系统实施的策略等内容。

第一节　绩效考核系统概述

绩效考核系统（Performance Assessment System，PAS）就是管理组织和员工绩效的系统。绩效考核系统专注于建立、收集、处理和监控绩效数据，它既能增强企业的决策能力，又能通过一系列综合平衡的测量指标来帮助企业实现战略目标和经营计划。高效的绩效考核系统是企业实现运营目标的重要工具。

一、绩效考核系统建设的作用

银行的绩效考核是银行人力资源管理的重心，是银行战略管理实施的重要工具。在长期的绩效考核实践中，绩效考核只有与银行的发展战略紧密联系，建立基于战略的绩效考核系统，才能激发员工工作的潜能和创造力，提升客户价值，形成与银行日常工作的联动，才能有效推动战略的实施。绩效考核系统的主要作用包括以下四方面。

（一）提高员工积极性

绩效的本质是激励，考核的目标是激活。通过系统可将员工的业绩结果、过程和行为指标进行量化和分析，全面评价员工的贡献，再根据评价结果，从物质和精神两个层面进行激励。物质方面主要包括薪酬、级别、股权、发展机会，精神方面主要包括企业文化、社会地位和个人心里的感受等。通过这两个方面的激励，满足员工的需求，提升他们的优越感和积极性。

（二）提高客户价值

对于客户来说，价值就是银行提供良好的服务质量，满足其需求，超越其期望。通过打造职业化、专业化、忠诚度、满意度高的员工队伍，打造高质量的产品和服务，获得市场的青睐，不断提升客户价值，同时通过系统构建，对客户价值进行准确评价，对客户群体进行细分，使员工通过系统数据实现对客户的分层经营维护，精准营销，提高用户满意度和市场占有率。

（三）促进银行业务发展

客户价值的提升将给银行带来更大的市场和利润，从而促进银行内部服务品质的提升，提高员工薪酬，调动其积极性，促进各项业务的健康、顺利发展。系统对员工、客户数据综合运营，可辅助银行实现对客户的差异化服务，帮助银行拓展业务，针对不同目标人群设计不同的金融产品，有针对性地开展产品营销，提供优质的服务，为银行保持已有的客户、吸引新的客户、对客户需求信息分析等提供决策所需的信息，使员工价值、客户价值与银行业务发展形成良性的闭环。

（四）支撑战略落地

绩效考核系统是作为实现绩效管理思想和理念落地，实现银行战略目标，使个人目标、部门目标和组织目标高度一致，使银行的经营管理水平进入一个新高度的重要方法或工具。而传统的绩效考核系统往往缺乏整体的目标导向，最终的结果是以财务指标为核心。传统的考核系统以结果为导向，立足于对银行当前状态的评价，既不能体现非财务指标和无形资产对银行的贡献，也无法评价银行价值及未来的发展潜力，不符合银行战略发展的要求。而真正可支撑战略落地的系统是结合银行价值链、银行战略目标，构建组织架构，形成有效的工作流程，构建合理的考核体系，同时也能快速响应战略及考核内容的调整，实现银行价值最大化。

二、绩效考核系统建设面临的挑战

目前，越来越多的银行重视绩效考核，开始建设绩效考核系统，但在建设系统的过程中，面临着很多问题，其中包括：银行经营形势变化带来的挑战，信息化程度不高和IT系统支持不足，数据形式多元化，缺乏及时绩效反馈与沟通，总部级统一的平台无法使用。

（一）银行发展面临的挑战

在新常态下，银行所面临的内外部环境已呈现出新的变化和特点，并形成“新常态”。这对银行在面对市场竞争、客户行为、经营理念、发展模式等方面都产生了重大的影响，银行业务发展面临着更严峻、更复杂、更困难的挑战（表8-1）。

表8-1　新旧常态下的银行经营特征对比

	旧常态	新常态
市场竞争	低竞争	高竞争
客户行为	需求单一	需求多元化，主动和自主参与，财富增值管理
经营理念	以产品为中心	以客户为中心
发展模式	规模粗放型扩张	注重内涵和效益的增长方式
盈利模式	利差收入为主	收入多元化，提高非利息收入占比，低消耗资本的收入模式
风险管理	风险控制	风险稳健型，全面风险管理
管理架构	多层次的管理架构	垂直化、扁平化、专业化
内部管理	粗放型、分割式	精细化、链条式
技术变革	金融信息化	信息化金融、“大智移云”

在新常态下，随着管制的放松和技术的发展，银行面临着来自其他金融机构和非金融机构的竞争，新兴的金融产业吸收了实体银行的一部分客户资源，金融服务领域的竞争趋于白热化，从低竞争向高竞争转变的格局显著。消费中产、城镇新兴等新的客户群体逐步形成，客户在金融活动中的行为和预期已经发生显著改变，对金融业务的需求日益多元化，财富增值的需求旺盛，更在意用户体验，这些迫使银行进行业务转型，提供更多的客户个性化、

差异化需求的产品与服务。

利率市场化、利息差减少、受到挤压等迫使银行必须转变经营理念，以客户为中心，主动调整业务发展模式，从粗放型增长模式向内涵式发展模式转变；优化收入结构，注重利息收入和非利息收入的平衡发展，积极探索低资本的收入模式。经济增速的放缓导致银行规模增速和质量的双降，信用风险明显上升。随着监管进一步加强，银行逐步树立了“全风险”理念，变“控制风险”为“治理风险”，降低了风险防范成本，坚持稳健发展，合规经营。

在银行转型升级的发展背景下，银行必须加大组织架构和管理变革创新力度，降本增效，增强发展的内生动力和活力，努力向管理变革要红利、向技术创新要红利。一些银行进行组织变革，针对业务条线进行事业部制、专营部门制、子公司制改革，走垂直化、扁平化、专业化的路线；逐步向轻型组织转型，减少中间层级，以提高市场反应的灵敏度；以客户为中心设计业务流程，服务管理从原来的“分割式”向“链式”管理转型，向提升组织效率、减少内部交易成本的组织方式转型。银行经营转型必须摒弃简单粗放的传统管理模式，在营运、科技、财务、人力、风险、考核激励等方面，提升精细化管理水平。在转型升级的背景下，银行考核的需求多变，系统建设在业务需求层面需要快速响应这些多变的需求。在技术层面，技术创新引领传统金融迈入金融科技时代，基于大数据、人工智能、移动互联、云计算（以下简称“大智移云”）等一系列技术创新，全面应用于支付清算、借贷融资、财富管理、零售银行、保险、交易结算六大金融领域，已是金融业未来的主流趋势。

（二）信息化程度不高和 IT 系统支持不足

在影响银行绩效考核管理与预期目标产生差距的主要因素中，高达 54.1%的银行认为，“缺乏科学的信息化绩效考核系统”是主要的影响因素（见图 8-1）；相关的流程建设、规章制度也成为绩效考核的重要影响因素，其比例分别达到了 44.3%和 39.3%。可见，银行绩效管理信息化程度总体还不高，同时，相关的流程制度也不够完善，这需要专业的服务机构来提供综合的解决方案。

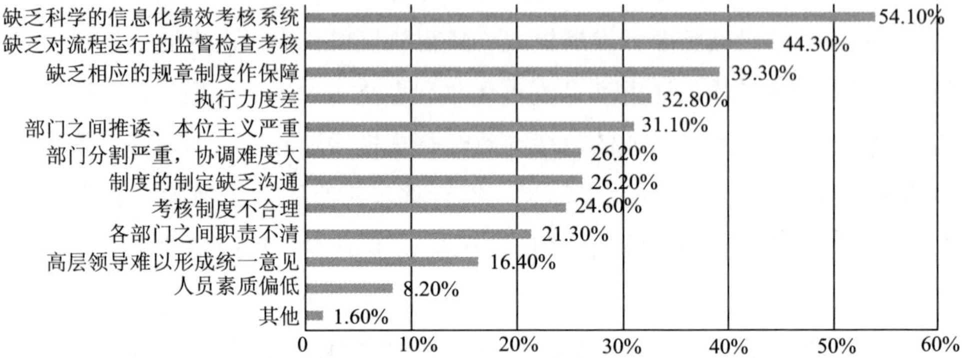

图 8-1　绩效考核管理与预期目标产生差距的主要因素

由于 IT 系统支撑不足，商业银行遇到的问题主要包括数据提取难度大、不及时，考核流程不完善、考核分工不清晰，信息收集与分析欠缺等。其中，数据提取难度大、不及时是银行面临最大的问题，其比例高达 55.7%，超过了 1/2（见图 8-2）。这表明过半数银行的系统功能还不完善，影响绩效信息质量，进而会对业绩分配造成影响。此外，信息收集与分析欠缺、考核流程不完善和考核分工不清晰，占比也分别达到 45.9%和 41.0%，成为银行面临的重要问题。

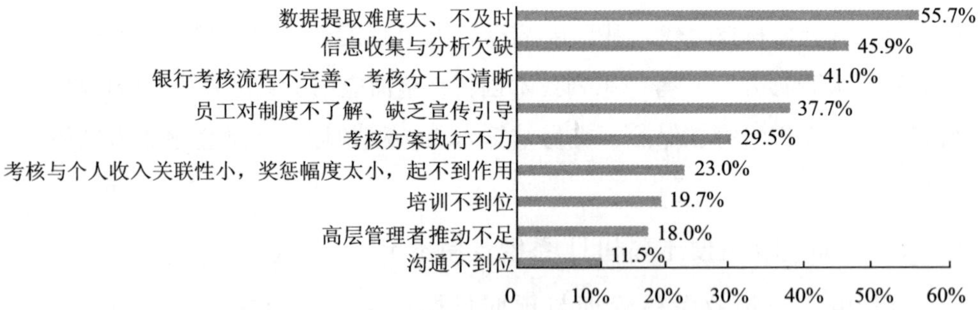

图 8-2　商业银行绩效实施阶段面临的主要问题

进入互联网时代，缺少 IT 的支撑必然会导致决策缓慢，滞后市场变化。绩效管理信息化程度不高，导致对原始数据提取不及时，靠手工提取数据必然是效率低且出错率高，从而使考核频率放慢。信息程度低也必然会导致银行管理层对问题的发现不及时，绩效反馈不迅速，阻滞了整个绩效管理运转。

（三）数据形式多元化

近年来，银行业大力发展面向客户的新一代核心业务系统，信息系统建设日趋完善，电子银行等在线金融服务大幅增长，在提升客户体验和风险管控能力、满足监管各项要求的同时，形成并储存了庞大的可用数据资源。银行业的数据资源不仅包括存、贷、汇等结构化数据，也包括客户浏览痕迹、在线交易记录等非结构化数据，还包括客户电话语音、网点视频等非结构化数据。2018 年 8 月，中国互联网络信息中心发布第 42 次《中国互联网络发展状况统计报告》显示，2018 上半年中国网上银行用户规模为 4. 17 亿人，与 2017 年末相比增长 1804 万人，在整体网民数量中网上银行用户数比例达到 52%。2018 上半年中国手机网上银行用户规模为 3. 82 亿人，与 2017 年末相比增长 1203 万人，占手机网民数量的 48. 5%。

除数据本身的快速增长外，银行业面临大数据带来的业务挑战主要包括，小微贷市场上，银行与互联网小额贷款公司难以竞争；支付市场中，网银支付所占比重越来越低，使银行越来越难以了解客户的消费行为；多种互联网融资模式出现，在未来可能会超过以银行为中心的间接融资。

（四）缺乏及时绩效反馈与沟通

目前，市场上的绩效考核系统仅实现了绩效工资的统计兑现，缺少后续的沟通辅导、绩效反馈环节。绩效管理体系运行一段时间后，因缺乏持续有效的绩效沟通，部分企业的绩效管理渐渐粗放化，有逐步向简单的绩效考核模式演变的趋势，即走“量化—考核—奖惩”的简单模式，在应用中忽视对运营计划与实际业务进展的动态跟踪，导致绩效管理流于形式，收效甚微。

绩效管理“是一个持续的交流过程，该过程由员工和其直接主管之间达成的协议来保证完成，并在协议中对未来工作达成明确的目标和理解，并将可能受益的组织、经理及员工都融入绩效考核系统中来”。真正的绩效管理“是两个人之间持续的沟通过程”，倡导绩效管理是员工和直接主管的沟通，是组织和管理者的高收益投资，并以此为核心构建了完整的绩效管理体系。

绩效沟通是绩效管理的灵魂和核心，是整个绩效管理过程中耗时最长、最关键、最能产生效果的环节，它包括绩效目标沟通、绩效辅导沟通、绩效反馈沟通和绩效改进沟通。有效的绩效沟通工具是实现员工与主管之间高效、无障碍沟通的基础，而绩效考核移动化将使绩效管理突破时空，增强员工反馈的信心和勇气，拉近员工与主管之间的距离，实现及时绩效反馈与沟通的目标。

（五）总部级统一平台难以发挥作用

总部级（省联社及其他全国性银行总行等）绩效考核系统的建设难度极大，对于统一构建的方式，至今还没有成功案例，这是一个让许多银行都头疼的问题。总部牵头建设考核系统出现了“一统就死、一放就乱”的现象，其主要原因是各行（社）需求不同，而统一的平台不能满足它们的个性化需求，总部只能使用强制推行的方式，但对各行（社）并不适用，最后的结果就是总部级平台难以发挥作用。

三、绩效考核系统的发展阶段

绩效考核系统发展过程主要经历了四个阶段，即从手工统计到开始信息化，使用系统进行业绩数据的统计，到实现模拟利润的考核，再到以战略为导向实现提升客户价值、员工价值的阶段。

（一）手工考核

手工考核主要工具为 Excel。在绩效管理发展之初，员工的考核数据主要通过传统手段导出，手工录入 Excel 中，然后通过 Excel 内置计算函数与自定义函数相结合加工处理，手工一页一页地合并结果，最终得到对应的考核指标值，再根据考核指标值计算出员工的工资。

（二）业绩统计系统

实现信息化后，系统主要以业绩统计为主，实现了替代手工，与手工报表的功能接近，但系统还仅能查看业绩指标值，对于员工、客户、机构的利润核算无法实现，系统较为简单，主要是报表的展示，减少了手工工作量。

（三）智能绩效考核系统

在业绩统计系统的基础上以利润考核为主，部分运用平衡计分卡、KPI等考核理论和方法，结合商业智能技术（BI），计算出员工、机构、客户的利润贡献。

（四）战略绩效考核系统

在智能绩效考核系统的基础上，以企业发展战略为导向，全面采用平衡计分卡，制定考核指标体系，实现全员战略绩效考核。

第二节　绩效考核系统建设

银行绩效管理应与银行自身的实际条件、发展战略相结合，兼顾先进性的同时，借鉴同业标杆经验，避免走弯路，保证绩效考核效果。不同规模的银行可采用不同的系统建设模式，本节主要介绍绩效考核系统建设模式、建设内容和系统特点。

一、建设模式

系统建设模式主要包括单应用平台和云平台，而小型的农商行、农信社和大型的国有商业银行、股份制商业银行、城商行其体量不同，需求不同，在平台的选择上需要结合自身特点来决定。两种平台模式的优缺点如下：

（一）单应用平台

单应用平台主要为单个法人银行服务，建立完整的可扩展、可重用、可配置的基于商业智能（BI）和数据仓库（Data Warehousing）的绩效考核系统，其中含有配置简单、扩展性高的开发平台及配置功能。基于面向银行应用领域的OLAP建模，可实现平衡计分卡（BSC）、关键绩效指标（KPI）、关键任务指标（KOI）、关键行为指标（KBI）、360度评分相结合的全面考核，支持对客户价值模型的评价和分析，支持对模拟利润的核算，支持移动化终端产品。

（二）云平台

为满足总部级（省联社及其他全国性银行总行等）绩效考核系统的建设需求，统一构建系统，实现各行（社）的差异化考核。

绩效云服务借助于云计算技术，采用面向服务的软件架构（SOA），建设先进的"绩效云平台"，解决总行与分行、省联社与各个法人机构对绩效管理需求差异化的问题，真正实现"总行统一平台，支持分行差异化服务"的建设目标，使银行的绩效管理水平迈上一个新的台阶。绩效云平台的目标是以低成本的方式提供高可靠、高可用、规模可伸缩的个性化绩效管理服务。总行采用公共云服务，各行（社）无须自建绩效考核系统，绩效云服务将实现按需使用，银行可以按照自身的特点和业务需求，选择自己所需的考核功能模块，进行弹性配置，即选即用，极大地提高了绩效管理的效率。

（三）优劣对比

单应用平台与云平台的优劣对比如表 8-2 所示。

表 8-2　单应用平台与云平台的优劣对比

建设模式	优　点	缺　点
单应用平台	支持移动化产品 MPAS； 容易部署； 应用广泛； 中小型项目可以快速迭代，不需要太多资源	系统启动慢，一个进程包含了所有的业务逻辑，涉及的启动模块过多，导致系统的启动、重启时间过长； 系统隔离性差，任何模块都可能造成系统宕机； 可复用性差，服务被打包在应用中，功能不易复用； 代码模块耦合度高
云平台	支持移动化产品 MPAS； 支持多家法人银行统一建设，同时支持各家银行差异化服务； 一台服务器可以变成几十台相互隔离的虚拟服务器，形成动态管理的"资源池"，提高资源利用率，实现绿色环保； 可以对单个服务进行部署，单个服务开发，单个模块升级，不需要像单应用平台那样全部覆盖升级	开发难度大，跨服务的调用通常是不同机器； 效率低，团队依赖性强，一个服务的版本延迟会拖慢整个应用的开发周期； 需要处理分布式事务

二、系统建设内容

系统建设内容分为电脑端和移动端。电脑端主要作用是对传统的数据进行计算、统计、分析，在使用便利性方面存在着很大的局限性。因此，更需要移动端产品实现及时反馈和及时查看。

（一）电脑端

1. 数据处理

系统数据是将先进的数据仓库技术和具体的银行业务有机地结合起来，根据银行数据搭建数据仓库模型，系统每天会导入外部数据，进行统计，形成指标数据、工资数据、等级数据、价值数据、利润数据等，进而供使用人员查看和分析，主要数据来源有综合业务系统、核心系统、国际结算系统和手工采集等方式。

（1）数据采集。绩效考核系统的数据主要是由其他外围系统（如核心系统、信贷系统、管会系统等）以接口的方式下发到指定的服务器目录中，再用 ETL 工具来完成数据的清洗、转换、迁移和加载工作。

（2）数据存储。银行拥有大量的客户数据和交易数据，尤其是三大互联网渠道建立后，更是形成了大量数据的积累。以工行为例，近年工行三大互联网渠道的数据分别为：手机银行达到 1.8 亿多户，网上银行达到 2 亿户，微信银行占的客服总量已经超过了传统的客户服务量。银行的“大数据”要求绩效考核系统合理地存储这些数据，保证系统的性能和质量，绩效考核系统可采用的数据存储方式包括以下几种：

一是拉链式存储，也称为锯齿式存储，以时间段的方式进行存储，减少冗余数据量；二是分表分区存储，按照时间分表，同时利用分区技术提高性能，实行“自动按月归档+按日分区”的策略；三是拉链式、分表分区组合存储。

根据不同的业务需求选择不同的数据存储方式，数据分区可以使 Select（查询）操作和 DML（数据操纵语言，包括：INSERT、UPDATE、DELETE）操作只搜索自己关心的分区，提升数据库操作性能。同时，分区分表处理在数据删除和备份时方便管理，例如，需要删除 2 年前的数据，则可以直接删除 2016—2017 年对应的年份或月份表。当某个分区发生故障时，只会影响该分区内的数据库表，只需要恢复该分区就可以缩短异常恢复时间，提高系统的可用性和稳定性。

2. 指标库

指标是衡量目标的方法，是预期中希望达到的指数、规格、标准。指标体系是指由若干个反映银行经济现象总体数量特征的相对独立又相互联系的统计指标所组成的有机整体，也称为指标库。绩效指标是按照自上而下的原则，将银行战略目标分解到各个岗位的员工身上，因此，绩效考评指标体系的合理设计，是有效地组织绩效考评、实现绩效管理目标和要求的重要前提和基本保障。

指标可通过战略目标进行分解，确定银行考核的指标体系以及每个指标的定义，通过外围系统完成数据采集，通过绩效考核系统进行指标数据的运算和统计，得到每个指标的指标值；同时，在调整每年战略的过程中，不断完善指标体系，丰富指标库（见图 8-3）。

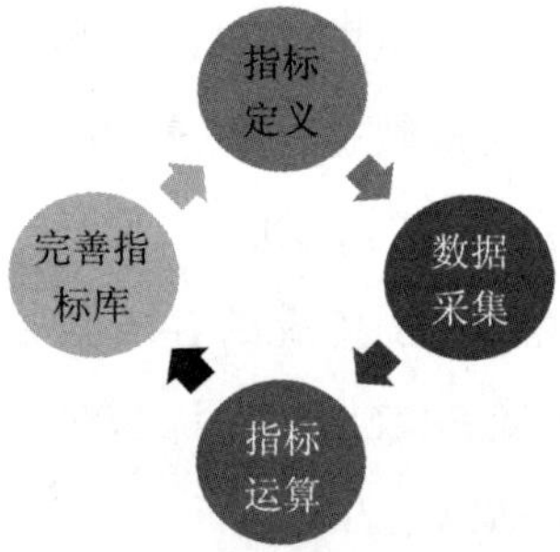

图 8-3　构建指标库体系

3. 考核方案

随着银行的不断发展，银行不断调整战略，管理思路也不断提升，市场竞争日趋激烈，考核创新层出不穷，绩效考核系统需要快速响应这些调整、变化以及创新，才能真正为银行服务。因此，灵活实用的考核方案配置功能是实现这些内容的基础，考核方案业务架构如图 8-4 所示。

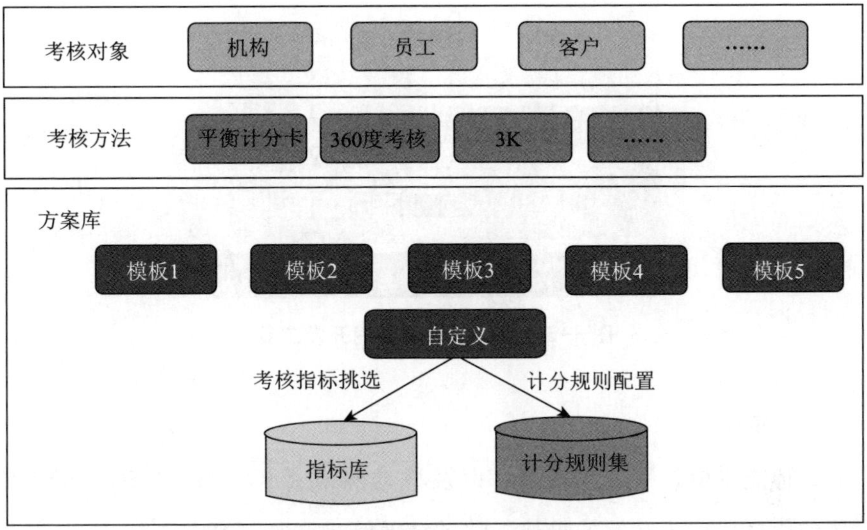

图 8-4　考核方案业务架构

考核对象包括机构、员工、客户以及其他需要考核的对象，考核方法见第二章内容。每种考核方法分别适用于不同的考核对象，同时每种考核方法都有对应的方案，不同的方案在系统中都应有预先的模板，这些模板形成方案库。当模板不适用时，可以自定义配置，从指标库中挑选需要考核的考核指标，从计分规则集中挑选计分规则进行配置，实现快速、简单配置。只要了解考核制度，即可实现银行业务人员从方案库中“挑”方案，快速响应考核的调整。

4. 开发平台

当业务扩展或发生变更时，绩效考核系统对应的前端报表展示、参数维护等功能也需要进行调整或新增，依靠绩效考核系统业务，统一、快速开发平台，提供 PAS 组件。例如，结果列表、机构树、员工控件、指标控件等，形成组件库，组件库供开发工具使用，可以直接从工具中挑选对应的组件，快速组装成前端功能，其设计原理如图 8-5 所示。

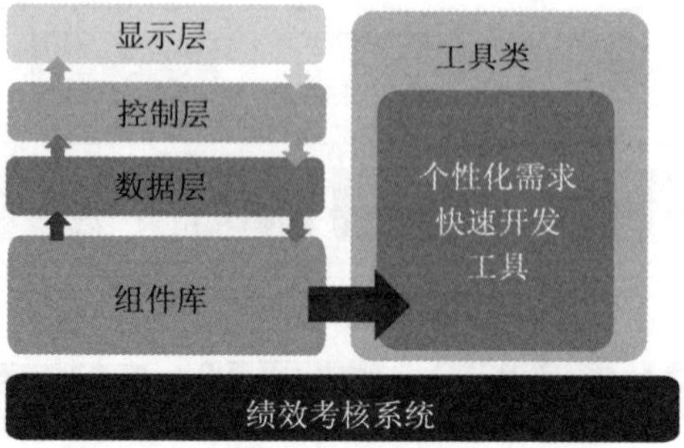

图 8-5　个性化需求快速开发工具

（二）移动端

随着智能手机、平板的普及，以及移动网络（3G、4G 及 5G）的不断提速，移动信息化成为必然的趋势，移动绩效管理产品（Mobile Performance Assessment System，MPAS）为银行提供可移动的绩效管理方式。银行员工可以随时随地掌握绩效、客户信息，可在营销的过程中更好地维护和服务客户，提升自身绩效。

1. 随时随地查看业绩和绩效

与传统 PC 端方式显著不同的是，移动应用产品 MPAS 通过智能终端和专用安全网络通道，使员工可以随时随地掌握业绩和绩效数据。“随时”指每周 7 天，每天 24 小时；“随地”指员工在不同的地点，都可以通过 MPAS 产品查看到业绩和绩效结果，方便员工了解考核规则和考核导向。

2. 打通绩效全流程管理

绩效管理中除绩效考核外，还有绩效辅导沟通和绩效结果应用两大部分，这两个部分在 MPAS 中都有体现。每月 MPAS 将结合全行的绩效结果，对员工的绩效数据进行深入分析，最后形成准确的绩效分析报告。同时，绩效工资统计后，员工可在 MPAS 中直接对绩效结果进行意见反馈，上级领导可以直观地查看到这些反馈意见并且给予相应的回复，行领导对全行绩效贡献突出者可以在 MPAS 中给予点赞等，提高对员工的关注度和沟通效率。

3. 高效、及时地维护客户

MPAS 产品对客户进行了分类管理，员工可维护存款规模、控制贷款不良率、挖掘客户潜在价值，将客户价值发挥到最大（如图 8-6）。

图 8-6　MPAS 客户管理

除了对客户的管理外，MPAS 中还有“客户宝”模块。为使员工与客户的联系更加方便和快捷，在 MPAS 中即可建立员工自己的客户通讯录，保存客户联系方式、基本信息、客户拜访记录以及下次拜访任务的提醒设置等。

当通过客户拜访，成功营销到客户后，MPAS 又可实现预约未来业绩，预约的客户自动归属，系统自动绑定其业绩关系，去除中间环节，改变以往由于银行绩效专员未及时、准确分配业绩导致业绩未及时认领，绩效不能准确兑现的现象，提高员工营销的积极性。

4. 引入 AI 智能技术

MPAS 中引入 AI 智能技术，只要用户说出想要的内容，系统会自动快速定位功能页面，简化复杂的页面跳转；同时，MPAS 能智能语音播报每天的绩效信息，可让用户在一分钟内听完所有绩效相关的重要内容。

三、系统特点

绩效考核系统在软件层面需要注意以下三个特点：一是重算机制，业绩指标数据是否准确决定了员工绩效工资的准确度，决定了员工对绩效系统的心理接受度，而绩效数据有部分需要人工调整，所以需要支持重算，才能真正适应各种可能由于人工录入延迟而影响绩效的情况；二是实现“T+1”（每天可查到昨天最新的业绩数据）考核，绩效系统能实现时时查看业绩和绩效工资，能更好地激励员工；三是安全性，作为绩效相关的数据中心，数据安全、服务器安全、应用安全等都是其特点。

（一）重算机制

绩效考核系统需要定期、及时将变更的业绩关系和手工录入项维护到系统中，大部分的业绩关系可以通过上游系统（如核心系统）在账户开户时维护的业绩关系或默认的业绩分配规则（如老客户新开户按原业绩关系、业绩预约关系等）直接关联，但仍然有部分业绩（如员工调岗、员工离职等）需要用户通过前端应用手动维护。参数的变更录入也需要人工通过系统定期维护。

需要人为维护的工作就避免不了偶尔的延迟维护，如行领导出差、绩效专管员请假等，为了避免因系统维护延迟导致考核数据不准确的现象，绩效考核系统必须支持重算。重算天数一般为 3 天（重算天数不宜过长，否则会影响系统的计算性能，也会让员工怠慢维护工作），即系统每天都将重算 3 个工作日的数据，以确保考核数据准确。为了提高系统重算性能，系统支持全量重算和部分重算，其中部分重算可按数据级别、业务条线、数据级别与业务条线的组合重算。如图 8-7 所示，可按对公存款数据条线进行重算，可只重算指标数据，也可以先按对公存款数据重算，重算后再按数据级别进行重算。

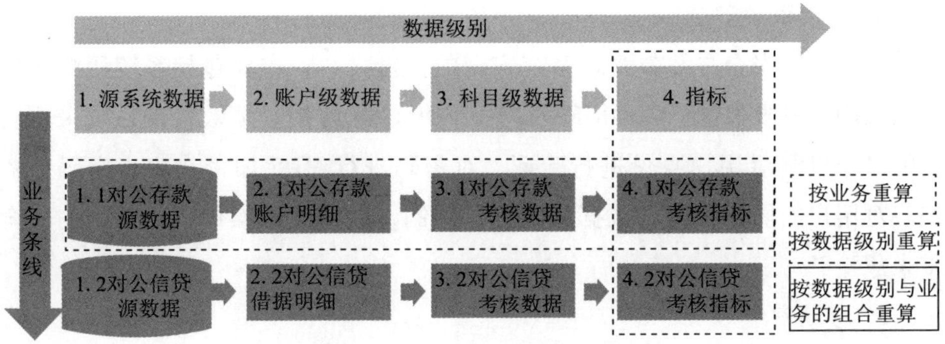

图 8-7 系统部分重算机制

（二）实现“T+1”考核

“T+1”是指当天可查看到昨天最新的业绩数据。目前，市面上很多的银行绩效考核系统没办法实现“T+1”考核，因为银行数据量较大，绩效考核系统统计、运算时间长，造成业绩、工资数据不能及时查看，影响员工对绩效考核系统的信任度和黏性。如某银行对公客户数近 60 万，对私客户数为 2000 多万，对公账户数为 140 万，对私活期账户数为 3000 多万，对私定期账户数为近 3000 万，使用市面上普通的绩效考核系统统计运算一天的数据，需要 9 个小时，因此，只能实现“T+2”考核。在启用上述数据存储结构后，连续运行 4 年后，统计时间仍然在 4 小时内。

（三）安全性

绩效管理系统作为银行的重要数据中心，对安全性要求非常高。因此，在系统的设计和构建过程中，应有规范的安全性原则来避免软件陷入易被攻击的状态。以下主要介绍服务器数据安全、应用系统安全以及移动安全方案。

1. 服务器数据安全

绩效管理系统对数据安全性要求非常高，可以采用“全备份+增量备份”的策略。全备份，即包括所有的数据；增量备份，指剔除接口数据、临时数据和非本年、本月的归档数据。定期将备份的文件迁移到其他存储设置中，当数据库出现异常时，可快速使用备份文件对数据库进行恢复，因此，也对备份频率有一定的要求，增量备份最好是一天一次，全备份至少是一周一次。

2. 应用系统安全

应用系统安全是绩效管理系统安全的关键之一，主要包括系统用户身份鉴别、用户权限控制、COOKIES 加密、SQL 注入防护。绩效管理系统采用安全的口令机制对用户身份进行验证，对密码进行 MD5 加密，防止密码被盗用。对用户的操作权限、数据权限进行限制，以防越权操作，给系统的安全带来危险。

3. 移动安全

绩效管理系统移动化后，需要接入 Internet 中，互联网上出现的病毒传播、木马程序窃取信息、黑客攻击等对银行绩效管理移动端构成了威胁。

绩效管理移动端（MPAS）可通过部署数据库服务器和前置服务器（接口服务器和 App 应用服务器），并搭建 VPN 服务器和防火墙，构建三层网络结构，建立安全专用移动网络通道来确保移动网络的安全（见图 8-8）。

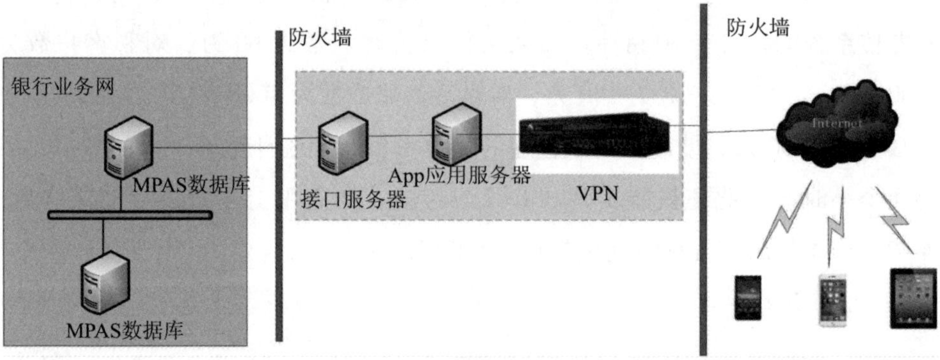

图 8-8　移动安全方案

第一，通过防火墙将银行业务网段与 MPAS 前置服务器隔开。

第二，通过 VPN 服务器的设置，对每个员工手机、平板进行授权，只有授权的手机才能通过 VPN 的加密隧道访问前置服务器，未授权的设备禁止接入。

第三，在访问终端与 MPAS 前置服务器之间再加一层防火墙，对安全再次进行加固。

本系统与其他系统间的数据交互，采用数据接口文件方式进行，系统之间的数据库不互相开放，保证数据不进行直接传输，以确保数据传输安全。

第三节　绩效考核系统实施

前面介绍过银行绩效考核体系建设过程中需要经历建设期、磨合期、成熟期三个阶段，在绩效软件体系实施的过程中同样也会经历这三个阶段。因此，本节主要阐述绩效系统在实施环节中，在这三个阶段，系统实施与客户之间的主要矛盾，以及为了解决系统实施中的这些主要矛盾，采取的主要应对策略，如图 8-9 所示。

	建设期（6个月至1年）			磨合期、成熟期（1年以上）		
时间（周期）	（1个月内）	（1~3个月）	（3~6个月）	日常运维	日常运营	定制开发
主要矛盾	“实施周期长”与“客户感知度低”的矛盾			“需求变化快”与“客户期望高”的矛盾		
核心目标	快速上线			灵活调整、高效运行		
实施动作	数据对接	业绩到人	工资兑现	稳定运行	支撑运营	满足需求

图 8-9　系统实施策略

一、三个阶段面临的主要矛盾

（一）“实施周期长”与“客户感知度低”的矛盾

传统绩效软件的项目建设流程标准为：需求调研—软件设计—程序编码—软件测试—现场实施—上线运行。该传统项目通常是给客户做一套覆盖面非常广的考核制度，导致系统个性化需求多且复杂，设计开发实现难度大，整个项目建设周期长，员工迟迟不能看到最终成果，大部分人不能真正参与其中，导致在绩效的建设期中客户感知度低；同时，影响后期系统的推行和管理。

（二）“需求变化快”与“客户期望高”的矛盾

随着项目的推进，尤其是在磨合期阶段，客户对绩效考核的认识越来越深，对最初制定的考核方案会不断提出改善的需求，这样就会出现项目需求变化非常快，从而系统要经常性地进行修改和二次开发，导致系统出现不稳定的情况。此外，项目问题也会不断增多，原有的绩效管理流程不足以满足绩效考核工作的需求，因此，结合磨合期项目的总体情况，制定磨合期绩效管理实施动作，以推进项目更快更好地开展。

二、解决实施主要矛盾的策略

（一）快速上线

1. 快速交付，全行参与

推行快速部署流程：咨询规划—版本打包—接口开发—快速部署—存量清理—系统培训上线。通过几个项目的实践，从项目启动到系统培训上线只需要 1.5 个月的时间。其中咨询规划内容为项目 3~5 年的建设规划及组织对全行进行理念培训，让员工能够参与其中，并提前了解行内推行绩效管理改革的必要性。初次上线的版本为“业绩平台版本”，能快速实现成果物的交付，让所有员工能够参与其中，包括熟悉系统操作，积极认领和拓展个人业绩，打造全行的绩效建设氛围。

2. 先粗放，后精细化

绩效管理的前期推行会遇到一定的阻力，前期不太适合采取较为复杂的考核模式及较大的覆盖范围。通过“银行绩效考核建设最佳实践方案”总结出“四先四后”的绩效管理推行原则：先分支机构，后管理部门；先前台部门，后后台部门；先管理部门，后管理人员；先考核方案，后工作任务。

前期建设可采取先分支机构前台主要人员，并采取产品计价的模式进行粗放式的考核，后期再纳入中后台管理部门和管理人员的考核，实现先粗放后精细化的管理。

3. PDCA 循序渐进，效果评估，推广改进

绩效管理体系的建设往往不能一蹴而就，无法做到一步到位，应遵循 PDCA 管理原则。实现循序渐进，需要定期对系统使用效果进行评估，查漏补缺，好的地方则加大力度推广和使用，有问题的地方或缺陷则进行优化和

改进。

（二）灵活调整，高效运行

逐渐建设大而全的“接口库”“指标库”“方案库”，以“三库”为基础，以“标准化、规范化、流程化、工具化”为核心，构建一套快速响应客户需求的软件工程管理模型，从而达到“质量可靠、流程精简、关键聚焦、实现快速、用户满意”的客户诉求。

“接口库”“指标库”“方案库”分别从数据的基础层、汇总层、展示层进行归类。“接口库”主要是对接银行 ODS 系统、核心系统、信贷系统等，通过数据的抽取、转换、清洗的步骤，加工成绩效考核系统的基础原始数据，是支撑绩效系统运算统计的基础层。汇总层的“指标库”，根据银行的业务归类，对常用的 KPI 考核指标进行定义配置，汇总统计出机构、员工两个维度的各个指标数据，以供后续方案使用。展示层的“方案库”，根据银行的战略要求制定各类岗位、各类机构的考核方案标准，通过对机构、员工的指标进行计价或计分，最终统计出全员的绩效结果。

“标准化、规范化、流程化、工具化”是指标准化的软件组件，通过规范化的执行动作和流程化的指引，高效率、低成本地构建高质量的软件产品，并通过智能自动的辅助工具快速、灵活地对系统进行调整，以适应银行不断变化的考核需求。

第九章　银行绩效管理效果评估

第一节　绩效管理效果概述

绩效管理效果评估作为 PDCA 中反馈的重要内容，其作用是对整个绩效管理流程的效果进行最终检验，包括其在整个制度执行与运转的效果如何，有无体现银行发展战略、发展导向与政策倾斜，在哪些方面存在不足，并为下一步绩效管理提供政策建议与实践指导。

一、绩效管理效果

（一）绩效管理效果定义

商业银行以追求持续健康的价值为主要目标，绩效管理的效果就是引导“银行价值增长”。绩效管理效果可理解为绩效管理的功能或作用。绩效管理有效果，即绩效管理发挥对应的作用；反之，无效果。从制度经济学角度看，绩效管理服务的有效性在于它设定考核标准，降低内部交易费用，使企业内部运营效率更高，与外部市场效果相比成本更低，从而加快企业成长。

（二）绩效管理效果分类

1. 直接效果和间接效果

绩效管理直接效果体现在银行绩效管理能力的提升。绩效管理建设的直接目标就是提高银行的绩效管理能力。绩效管理能力是人力资源管理中的核心能力，集中反映了银行对人员的调度能力与人力资源的配置能力。同时，绩效管理能力也是银行竞争力的重要组成部分，体现了银行对绩效资源的调配能力，即在资源有限的情况下，引导资源在银行部门之间、产品之间、业务条线之间、岗位之间进行合理分配，以达到在战略导向下的业绩增长及结构优化等最终目标。绩效管理建设的间接效果体现在改善银行内部管理，使管理更精细化。绩效管理体系是整体精细化管理体系的核心与枢纽，它的缺失或不足会直接导致整个银行的客户关系系统、管理会计系统、风险管理系统、流程银行系统等不能形成完整的管理闭环，导致各个系统独自运转。

2. 短期效果、中期效果和长期效果

绩效管理短期效果体现在银行业务的发展和行员积极行为方面，业务发展如存贷规模和中间业务的增长、电子银行业务的发展等，行员积极行为体现在行员更愿意积极营销。中期效果体现在业务结构优化、业务质量上升等方面。随着时间的推进，根据银行既定的经营方针与政策，绩效考核能解决银行业务发展中的难点。在绩效考核“指挥棒”的引领下，银行的业务结构得到优化。长期效果体现在行员全面发展，实现银行可持续发展与战略愿景。企业经营的本质是经营人才，人才的成长，促进银行的发展。从长期来看，有效的绩效管理会促使员工主动学习，不断更新业务知识，提高创新能力，实现员工全面发展，从而可以提高银行可持续发展的能力，最终实现银行发展战略与愿景。

3. 机构效果、客户效果和员工效果

从利益主体角度来看，绩效管理效果分为机构效果、客户效果和员工效果。从机构效果来看，绩效管理可以在一定程度上促进业务发展，这不仅体现在规模增长层面，更体现在结构优化与业务质量方面。从员工效果来看，绩效管理可以有效提高员工工作满意度，激活员工活力与动能，同时还促进员工学习与创新，让员工得到全面发展与成长。从客户效果来看，绩效管理可以提高客户满意度，挖掘客户潜在价值，以客户为中心打造业务流程与组织架构，提升客户体验感，实现客户价值的增长。

二、绩效管理效果的评估思路

根据对银行绩效管理效果的界定，从评价绩效管理建设到效果呈现，其评价思路如图 9-1 所示，把绩效管理效果分为三个层面：第一层面为效果呈现层，此效果内容包括组织层面、客户层面和员工层面；第二层面为主要因素层，包括外部环境与绩效资源配置，绩效资源配置主要考察在业务、机构和岗位之间资源配置的效率与公平性，与预期目标导向是否保持一致；第三层面为优化举措层，即对绩效管理能力及其建设的评价，其中，绩效管理能力建设分为四个体系，即管理体系、文化体系、制度体系和软件体系。

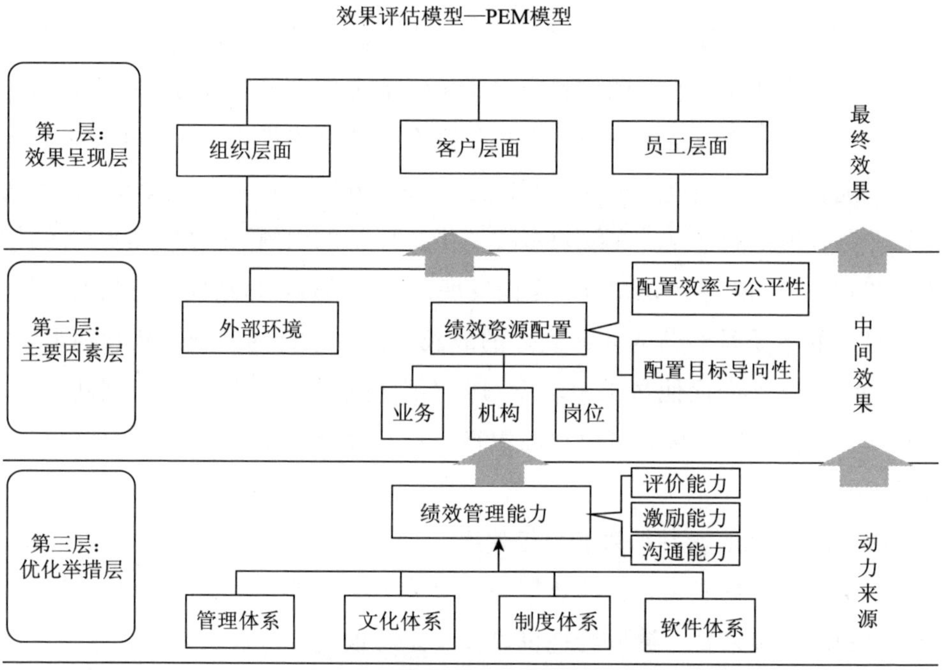

图 9-1　绩效管理效果评估技术路线

第二节　绩效管理效果评价

根据绩效管理效果的评估思路，绩效管理效果评价分为三个层次，即效果呈现层、主要因素层和优化举措层。

一、效果呈现层评估

效果呈现层分为三个层面，分别为组织层面、客户层面和员工层面。组织层面主要是指银行作为一个企业组织的整体绩效表现；客户层面是指客户价值方面的变化情况；员工层面是指员工的工作绩效表现。其中，员工层面的评价放在本章第三节阐述，以下主要介绍组织层面和客户层面。

（一）组织层面

衡量组织层面的效果主要运用三个指标，分别为规模类指标、利润类指标和价值类指标。规模类指标主要是指衡量银行业务规模的指标，如信贷业务规模考核、中间业务收入考核，包括业务量、网点与人数扩张、相关增长速度考核及计划完成情况。此类考核是银行在扩张时期极其重视的指标，特别是很多中小银行存款立行的理念，使银行把存款规模作为考核的核心来对待。但盲目地进行规模扩张，可能使银行的成本上涨，风险增加，从而导致利润下降。没有可持续的利润，任何组织都难以为继，这时候，利润考核开始受到重视。利润又有短期利润与长期利润之分，很多财务指标如成本收入比、资本收益率和资产收益率等都是短期利润指标，如果只考核短期利润，会导致长期经营出现困境，于是，又提出价值考核。价值考核主要针对的是资金的定价、风险对资本的消耗，考虑业务的长期内涵价值。以上三方面的评估，是基于考核制度与战略设计考虑，不可脱离实际情况进行评估，否则会增加评估成本，反而对实际推动作用不大。

（二）客户层面

客户层面的绩效管理的效果体现在客户价值的增长。在度量客户价值方面，银行客户价值是一个包含多因素的综合评价，根据银行的客户价值模型，把客户价值分为三部分，分别为历史价值、当前价值和潜在价值。

设客户价值为 V，当前价值为 P，潜在价值为 Q；权重分别为 j、k，则银行客户价值评价模型为：$V=P\times j+Q\times k$。

第一，历史价值：是指客户进入银行以来至当前评价日期前为银行带来的利润或贡献度。

第二，当前价值：是指客户目前使用或消费银行的产品和服务，为银行创造的利润或贡献度，是客户价值的基础。这部分的指标主要体现在资产业务价值、负债业务价值、中间业务价值等方面。客户当前价值最容易进行量化计算，可以通过对客户近期账户及资金状况的分析来衡量其大小，通常指标包括客户利润贡献度、客户交易额、客户成本、客户销售量增量等。对客户的当前价值评价一般会设定一定的评定区间，如一个季度、一年等。

第三，潜在价值：是指如果客户得以保持，客户在与银行未来的合作中，可能给银行带来的收益。客户的潜在价值是由客户自身的属性和行为特征决定的。银行中公司类客户和个人类客户的客户特征和产品或服务的消费种类、消费量/额等都存在比较大的区别，因此对两类客户应分别评价。一是公司类客户的行业类别、企业规模、信用等级等，即这些属性是否符合银行自身的政策导向，是否有发展的潜力。个人类客户的年龄段、收入水平、职业等对其消费习惯会有所影响。二是根据客户已消费的银行产品数量，以及交叉销售的数量等消费行为和习惯，预测客户未来可能会购买的产品数量，以及由于客户属性特征和消费行为等不断变化会带来的客户价值增长及利润贡献。

二、主要因素层中的绩效资源配置评估

绩效管理的核心是绩效考核，根据考核制度与个人和机构的实际考核情况分配适当的绩效资源（如薪酬与晋升），发挥绩效管理的最佳效果，并且达到最佳的投入产出比。本书提及的绩效资源主要包括两部分：一是物质部分，即绩效工资的投入；二是人力资源部分，即激发员工的积极性，创造价值。绩效管理能力越强，其对绩效资源的调配能力就越强，就越能把有限的绩效资源分配到最有效率的人和机构。绩效管理能力弱，就会出现资源闲置、浪费和不匹配等情况。绩效考核资源按对象类别来分有两部分：一是对于员工的资源配置，二是用于渠道、业务、产品的资源配置。而用于渠道、业务、产品的资源配置，一般需要了解资源的流向，即绩效工资结构。绩效工资分析一般采用系统取数定量分析，配以访谈了解行员对于绩效工资计算和结果的反应。此外，以往的分析案例中也有对支行业务量与人均业务量的分析来观察人员配置的方法，此处不再展开论述。

绩效工资的分析按照对象可以分为全行、机构（地区、等级）和岗位（团队和等级），分析内容分为匹配度、结构情况与离散程度三大内容，对象

层次与分析内容可以组成一个二维的分析框架（见表9-1）。

表9-1　绩效工资分析二维框架

			分析对象层次		
			全行	机构（地区、等级）	岗位（团队、等级）可细分为全行岗位分析，或者机构（地区或等级机构）岗位分析
分析内容	匹配度	查看资源配置是否合理，是否符合预期	1. 考核力度，绩效工资占比；2. 考核力度，垂直考核力度占比；3. 得薪率，实发与预算进行对比；4. 得薪率，全行绩效实发与上年度对比分析	1. 各地区支行绩效对比分析；2. 行员等级与行员总绩效的对比、聚类分析	1. 得薪率；2. 各地区岗位绩效对比分析；3. 各岗位绩效收入与学历、年龄、工龄、司龄的对比分析
	结构情况	查看绩效薪酬的结构情况	1. 全行绩效的业务流向分析；2. 存款绩效的指标流向分析；3. 贷款绩效的指标流向分析；4. 电子银行业务的指标流向分析	各指标绩效与地区对比分析	岗位之间倾斜力度与发展导向
	离散程度	查看绩效薪酬拉开差距的情况	无	1. 不同地区全体支行行员的差异情况；2. 不同等级支行全体员工差异情况；3. 不同支行全体员工差异情况	极值比较。各岗位的绩效工资标准差（虚拟分配前、虚拟分配后）；各岗位的绩效工资偏离度（虚拟分配前、虚拟分配后）

绩效工资定量分析一般采用描述、问题诊断、原因分析以及对应调整策略。描述部分采用表9-1框架，通过图表描述现状。问题诊断可以根据同业情况（一般为咨询师经验）、行内战略、行内资源倾向，再通过考虑影响程度进行判断。原因分析和对应策略可以从制度和测算两个方面进行挖掘和调整。除了以上常规分析内容之外，可以通过基尼系数、帕累托指数、薪资均衡指标等指标来衡量岗位差异和收入分配公平性，通过绩效工资效能指数和晋升效能指数来衡量绩效工资与业绩的匹配性和等级的匹配性。

（一）基尼系数

基尼系数是国际上用来衡量一个国家或地区居民收入差距的一个常用指标。基尼系数介于0~1之间，基尼系数越小，收入分配越平均；基尼系数越大，收入分配越不平均（见表9-2）。国际上通常把0.4作为贫富差距的警戒线，大于0.4表示收入差距较大。

表9-2　基尼系数范围与判断

基尼系数值	判断依据
低于0.2	收入绝对平均
0.2~0.3	收入比较平均
0.3~0.4	收入相对合理
0.4~0.5	收入差距较大
0.5以上	收入差距悬殊

（二）帕累托指数

帕累托指数得名于意大利经济学家和社会学家帕累托。在经济学中，它测量了收入或财富分布的宽度，是帕累托分布的一个参数，反映了帕累托法则（20/80法则）（见图9-2）。帕累托法则（Pareto Principle）是由意大利经济学家帕累托提出的。帕累托法则认为，原因与结果、投入与产出、努力与报酬之间本来存在着无法解释的不平衡。一般来说，投入与努力可以分为两种不同的类型：多数，它们只能造成少许的影响；少数，它们能造成主要的、重大的影响。

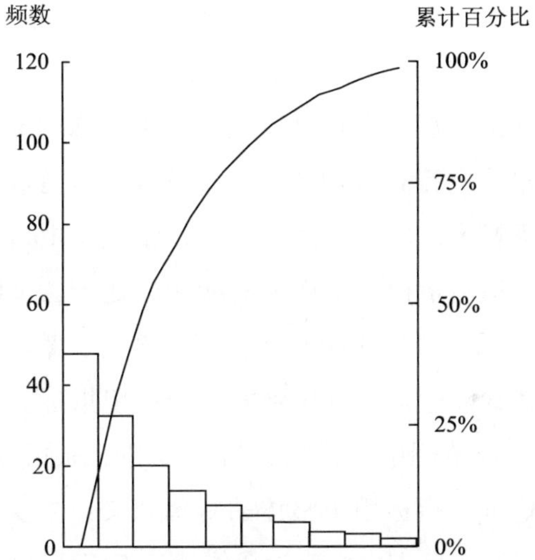

图 9-2　帕累托指数示意图

一般情形下，原因与结果、投入与产出、努力与报酬之间的关系往往是不平衡的，若以数学方式测量这个不平衡，得到的基准线是一个 80/20 关系。结果、产出或报酬的 80%取决于 20%的原因、投入或努力。帕累托法则提示在人力资源管理实践中要处理好一个关系：注重激励效果，不能平均分配。让 80%的员工认识或感受到满意、公平，让 20%的员工感受激励，让 80%的员工愿意或希望成为那 20%中的一员。

（三）薪资均衡指标（Compa-Ratio）

薪资均衡指标是一个有效衡量和评估薪酬体系的指标，它被广泛地应用在人力资源管理的薪资制度诊断和管理中，基本的计算公式有如下四种：薪资均衡指标=薪资/薪距中点；薪资均衡指标=个人实际所得薪资/部门或企业薪距中点；薪资均衡指标=部门平均薪资/企业薪距中点；薪资均衡指标=企业平均薪资/行业薪距中点。企业进行工资调整和奖金分配时，更多地考虑员工的绩效水平，因而员工的薪资水平取决于绩效的绝对水平。员工虽然拿到了高薪和奖金，但是并不知道自己在部门薪资水平中的相对位置。一般来说，薪资均衡指标与绩效之间存在着如下关系：

薪资均衡指标处于 110%~120%，表现卓越；

薪资均衡指标处于90%~110%，表现优良；

薪资均衡指标处于80%~90%，表现较差。

在引进薪资均衡指标后，银行可以根据员工在部门或者银行中已有的相对位置，结合绩效水平进行薪资调整和奖金分配，这有利于员工发现自己的薪资相对水平和上涨幅度，能更好地激发员工的工作积极性。

Compa值为薪资均衡指标，也称为薪酬比较比率，反映薪酬数值与薪酬范围中点值的相对关系，既适用于整体、某一部门、某一薪酬等级，也适用于个体，是现代薪酬诊断中被经常用到的一个通用指标。一般通用Compa指标是工资平均值与工资范围中点值的比值，即Compa指标=Average/［Min+（Max-Min）/2］，Compa指标用于整体的解释意义：主要是指工资平均值为全体员工平均工资，工资范围中点值为全体员工工资范围的中点值。

（四）绩效工资效能指数

薪酬激励对绩效提升的效能 $=ABS\left[(\Delta P\cdot S_{t-1})/(\Delta S\cdot P_{t-1})\right]$。

其中，ΔP 为本期业绩与上期业绩差，P_{t-1} 为上期业绩；ΔS 为本期绩效薪酬与上期绩效薪酬的差；S_{t-1} 为上期绩效薪酬。如果指标数值大于1，说明绩效薪酬对于业绩提升的激励效能较高；如果等于1，则说明绩效薪酬只起到反映绩效情况的作用，而不具备激励绩效提升的效能；如果小于1，说明绩效薪酬已经不能反映绩效的真实情况，而是流于形式，甚至正在向固定薪酬状态转化。由于考核的类别与业务性质各不同，可根据当期评价导向选择，如针对产品、岗位等类别进行分析。

（五）晋升效能指数（包括等级晋升）

绩效结果占晋升条件的比例=与绩效相关的晋升条件项目数/晋升条件项目总数×100%。

晋升对绩效提升的影响 $=(P_t-P_{t-1})/P_t\times100\%$。

其中，P_t 为上一个绩效考评周期结束时，因绩效优秀被晋升的本期绩效；P_{t-1} 为该员工的上期的绩效。指标数值越大，说明晋升对绩效提升的影响越大。由于考核类别不同，很难有一个综合性指标进行评判，所以可根据政策导向，用该指标评价客户经理晋升对存款业绩的影响。

另外，还有一些指标如得薪率①、垂直考核力度②、岗位带宽分析③等可以作为辅助分析指标。

三、优化举措层中的绩效管理能力评估

（一）绩效管理能力定义

绩效管理能力是指运行绩效管理系统的企业所拥有的、能够对绩效进行有效评价，促进企业实现可持续发展；激励员工并促使员工开发自身的潜能；促进组织内部沟通与交流，形成以绩效为导向的知识、技能、技术、管理等要素的组合。

（二）绩效管理能力评价内容

根据绩效管理能力的定义，绩效管理能力评价内容包括三个方面：评价能力、激励能力、沟通能力。

1. 评价能力

评价能力反映的是考核制度对业绩的评价水平高低，制度的评估包括考核对象、考核内容以及考核指标。评估的角度就是查看对于考核的评价是否准确，评价的结果是否公平。评价能力很大程度上影响着绩效资源配置的准确性和公平性。从行员的行为倾向性来看，它也是检验行员的努力方向与相关考核指标的关联程度，同时也兼顾公平性。做到“所劳有所评，所评有所奖，所奖较公平”。在项目中如果该项得分较低，一般有两种原因：一是内部管理问题，因为培训不足导致行员不了解制度，更难以评估制度对于自身行为的准确度评价。二是制度建设问题，个别指标和绩效计算方式存在偏差，比如有个别指标未能很好地反馈行员创造业绩价值；计算方式方面，如个别岗位的绩效工资计算方式不够合理，导致不公平的

---

① 得薪率是指实际绩效工资发放额与预算额之比，反映绩效工资发放情况、是否超包，间接反映业绩开展。

② 垂直考核力度是指二次分配前的绩效工资与实际发放的总绩效工资之比，该数值越大，表示垂直力度越大，二次分配比例越小。

③ 岗位带宽分析是计算每个岗位的最低与最高值，如果低一级的岗位绩效工资部分高于高一级岗位，说明激励性机制较好。

问题。

2. 激励能力

激励能力与奖励价值有关，即评估激励机制的合理性。激励表象的结果就是员工能够按照考核的方向进行行为上的改变，激励后很大程度上与绩效单价测算有关。此外，激励能力通过两个比例来影响：一是绩效薪酬占总体薪酬比例；二是垂直薪酬占总体薪酬比例。

3. 沟通能力

沟通能力也是管理能力的表现之一，它是运营管理的重要组成部分。遵循 PDCA 循环，沟通与反馈是最后一步。一般情况下，如果沟通做得好，能够及时发现并解决问题。因此，沟通能力是评价绩效管理能力的重要指标之一。绩效沟通的效果和效率与多个因素有关：一是沟通渠道，即行员通过哪些方式了解自身的业绩和绩效结果并且得到反馈改进；二是沟通内容，即与行员沟通，分析行员绩效高低的原因，并指导其改进。

影响绩效管理能力的体系有四个，分别为管理体系、文化体系、制度体系与软件体系。简单地说，绩效管理能力是评估绩效管理做得“怎么样”，其关注结果，类似于 KPI。能力建设评价关注的是“怎么做”，即评估对应的事件和行为有无实现，类似于 KBI。绩效考核作为“一把手工程”，绩效运营是前提，是关键，领导层的重视、决策、推动将直接影响全行绩效考核的成败。只有科学、合理、适用、管用的考核制度，才能帮助银行实现科学、合理的考核。系统工具也是实现制度方案的有效工具，可以高效、准确地完成绩效管理活动。文化体系存在于影响绩效管理的各个环节与流程中，积极的开放式绩效文化将引领银行实现可持续发展。以上因素都是影响绩效管理指数或能力的重要因素，与绩效管理能力是行为与结果的关系，其中任何一项因素的提升都会提高绩效管理能力。

第三节　个体工作绩效评价

在效果 PEM 模型显性效果层面中，对员工绩效的评估是一项极其重要的内容，绩效管理有无效果，员工层面是关键。如何衡量银行员工的绩效效果，它包括哪些内容，先要从绩效管理变革如何影响员工的行为与结果开始考察。借鉴柯氏四层面评估模型，把这个影响过程划分为四个阶段：反应层面、知识层面、行为层面、结果层面。这四方面也遵循人的心理规律，从一开始接触绩效改革建设的基本反应，到掌握绩效管理的内容多少，再到从行为上做出何种反应，最后体现在结果显现层面。

一、工作绩效的定义

绩效管理建设对个体影响的过程中，既有心理反应，也有行为与结果方面的体现，但其中哪些属于工作绩效方面，则需要对工作绩效的定义进行划分。

（一）结果观

工作绩效是指员工在特定岗位、特定时间内输出的产物。尽管产物受员工动机、能力和情景等方面的影响，但结果是最好的评价依据。结果观将工作绩效看作个体参与工作活动所带来的与工作相关的成绩和结果，与工作任务完成情况、工作产出等相关。

（二）行为观

工作绩效行为论认为，员工绩效目标与所在组织目标一致，员工的行为与组织的产出、结果和目标绩效直接相关。并不是所有的行为都会产生工作绩效，只有与组织目标实现具有直接相关的行为，才有可能产生工作绩效和组织绩效。此外，还有一种看法认为在对绩效进行评估时，无论员工的行为与产出、结果和目标绩效是否直接相关，都予以考核。将工作绩效视为个体参与工作活动时完成工作目标而付出的努力行为，是一个过程变量。结果取向的绩效观点注重结果的影响，有可能忽略员工工作过程中的一些情境因素和过程因素，这些因素对组织而言是十分重要的。

（三）潜能论

潜能论认为，绩效=做了什么+能做什么，认为绩效是实际收益+预期收益的综合，将个人潜力和能力也纳入绩效评价的范畴。此时的绩效评价不再仅仅是追溯过去、评价历史的工具，其更关注未来，比较适合知识性员工和创造性工作。根据潜能论，绩效管理的关键是寻找产生高绩效的人才。

(四) 全面绩效观

影响工作绩效行为或影响工作绩效行为转化结果的因素主要包括：态度、努力、能力、个人潜质、工作方式等。员工价值创造过程如图 9-3 所示。

图 9-3　员工价值创造流程

因此，全面绩效观认为，优秀绩效 = 潜能存量（能做什么）+行为素质（如何做）+结果（做到什么）。从绩效界定的四种主要观点出发，有四种绩效考核导向，如表 9-3 所示。

表 9-3　四种绩效考核导向指标

能力指标	行为指标	结果指标	全面指标
忠诚度 成就欲望 自我认知与自我控制 创造性 主动性 领导力	服从指令 按时出勤 热情待客 服务周到 按标准和程序办事	销售额 利润 浪费 事故 服务客户数量 客户满意度	综合前三个方面

结合绩效管理建设对个体的影响过程分析，绩效管理建设对行员工作绩效的影响过程更符合全面绩效观的特点。这种影响既体现在行员的各方面能力提高，也体现在行为的改变与绩效提升方面。有效的绩效管理建设，可以促进员工不断学习，提高其业务能力或管理经验，激发员工积极性，驱动其创新。对能力的效果评估体现在未来，而对行为与结果的效果评估体现在现在，应把两者结合起来。

二、工作绩效的结构

前面提到了不同工作绩效的定义，根据定义，如何选择工作绩效结构，或工作绩效的内容具体包括哪些，特别是对于商业银行这类风险组织而言，其员工的工作绩效应该如何划分，本部分围绕这些问题展开分析。

探讨和研究对组织有价值的行为的种类，实质上就是探究工作绩效的分类或结构。工作绩效的最基本的框架是 Katz 和 Kahn（1978）提出的，他们将工作行为区分为以下三个方面：加入并留在组织中；达到或者超过组织所规定的绩效标准；主动从事超越组织绩效标准的活动，如与其他成员合作，保护组织免受伤害，为组织的发展提供建议等。此后，又提出了新的工作绩效模型。

（一）工作绩效的八因素模型

著名的工作绩效的八因素模型中的八个因素分别是：特定工作的任务熟练性、非特定工作的任务熟练性、书面与口头沟通的熟练性、表现出的努力、维持个体的纪律性、促进同事及团队绩效、监督与领导、管理与执行。该模型还进一步提出，每一种绩效成分均有三个决定因素，即陈述性知识、程序性知识与技能、动机。个体在人格、能力和兴趣上的差异被认为是联系在一起的，并与教育、培训和经验交互作用，影响陈述性知识、程序性知识与技能、动机，进而影响工作绩效的达成。

（二）工作绩效的二因素模型

结合组织公民行为和亲社会组织行为的研究结果，将工作绩效区分为任务绩效和周边绩效（或关系绩效）。任务绩效是传统人事管理研究和实践所关注的，通常以正式的工作描述的形式明确规定的直接的或间接的生产和服务行为。它通常有两种形式：一种是直接将原材料转化为组织产品（包括产品和服务）的活动；另一种是维持并服务于技术核心的活动，包括供给原材料和分发已完成的产品，提供计划、协调、管理和人员以使技术核心功能高效运转的活动。周边绩效（关系绩效）进一步划分为两个维度：人际促进维度和工作奉献维度。其中，人际促进指的是组织中的人际关系层面，表现为帮助他人，鼓励合作，消除人际关系障碍，以取得较高工作绩效的行为；工作奉献，也称工作投入，指的是组织中个体的自我约束行为，如遵守组织规章制度、主动克服工作中的困难、努力工作、具有首创精神、对工作的期望等。周边绩效不是直接的生产和服务活动，而是支持完成组织工作的社会与激励情境中人际的和自主的行为，它可以促进其中的任务绩效，从而提高整个组织的有效性。任务绩效与周边绩效二者之间存在相互促进的作用。任务绩效和周边绩效的评定中存在评估者效应，同事评估侧重于周边绩效，而上级主管的评估则侧重于任务绩效。能力和经验可以很好地预测任务绩效，而人格则是周边绩效更好的预测源。

（三）工作绩效的三因素模型

员工需要经常面对不确定的工作情境，需要不断地学习新的技术和方法，创造性地解决问题。但是，这种以适应新的工作要求和情境为特征的适应绩效长期以来却没有被传统的工作绩效结构框架所包含。因此，笔者提出了关注员工应对变化的适应绩效概念，并提出了工作绩效的三因素模型，包括任务绩效、周边绩效和适应绩效三个方面。适应绩效可以从任务绩效和周边绩效之外独立测量，并且能通过人格的开放性特质以及过去应对变化的经历、方式、效能感进行预测。将适应绩效区分为八个因素，即紧急情境或危机的应对、工作压力的应对、创造性地解决问题、不确定性和不可预见情境的应对、工作任务/技术和程序的学习、人际适应性、文化的适应性、与身体有关的适应性。

三、组织类型与绩效评价方式

不同的组织，对绩效的关注点不同，因此，绩效评价的方式也不同。可以把组织分成任务型发展组织、可持续发展组织和稳健型发展组织。绩效评估的内容在每一个组织形态中所处的位置不同。

（一）任务型发展组织

在任务型组织里，劳动只不过是简单和重复的动作。个体的工作基本都是标准的操作，也就是说市场的需求、对技术的变化趋势和资源可用性变化全部可以准确预测。传统岗位工作说明书规定，工种对员工要求具备的技能和知识水平有明确的标准和定义，任务目标也是非常明确的。由于市场和组织环境的稳定，在一定期间，组织能够对员工完成工作和工作进度进行合理预期。任务型发展组织工作中所要求的个体知识或技能简单，每个员工都可以担负并能独立完成。组织把目标任务层层分解，总体目标就变为各职能部门的分目标，各职能部门又将其任务分解到各工作岗位，并最终落实为个体的岗位职责和工作目标。这样，只要个体各负其责，其最终都能够完成最初的组织目标，这种分工与专业化的思想建立在传统工作岗位中。基于任务型组织的这种特点，可以运用任务绩效和关系绩效来全面评价。

（二）可持续发展组织

可持续发展组织明显的特征是崇尚知识和技能，倡导理性思维和合作精神，鼓励雇佣双方通过提高素质来确保组织和个体不断适应新环境的发展。这种持续型的企业与其他企业的最大区别在于，不断提高产品和服务质量，通过不断学习和创新来提高效率。依托创新使员工获得新知识和新技术，企业迅速适应市场的变化。围绕战略确立人力资源培训与开发，与创建学习型组织相结合，可更有效地促进企业的创新与发展。在科学技术迅猛发展的背景下，组织内、外部环境快速变化，可持续发展组织就更需要以学习、创新和培训来作为评价的因素。可持续发展组织更关注学习绩效与创新绩效。

（三）稳健型发展组织

商业银行是稳健型组织，这是由它的属性决定的。稳健型组织追求的是审慎经营和稳健发展，它的经营理念突出的是安全性和尽职性，并将经营理念形成一种文化，根植于组织中。因此，可引入适应性绩效进行考核。

四、银行业员工工作绩效结构

当前，我国商业银行兼有上述四个组织的特点，既有具体任务化为导向的业务管理，也面临新形势下的创新与转型，需要提高行员的学习与适应能力，满足员工的发展要求。结合绩效管理对员工的心理影响过程的四个阶段，可以把银行行员的工作绩效分为任务绩效、关系绩效、学习绩效和创新绩效。

（一）任务绩效

任务绩效是指员工按照工作说明书中所规定的任务、职责，为组织目标做出贡献的结果或行为。任务绩效的定义包括三个方面的显著特征：第一，把自己掌握的核心技能付诸实施的行为；第二，从工作结果或产出方面进行描述，强调任务绩效是一种结果绩效；第三，从工作职责、工作岗位、角色及工作说明书规定的行为或目标方面去探讨员工的任务绩效。然而，从组织规定的或工作说明书规定的行为方面去研究任务绩效并不能解决跨越组织或工作职能的工作绩效问题。从结果或产出方面去描述任务绩效也不能有效阐释不同环境（环境恶劣或环境优越）下员工的工作绩效问题。因此，对于工作绩效的定义一方面应该包括完成规定的工作职责、角色、责任范围内的效能（结果或产出）；另一方面，包括为实现任务所采取的行动。

（二）关系绩效

关系绩效是指员工主动帮助工作中有困难的同事，努力保持与同事之间的良好工作关系，或通过额外的努力完成某项任务所表现出来的工作绩效。任务绩效的标准是瞄准组织目标，是为适应组织目标而存在的；关系绩效消除了任务绩效产生过程的矛盾和摩擦，致力于减少人际、团体和组织与个人之间的交易成本，从而提高组织绩效。

（三）学习绩效

学习绩效是个体通过过去的经验、向他人学习等，获取有益的信息，通过对自我认知的改变，提高学习技能和其他相关能力，为组织目标做出贡献的行为过程。组织为了保持长期竞争优势，需要持续学习的员工。员工为了使自己更具竞争力，需要自我经营，不断挖掘自身潜能，提升工作效率。组织对持续学习的支持越多，员工就越能体会到学习的价值，从而提高学习的动力。对于自主学习的员工来说，工作满意度、对组织的承诺、绩效倾向以及目标导向等心理状态也影响员工的学习动力。参与学习活动会导致一种或者多种效果，如维持职业竞争力，获得晋升与进步，或者寻找新的就业方向。实际上，参与学习活动和表现出业绩的提高成为许多组织进行绩效评价的重要维度。

（四）创新绩效

创新绩效是指员工在知识不断共享和转移的过程中，为了获得本身的竞争优势，保持自己的核心竞争力，获取持续发展动力，不断转移知识重心的行为过程。创新绩效包括创新思想的意愿、创新的行动、创新建议和创新成果以及创新思维传播。因此，创新绩效评价的要素包括创新意愿、创新支持、创新方法、创新应用以及创新思想的传播等。

从信号传递机制来说，高绩效的行员将传递学习和创新的信号，而低绩效的行员由于传递信号所耗成本高于高绩效行员，信号机制变弱，往往指向目标和关系（见图 9-4）。因此，在演化的惯例过程中，通过信号传递机制形成四种模式的绩效：任务绩效、关系绩效、学习绩效、创新绩效。具有较强的任务绩效与关系绩效的员工，在当前拥有较高的适应组织能力与掌控能力，成为组织的骨干精英人才；具有较强的创新能力和学习能力的员工，将成为组织未来的高潜人员；具有较高的任务绩效与创新绩效的员工，能直接解决组织目前面临的目标与任务，对组织目标起直接推动作用；而具有较高的学习绩效与关系绩效的员工，则与组织当前目标直接要求相差较远，对当前组织目标起间接推动作用。虽然平衡计分卡也包括学习创新绩效，但其包括 KPI 在内的所有绩效考评模式没有脱离任务绩效的藩篱。这样的考评模式往往只注重工作目标、财务指标的完成，忽视了人际关系、组织氛围、员工士气、创新、发展和学习等软件因素。

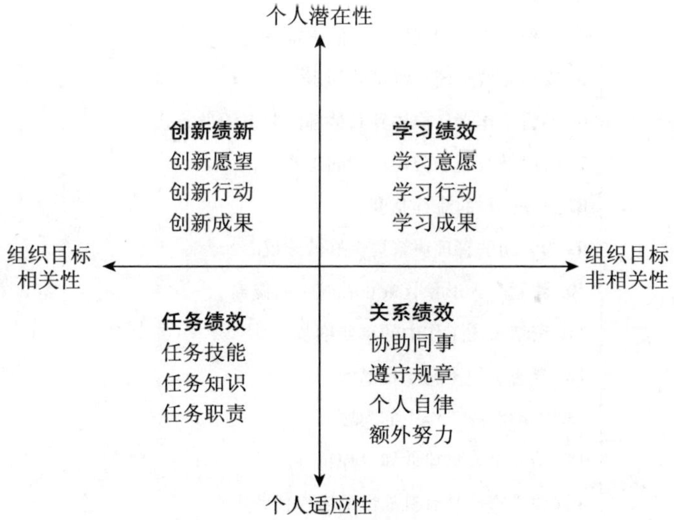

图 9-4　工作绩效总体结构模型

参阅国内外有关对任务绩效、关系绩效、学习绩效和创新绩效的问卷量表，建立表 9-4 来测量银行员工工作绩效。

表 9-4 工作绩效评价测量示例

工作绩效	问卷测试
任务绩效	1. 完成工作任务。 2. 履行工作说明书中的职责。 3. 按照自己期望的方式完成工作任务。 4. 按照正式绩效考核的要求完成工作任务。 5. 做一些能够直接影响他（她）绩效考核的工作。 6. 忽视一些必须要做的事情。 7. 不能履行必要的工作职责。 8. 口头沟通能力强。 9. 具有丰富的与工作相关的专业技能。 10. 具有胜任本职工作的专业知识
关系绩效	1. 即使上级管理人员不在，也能按照指令做事。 2. 在团队中，经常协助上级做事。 3. 维护上级的决策。 4. 工作时经常和其他部门同事扯皮。 5. 支持并鼓励同一级别的同事。 6. 不将工作责任推诿到其他部门同事的身上。 7. 自愿做有利于公司利益的工作。 8. 遵守公司的流程制度。 9. 为公司的管理决策提供好的建议。 10. 注意个人形象，举止礼貌，有修养。 11. 密切关注工作中的重要细节。 12. 自愿承担不属于自己的职责。 13. 主动解决工作中的问题。 14. 培养个人自律性和自控精神。 15. 要求安排具有挑战性的工作任务。 16. 不断地克服困难以完成工作任务

续表

工作绩效	问卷测试
学习绩效	1. 重视通过学习，积累经验，提高工作效率。 2. 使企业的重要组织成员重视学习。 3. 通过学习掌握了专业技能。 4. 通过学习提高了专业知识。 5. 通过学习能够更好地履行他（她）现有的岗位职责。 6. 运用学到的知识去解决工作中遇到的问题。 7. 认为学习对提高工作绩效没有帮助
创新绩效	1. 为了改善现有状况提出新想法。 2. 主动支持具有创新性的思想。 3. 通过学习，寻找新的工作方法、技能或工具。 4. 因提供创新建议而获得奖励。 5. 把创新性想法转化成实际应用。 6. 通过学习，提出一些解决问题的方案。 7. 用系统的方法介绍创新性的思想。 8. 使企业的重要组织成员关注创新性思维

五、影响工作绩效的因素

工作绩效作为组织管理研究中的重要结果变量，其前因变量有很多，而且这些因素通常相互作用并共同对工作绩效产生影响。个人特质和组织结构曾一度被认为是影响工作绩效的主要因素，但随着研究的不断深入，工作绩效影响因素即前因变量的研究重点转移到个体的认知水平、行为过程和能力上来。

（一）工作绩效模型

1. 工作绩效=f（动机×能力×环境）

动机、能力和环境共同影响了工作绩效，而在这三个因素中，动机和能力是最基本的两个因素。动机和能力之间的交互作用关系，使二者共同影响工作绩效水平，其中一个高水平的因素能够对另一个低水平的因素起到补偿作用，但是如果动机和能力中的任何一个因素水平过低，工作绩效也会很低。能力在绩效水平中起着决定性的作用，动机和能力并非都必须达到能产生绩效的最低水平。动机、能力与环境的交互作用导致了工作绩效水平的差异。因此，要产生较高的工作绩效，需要具备一定的动机和能力。

2. 工作绩效=f（陈述性知识×程序性知识×动机）

陈述性知识、程序性知识和动机三者之间的相互作用决定了工作绩效。陈述性知识是关于事物本身及其关系的知识，如果任职者掌握了足够的陈述性知识，很大程度上说明他能够较好地理解工作内容，这成为任职者进一步掌握程序性知识的前提条件。程序性知识是一套关于任务操作的具体步骤和过程的知识，是用来指导操作和实践的知识。任职者所掌握的陈述性知识和程序性知识，有效解决了工作中做什么以及如何做的问题。当一个员工掌握了陈述性知识和程序性知识之后，那他已经具备了产出高工作绩效的能力，但是能否真正转换为高绩效还需要考虑其是否具有高动机。

3. 工作绩效=f［知识（K）×技能（S）×能力（A）×人格（P）］

工作绩效受到个体知识、技能、能力和人格因素的综合影响。这一工作绩效的影响因素模型是在胜任力理论的基础上提出的。早期的胜任力理论认为，特定的知识、技能和能力即可构成在特定工作中达到一定工作绩效水平的条件，其中并未考虑人格因素。基于上述胜任力理论，对于在特定的组织和职位角色中，员工所应具备的知识（K）、技能（S）、能力（A）和其他特性（O）即可得到确认；再对个体所拥有的 KSA 水平进行有效测量和评价，从而完成对任职者的选拔，同时还应考虑人与组织的匹配性问题。在之后更为深入的研究中，“O”即个体其他特性的重要性开始得到研究者的重视，KSA 逐渐完善为 KSAO。除了知识、技能和能力这三个因素之外，“O”当中的人格因素也对工作绩效产生一定程度的影响，但人格和绩效的具体关系却难以得到确认。“大五人格”模型提出之后，尤其是在周边绩效概念提出之后，关于人格因素是工作绩效，特别是在周边绩效方面人与组织匹配方面的一个重要预测指标的观点得到认可。因此，胜任力模型也最终演进为 KSAP，其中 P 代表人格特质因素。

综上所述，工作绩效受到多方面因素的影响，根据这些影响因素的性质，分为如下方面：个体因素、任务因素以及环境因素。首先，个体因素。个体因素主要是指员工间的个体差异，个体绩效的差异除了由于通过后天学习、锻炼以及环境不同而产生之外，还由于个体间存在先天性的差异。个体的能力、风险偏好、认知方式、经验、知识等会影响工作绩效。其次，任务因素。主要包括激励性、复杂性和吸引力等任务因素中与工作任务本身相关的一些因素，比如任务难度、复杂程度、任务性质、对个体的吸引力等。员工工作绩效会随着激励程度的提升而提高。最后，环境因素。环境因素是指会对绩效产生影响的一些环境中的限制，如时间的限制、任务责任、任务所采用的工资制度等。影响工作绩效的环境因素包括组织的制度、时间压力、责任等。从以上几种工作绩效的影响因素模型中，个体的动机、能力和人格因素均成为影响工作绩效的决定性因素。

（二）影响工作绩效的关键性因素

银行的自身技术、环境特征、组织特征因素错综复杂，而本研究主要考察行员个体绩效，因此，只选取行员的心理特征和人际特征作为因变量。自我特征也是影响员工工作绩效的最主要特征。工作绩效是一种多维结构，并且是可以评估的，由行为、结果和过程组成，并且受员工心理定向因素（组织承诺、工作满意度和离职倾向、自我效能感等）、组织因素（报酬、企业文化和上级等）、个人特质（大五人格、素质等）和其他外部因素共同影响。在组织行为学的研究中，组织承诺、工作满意度、目标导向是对个体绩效影响最关键的几个个体效能变量（见表9-5）。组织承诺是个人对所属组织的目标和价值观的认同和信任，以及由此带来的积极情感体验，是一种重要的员工态度变量，对工作绩效产生重要影响，包括感情承诺、规范承诺和持续承诺。工作满意度，通常是指某个人在组织内进行工作的过程中，对工作本身及其有关方面（包括工作环境、工作状态、工作方式、工作压力、挑战性、工作中的人际关系等）有良性感受的心理状态。目标导向是在一个特定组织中，雇员为某一个目标而工作的意向，它包括成就导向和学习导向。成就目标导向对个体的成就行为之所以产生不同的影响，是由于不同的目标导向会激发不同的动机系统，学习目标导向更易激发任务掌握和道德中心的动机系统；而成就目标导向则更多激发自我中心的动机系统，不同的动机系统会对个体的心理和行为产生不同的影响。

表 9-5 影响工作绩效因素测量示例

关键变量	变量测试
工作满意度	你对自己所从事的工作感到满意吗？ 你对指导自己的人（你的上司）感到满意吗？ 你对组织中共事的人（你的同事或平级的人）之间的关系感到满意吗？ 你对你的收入感到满意吗？ 你对你在组织中能获得的晋升机会感到满意吗？ 考虑到工作中的每个方面，你对你当前的工作感到满意吗？
组织承诺	我很乐意效力于组织。 我向他人提起我是这个组织的一员时我骄傲。 我感觉组织的问题好像就是我自己的问题，组织对我来讲有很大的个人价值。 我对组织有很强的归属感。 我继续在这个组织工作的主要原因是离开将会带来很大的个人损失，别的组织不可能提供我在这已拥有的所有利益。 如果我现在离开这个组织，那我的生活会陷入混乱。 即使我想离开这个组织，但我现在也不能离开。 如果我离开这个组织，我觉得没有其他更好的选择。 现在留在这个组织对我来讲，与其说是愿望，不如说是不得不这样。 离开这个组织的不良后果之一就是可供选择的机会很少
成就目标导向	我宁愿做那些我做得好的事，也不愿意做那些我做得差的事。 做我擅长的事情时，我感到非常开心。 我最喜欢做的事，是我做得最好的事。 别人关于我能否做好某事的意见，对我来说是重要的。 如果我做事不出任何差错，我会觉得自己是聪明的。 在我尝试做某事之前，我希望有信心能做好它

续表

关键变量	变量测试
学习目标导向	我喜欢做那些我以前做得好的事。 在某些事情上，如果我比大多数人做得好，我会觉得自己很聪明。 对我来说，有机会做具有挑战性的工作是重要的。 如果我不能完成某个有一定难度的任务，那么下次做这项任务时我会更努力。 对我来说，学习新东西的机会是重要的。 当我做某项非常难的工作时，我会尽最大努力去做。 在已有经验的基础上，我会尽可能地提高自己。 对我来说，能提高个人能力的机会是重要的。 当解决问题遇到困难时，我喜欢用不同的方法解决问题

一般而言，具有高水平承诺的行员相比其他行员有更多的工作倾向，他们能从工作中获得更多的满足感，并且他们把工作看作是实现个人需求的过程。其结果是，他们更愿意竭尽全力去实现组织的目标和价值，从而表现较高的工作绩效。工作满意度较高的行员往往也表现出较高的工作绩效。当行员对上司、同事满意时往往表现较高的关系绩效，当对薪酬满意时，表现更多的任务绩效；而当对组织文化满意时，行员往往更注重学习和创新绩效。成就目标导向的个体更关注任务绩效，而学习目标导向的个体更加注重通过学习来提高自己的能力，因而保持较高的关系绩效和学习绩效。

第十章　银行绩效管理发展趋势

第一节　构建精细化管理体系的迫切性

根据银保监会最新公布的资料显示，截至 2018 年底，中国的银行业金融机构数量上升至 4588 家。在银行数量不断增加的同时，银行的经营也面临越来越严峻的挑战，这些挑战主要来自以下四个方面：

（1）金融领域改革不断深化。自 2014 年 12 月以来，国家陆续出台了一系列深化金融领域改革的措施，包括：利率市场化、存款保险制度、批准成立民营银行、加大村镇银行推广力度、推进互联网金融的发展等。在金融改革推进的过程中，银行将面临更为严峻的挑战。

（2）经济下行的影响逐渐显现。由于受经济下行、竞争加剧等影响，我国实体经济发展遇到较大压力，其对银行业务的影响也是显而易见的，具体表现为：对公业务量明显下滑、风险率增高、不良资产增加，优质客户资源难觅、贷款难放，甚至出现大量存款下滑、无法完成年度任务的情况，少数银行出现不良率大幅攀升、利润严重下降，甚至亏损的情况。

（3）监管压力陡增。“风险防范”已上升到国家战略高度，尤其是金融风险的防范被视为重中之重，因此，银保监会连续推出严格监管的措施（如“三三四十”等），监管问责的力度也进一步加大。如 2019 年 1 月银保监会 5 号文指出，“资金不出省、业务不出县”，对农村商业银行进行规范和指导，银行面临监管更趋严格的考验。

（4）金融科技突飞猛进，传统的银行经营模式面临巨大挑战。近几年，电子银行替代率大幅上升，以德清农商银行为例，电子银行替代率从 2016 年底的 65%上升到 2018 年底的 94%，2 年增加了 29 个百分点，柜台业务基本消失。移动支付、无人银行等新领域都在抢滩登陆、抢占市场，银行业务和产品创新能力面临考验。

面对新形势，精细化管理体系、精细化考核体系的建设刻不容缓。股份制银行的绩效考核工作已经开展约 20 年，形成较为成熟的体系；城商行、农商银行的建设速度参差不齐，江苏银行、南京银行、广州银行等城商行高度重视并已形成稳定体系，江苏、浙江、山东、陕西、山西、辽宁、内蒙古等省联社高度重视全省各行绩效考核体系建设，打造出许多管理标杆行。

众所周知，绩效考核是“指挥棒”，是“发动机”，也是战略落地的有力工具，需要与组织架构、岗位设计、员工培训、薪酬设计等相配套。当然，银行也要有前瞻性的战略规划、科学的年度计划分解。目前，大部分银行还处于粗放式绩效考核阶段，“大锅饭”现象严重，员工的积极性还没有被充分调动起来，在竞争越来越激烈的市场环境下，仅靠领导单枪匹马做业务越来越不现实。因此，近年来越来越多的银行开始重视绩效考核体系建设，一些先行先试的银行已经尝到构建精细化考核体系的甜头。例如，大丰农商银行的业绩在 2018 年取得逆市高速增长，资产质量也不断提升，资产规模、存款规模成为盐城 8 家农商银行的第一名，一些指标在全省名列前茅。这些成绩的取得，与大丰农商银行自 2012 年开始进行精细化绩效考核体系建设密切相关。

第二节　中国银行业绩效管理现状

随着利率市场化进程进入深水区，金融分工和专业化色彩被淡化，金融交易脱媒，银行业存款流失加重，迫使银行提高存款利率水平以稳定资金来源，银行业整体息差持续缩窄仍将持续，银行传统高资本消耗增长模式难以为继。互联网金融冲击加剧，新型金融业态兴起，金融业竞争格局正在重构。互联网金融对传统金融的冲击主要表现在：互联网技术在显著提升金融服务效率的同时，也改写了金融交易规则和组织形式。社会资金脱媒的态势不断加强，竞争日益激烈，竞争程度不断加剧，银行更加需要精细化管理，尤其是更加精细的绩效管理来提质增效，以增强自身竞争力。当前，全国中小银行绩效管理表现在以下六个方面。

一、绩效管理水平地区差异明显

地区经济发展水平对银行的发展与管理水平有较大的决定作用。我国东部沿海地区经济发达，在外部市场经济的倒逼下，东部沿海发达地区的中小银行发展比中西部中小银行发展要快；中部地区的中小银行发展相对于东部沿海发达地区稍滞后一些；而广大西部地区的中小银行的管理能力与发展水平则处于较低水平。

同样，东、中、西部不同地区的绩效管理水平差异也比较明显，不同地区的中小银行也因地区经济发展水平差异影响内部管理水平，从而对绩效管理起到间接的影响。东部沿海地区经济比较发达，这些地区中小银行的绩效管理水平走在同行的前列，考核重点已经由规模考核转向利润考核甚至价值考核，已经进入考核到个人的高级阶段，考核工具已经全部使用信息系统，绩效考核理念已经深入人心，已经进入绩效管理更高的阶段。中部地区经济发展水平次于东部地区，这些地区的中小银行绩效考核处于中等水平，大体表现为：考核重点依然以规模考核为主，很多中小银行已经实现垂直考核到个人，多数处于由绩效考核阶段向绩效管理过渡的阶段。西部地区经济发展水平比较滞后，这些地区的中小银行的绩效考核还处于初级水平，很多还处于原来“吃大锅饭”的状态，只对机构考核，无法考核到个人，缺乏绩效考核的理念。东、中、西部地区的绩效考核情况如表10-1所示。

表 10-1　不同地区绩效考核发展情况对比

	东　部	中　部	西　部
银行发展阶段	①对外部环境的变化带来的压力有感受，且这种压力已经传导至全行各个层级； ②对自身内部存在的问题有足够的认识； ③结合外部环境及自身实际情况，定位自身的发展战略，形成差异化竞争战略	①对外部环境的变化带来的压力有感受，且这种压力已经传导至中高层，主要是行领导及分支机构负责人、经营管理者； ②对自身内部存在的问题有足够的认识，但不够全面； ③开始尝试转型和改革，如业务转型、组织架构转型，设立事业部制，从事金融同业业务、小微业务等	①过度依赖于省联社，坐等省联社政策的指导； ②对外部环境的变化带来的压力有感受，但不是很紧迫； ③对自身内部存在的问题未有明确的认识
考核理念	深入人心	正在进行理念宣导	无考核理念
考核整体表现	回归理性，绩效考核是战略落地的有效工具	对考核给予厚望，期待高，更关注考核的有效性	盲目，不自信，更关注考核的执行力
考核重点	由规模转向利润甚至价值考核	规模考核为主	规模考核甚至无考核
考核工具	信息系统	信息系统或者手工	手工
绩效发展阶段	绩效管理	绩效考核	无绩效考核
考核主要面临的问题	①各层级绩效管理能力水平的提升； ②考核的动态性和发展性，如何快速调整考核方向，适应发展及管理需求； ③面临新的挑战和机遇，大数据、互联网，该如何抓住机遇，如何与考核有效地融合； ④考核的精细化	①缺乏工具、理念、技术； ②主要要解决考核导向的有效传导问题	①考核推行助力问题； ②预期目标未达标的现实打击

续表

	东　部	中　部	西　部
考核模式	①考核到人的高级阶段。 ②考核成为真正的“指挥棒”、战略落地的有效工具。 通过过程的考核和监控，达到战略传导的有效监控：a. 人员考核，关注过程、行为的考核；b. 关注绩效管理全过程实施；c. 结果运用更加丰富，致力于为员工打造发展平台，开始实施人力资本管理	①考核到人的中级阶段； ②以考核为突破口，推进人力资源管理及其他管理的优化，通过考核优化人力资源配置，为内部人员管理提供抓手。	①考核到人的初级阶段。 ②仅仅关注人的物质需求，即将人的积极性提升依赖于多劳多得，创造业绩水平的回报。（基于结果的考核） ③认为考核能解决所有问题，提高内部效率、控制成本等

二、职能部室考核的难题

目前，很多重视绩效考核的金融机构，实现了由总行垂直考核到个人的绩效考核方式。在激烈的外部竞争环境下，银行业已经告别了“躺着赚钱”的时代，踏上了转型之路。在农村金融机构改革的浪潮中，普遍先对前台岗位进行改革，因为这些岗位处于一线，直接与市场对接，而且其业绩更加容易量化衡量。因此，许多农村金融机构对前台实现了垂直考核到个人，但对于性质各异的中后台的绩效考核依然是绩效考核中的难题。

职能部室考核难，主要源于其工作特点：部门间工作差异大；过程性工作较多，难以监控；事务性工作较多；价值创造具有延迟性；各部门、岗位性质、职责等不同，不像前台部门工作容易量化衡量。因此，职能部室考核中主要存在如下难题：考核指标难量化；过程难监控；价值难测量；考核难精确；难以体现部门/岗位的性质差异；结果难比较；结果难运用等。事实上，调查数据显示，超过40%的农村金融机构高管表示，目前职能部门绩效考核体制不完善，影响了全行绩效考核的效果。

三、以规模与利润考核为主，人才与数据成为价值考核的短板

农村金融机构的规模普遍较小，在市场竞争中处于不利地位。因此，在激烈的竞争格局下，很多农村金融机构的绩效考核以规模考核为主，通过绩

效考核，引导行员实现规模考核的目标，从而实现整个机构的规模目标。

然而，在新常态下，部分农村金融机构的高管意识到，需要转变目前粗放的经营方式，向精细化管理模式转型。相应地，绩效考核的利润导向也开始受到重视，很多农村金融机构同时对规模与模拟利润进行考核。根据天维公司2016年的调查数据显示，目前57%的农村金融机构开始进行了FTP模拟利润考核。由于管理水平、科技水平等方面的局限性，农村金融机构目前模拟利润的考核还处于粗放的阶段，在实施FTP模拟利润的农村金融机构中，超过50%的农村金融机构只考核FTP总利润，而且超过60%的农村金融机构只能用手工进行定价。因此，农村金融机构要想更好地实施利润考核，还需要进一步完善管理工具等基础设施。调查数据显示，53.2%的农村金融机构高管表示，当前银行考核体系最急需解决的问题是从规模考核向利润和价值考核转变。

EVA作为衡量企业价值的指标系统，受到越来越多企业的青睐。价值考核具有诸多优点，它能够识别利润来源、体现资本占用，实现更加精细化的管理，但是EVA考核对管理基础条件要求非常严格，要求银行具有较高的管理水平。在国内，管理水平较高的大型银行已经率先实现了EVA考核。然而，受限于管理水平、科技力量等因素，如一些过程和行为的数据无法采集，没有支撑的工具（工作日志系统、流程银行系统等），一些金融机构难以支撑以价值为中心的考核，因此，农村金融机构的价值考核尚未得到有效实施。

价值考核实践仍处于探索期，人才和数据是制约其发展的两大主要因素。很多中小商业银行都已实施模拟利润考核，体现了其对于风险、成本的重视，但各家银行实施程度各有差异，有的还停留在机构考核，有的则运用于客户经理考核。制约这些银行模拟利润考核精细化发展的主要因素是，一是缺乏能够科学合理定价的专业性人才；二是积累的数据不完整、不全面，影响定价及利润计算的准确性和时效性。由于实施模拟利润考核还需要很长的磨合期，只有少数银行开始尝试EVA的计量和考核，且这些银行的EVA考核也仅限于机构的考核和较为初级的经济资本计量。因此，很多中小银行提出了相关人才的需求，包括大数据、风险管理、高级财务管理人才等。

随着农村金融机构转型的推进，人员素质、信息系统、基础数据储备以及其他各种配套措施的完善，将会有更多的农村金融机构具备实施 EVA 考核的条件。调查数据显示，“建立将盈利、风险以及资本管理有机地统一起来的绩效考核体系”是各农村金融机构高管重点关注的问题，其比例达到了 47.8%。农村金融机构通过 EVA 考核的实施，可以实现对风险与成本的控制，实现资本利益与股东利益的最大化。

四、以结果考核为主，重绩效评价、轻绩效沟通与辅导等过程

农村金融机构的考核以业务与产品考核为主，把绩效考核的重点放在结果评价、注重绩效评价环节，实现了“按绩取酬”的绩效考核目标。与大中型商业银行相比，农村金融机构的绩效考核改革起步晚，还处于相对低水平阶段。在其绩效考核中，重点放在绩效评价环节，通过绩效评价，衡量被考核对象的业务与产品的业绩，从而确定其绩效。

然而，农村金融机构注重结果的考核，却忽略了绩效管理的过程。调查数据显示，在绩效管理的四个阶段（计划、实施、评价、结果反馈与运用）中，农村金融机构最需要在绩效计划与绩效实施这两个阶段进行改进，其中前者的比例高达 40%，后者也达到近 25%。这表明，农村金融机构意识到绩效实施阶段的重要性，意识到绩效过程管理、绩效实施过程中辅导与沟通的重要性，绩效辅导、沟通等过程的指导意义远远大于考核结果本身。有近 50%的农村金融机构绩效管理者认为，在制订绩效计划时还面临与行员之间的沟通不到位的问题；而 53%的农村金融机构绩效管理者透露，他们所在的银行机构缺乏反馈与面谈的相关制度，这成为绩效反馈与面谈中的最主要问题。

另外，不少农商行的考核没有有效地对接年度战略与计划。考核是战略落地的工具，考核服务于战略，因此，考核要体现战略内容和战略导向。换言之，就是要根据农村金融机构的整体目标，形成各层级的绩效目标，并且组织、部门/条线、岗位各层级的目标要自上向下保持一致。在绩效计划阶段，设计绩效方案体系时，需要对农村金融机构的发展战略、年度经营发展计划进行分解，分解为部门/条线、产品、各项职能计划，再结合岗位职责、业务流程形成各个岗位的计划，这样才能使战略从顶层设计到落地运营有保

障、有目标。目前，大部分农村金融机构的年度计划行动方案不明确，且缺乏向下分解的指导思想、方法和工具。

五、配套机制不完善影响考核效果

运营配套保障的水平，直接影响绩效考核“指挥棒”效果的发挥。目前，农村金融机构在绩效考核中，把注意力放在绩效考核制度与考核系统建设上，而忽略了配套的运营体系，如组织架构与岗位设置、绩效管理专员与绩效运营制度等建设。据天维调查数据显示，近50%的银行高管认为，配套制度不健全和绩效考核体系各环节不能有效配合，成为影响绩效考核的两大因素。在绩效考核的过程中，需要同时完善配套机制，因为绩效考核不是独立存在的，只有与其他制度配套才能发挥更好的效果。执行越有力度，“绩效考核”才越有效果。

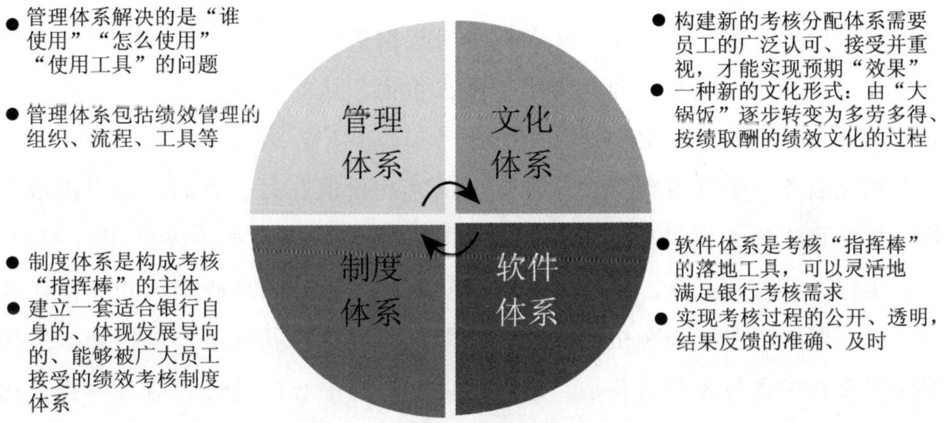

图 10-1　打造绩效考核的四个体系

根据多年来对数百家中小银行的跟踪调查发现，绝大部分农村金融机构的绩效管理能力不足，绩效管理效果不甚理想。要提高绩效管理效果，就必须首先提升绩效管理能力，要提升绩效管理能力，需要从四个体系着手（见图 10-1）。随着绩效考核改革的推进，农村金融机构需要不断完善运营配套保障体系，进一步提升其绩效管理能力。农村金融机构通过打造四个体系，完善人才管理体系、等级评定制度、晋升制度等，设立绩效考核专员、技术专员，推进以效果为导向的绩效考核改革，不断提升绩效管理的效果。

六、“以客户为中心”的考核模式探索还在路上

农村金融机构发展转型的核心就是经营战略由“以产品为中心”向“以客户为中心”转变，进入“以目标客户为中心”的阶段。为保持与扩大农村金融市场的份额，挖掘信贷市场，更好地进行普惠金融实践与打造社区银行等，不少农村金融机构意识到客户价值的重要性，纷纷建立“以客户为中心”的服务体系。在“以客户为中心”的服务体系下，对客户进行分层，有针对性地进行客户关系管理、产品创新与营销，提升客户体验，充分挖掘客户价值。在当前激烈的金融竞争形势下，建立“以客户为中心”的金融服务体系是农村金融机构发展的必由之路。

农村金融机构在“以客户为中心”的基础上，深度挖掘客户价值，提高客户对农村金融机构的价值贡献度，客户价值贡献度体现了农村金融机构与客户双方合作关系。一方面，从农村金融机构的角度出发，根据客户消费的产品和服务等来衡量客户为其贡献了多少价值，从而区分客户等级，将资源倾斜到目标客户群体，更多地关注和服务目标客户；通过细分客户群体，实现差别化服务，通过精准营销获取更多的客户价值。另一方面，客户需求多样，更注重体验，农村金融机构想获取更多利润，必然要不断地进行创新，提供更好的产品和服务，帮助客户创造更高的价值，从而吸引客户、留住客户，提高客户对农村金融机构的价值贡献度。在这种状况下，农村金融机构必须要重新构建与客户的关系，建立“以客户为中心”的经营管理体系，构建集成化、动态化的客户价值评估模型，使“以客户为中心”的考核模式真正落地。

在不同的发展阶段选择适当的客户价值模型。对于农村金融机构而言，不同的发展阶段，经营与管理的侧重点和考核侧重点不同，决定其客户价值衡量的侧重点也不同。客户价值的挖掘与农村金融机构内部管理体系、数据基础等条件有关，对农村金融机构现有的客户数据积累和信息资源管理水平有较高的要求。在不同的发展阶段，不同农村金融机构的客户关系管理的发展状况不均衡，农村金融机构可以根据实际的情况，选择适合自己的衡量客

户价值的模型（见图 10-2），运用客户价值的分析结果对客户进行细分，并通过分层营销、差异化定价、个性化服务等手段，充分挖掘现有客户资源的价值，调整客户结构，结合自身的绩效考核体系，深度挖掘不同客户群体的价值。

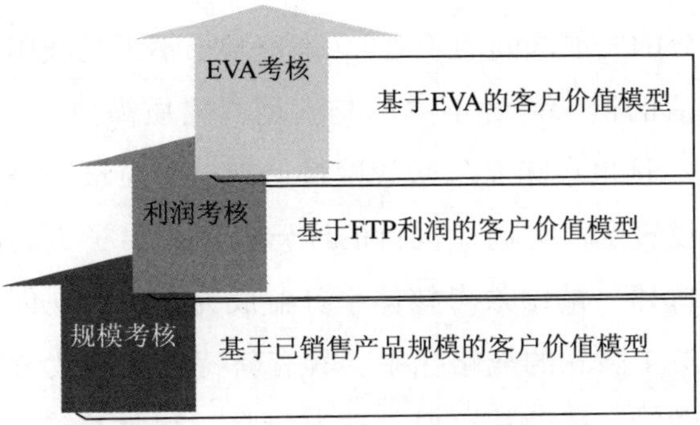

图 10-2 “以客户为中心”的考核导向

银行通过考核实现新增客户规模、加强客户黏性、深挖客户价值的经营目标。围绕这一目标，各家银行实施各种转型策略，例如，网点转型、组织架构的调整、产品的创新、业务流程的优化、专业队伍的分设等。不同的策略背景下衍生的考核需求也不同：实施网点转型的银行，考核要注重网点之间的差异化；实施组织架构调整的银行，对于事业部制，如金融市场部、网络金融部，要注意新的考核模式和需求；实施产品创新的银行，如互联网金融产品，需要通过自主研发或与第三方合作；实施业务流程优化的银行，如信贷业务实施快速审批，小微业务实施“信贷工厂”等；实施专业队伍分设的银行，如区分公司、零售客户经理，或建立大堂经理队伍，推行厅堂联动营销，这会带来交叉销售、联合营销的考核需求。在科技支撑层面，有的银行已建立大数据中心，有的银行已设有互联网营销平台，不同银行的客户的管理水平、已积累的基础数据等各有特点。整体而言，每家银行都根据自身的实际情况，探索属于自己的“以客户为中心”的战略模式和考核模式，尚未形成一套可模仿的范式。

第三节 银行绩效管理发展趋势

十九大报告提出，我国社会的主要矛盾已经从“人民日益增长的物质文化需要同落后的社会生产之间的矛盾”转化为“人民日益增长的美好生活需要和不平衡不充分的发展之间的矛盾”。高速增长不再是我国经济发展的主要目标，人民对生活的追求已经不单单是满足“物质需要”，而是升华到满足“美好生活需要”，这也意味着未来我国将追求更高质量的增长。经济目标由高速增长向高质量转变，对商业银行的经营管理提出了更高的要求。作为商业银行经营“指挥棒”的绩效考核体系日益成为银行实现创新驱动、管理增效、运营高效和员工满意的战略抓手。具有新特点的绩效考核体系为银行的经营管理注入新动能，帮助其实现“动力切换”和业务转型。当前，银行绩效管理正在发生翻天覆地的变化，有以下 8 个方面的趋势。

一、考核核心：从实现利润提升到实现价值提升

绩效考核不仅是银行对一定阶段经营管理状况、战略执行结果的检验和价值判断，同时其制度设计也反映了银行在特定时期的经营发展理念。现代商业银行经历了一个从追求规模的粗放型经营向重视平衡风险与利润、重视质量效益的集约型模式转变的过程，逐步树立了银行价值最大化的现代经营理念。因此，其绩效考核体系总体上也呈现了从过去的“以利润最大化为核心”的盈利能力考核，逐步转变为“以价值管理为核心”的综合效益考核。

以利润为核心的绩效考核，核心任务是规模的扩张或既定规模下的利润最大化，从投入/产出角度分析，主要实现对产出水平的结果考核；以管理价值为指向的绩效考核，其核心任务是在合理运用资本的基础上，通过调整各部门、各业务、产品、客户等内部结构的投入/产出关系，实现整体的价值最大化。显然，新的绩效考核体系相比传统模式，无论是在管理内容还是管理环节方面都要复杂很多，在考核产出、结果、财务指标、短期绩效的同时，还要考核投入、过程、非财务指标，兼顾长期战略。因此，新的绩效考核体系已成为银行实施发展战略、规范内部管理、实现良好业绩和可持续发展的

核心动力机制。

经济资本作为当今国际银行业的风险管理与价值创造的重要工具，正受到国内商业银行的重视，各家银行的改革与转型无不将经济资本理论的引入和实务运作作为改革的一项核心工作。经济资本能够以推测的数值直观且比较准确地反映银行承担风险和覆盖风险的能力，能够通过经济增加值（EVA）以及风险调整资本回报率（RAROC）等量化指标反映银行不同机构部门、不同业务、不同产品、不同客户的价值创造能力。因此，经济资本不仅是银行科学风险管理体系的基础，更在绩效评估和考核体系中发挥着核心作用。在经营难度不断加大、利润不断被压缩的背景下，银行规模扩张的外延式发展模式难以持续，开始向“价值增值”“内涵提升”的发展模式转型。目前，各家银行变“单一盈利”为“多元盈利”，重点发展资本消耗低、风险敞口小的业务，更加重视对业务经济资本的衡量，逐步引入经济资本的风险管理机制和绩效机制，实施以经济资本为核心的考核理念，通过建立以经济增加值（EVA）和风险调整资本回报率（RAROC）为核心指标的绩效考核体系，提升经营管理水平，达到防范风险与提高收益水平的目的。随着银行 FTP 系统、管理会计系统、成本分摊、资产负债管理等系统的逐步建立和完善，资金成本、运营成本、风险成本以及资本成本的计量日趋精准，为实现“以价值为核心”的绩效考核夯实数据技术基础。

绩效考核核心向实现价值提升转变，也要求在绩效考核运用中按价值进行分配，即从按业绩数量分配向按价值分配转变。按价值分配不仅摆脱了按劳分配的“大锅饭”现象，而且按价值贡献的大小进行绩效资源分配，例如，营销同样的存款 100 万元，活期和定期两种业务在一年内对银行的价值贡献是不等同的。从成本角度看，付出的利息成本有差异。如果简单按劳动数量、按规模来兑现考核时，分配的绩效工资是一样的。但是按照价值贡献来看，分配的绩效工资却不同。因此，很多银行推行低成本存款、低资本消耗的业务的考核，按效益、经济利润来分配资源。另外，按价值分配要求绩效考核考虑岗位价值、岗位评价与人员素质的匹配，确定不同岗位的相对价值对银行不同的贡献度，如岗位之间的劳动质量差别、责任差别、贡献差别等。

二、考核导向：从“以产品为中心”转向“以客户为中心”

“以产品为中心”的绩效考核导向，针对各项产品任务指标的完成情况来界定支行、营销部门、客户经理的营销业绩，直接通过业绩计价产品来获取个人利益。这种模式简单易行，在一定程度上可以调动员工营销产品的积极性，实现由“发工资”到“挣工资”的转变，对银行产品销售起到很好的促进作用。但这类考核导向也存在一些问题：第一，考核结果无法反映对既定客户需求的深度挖掘。客户经理的营销思路是由产品到客户，只注重推销产品，为营销产品找客户，而并不关心产品是否适应客户的需求。第二，对客户关系的维护等无具体要求，导致客户经理只为营销产品找客户，只重视任务的完成，而不重视客户关系维护。第三，缺少对客户经理的客户服务质量考核。第四，重视新客户营销，忽视老客户维护。增量业绩往往比存量业绩要高，一些客户经理将业务拓展的重点放在营销新客户、完成量化任务指标上，而对于如何维护好现有客户、如何构建和培养银企长期合作的良好关系缺乏考虑，“以客户为核心”的服务理念还只停留在口头上，没有落地执行。

客户是银行发展的源动力，客户资源日益成为商业银行获得成功的关键性因素。在激烈竞争的环境下如何充分利用自身有限的资源，去发现、吸引和留住更多的客户，为其提供优质、便捷的服务，提高客户满意度，维持客户的忠诚度，建立稳定、长期的客户关系是商业银行在激烈的市场竞争中获胜的重要砝码。为了提升核心竞争力，商业银行的经营理念和管理方式开始逐步转变，银行的经营战略由“以产品为中心”向“以客户为中心”转变，并将进入“以目标客户为中心”的阶段。

“以客户价值为导向”的绩效管理是银行“以客户为中心”战略思维的基础，它改变了传统的“以产品为中心”的绩效考核理念，准确定位考核者和被考核者，在考核过程中强化客户价值意识，聚焦客户价值，满足客户需求，改善客户体验，最终提高银行客户的整体价值创造能力。客户价值贡献度体现了银行与客户双方合作关系；同时，客户需求的多样性，对银行自身产品创新、服务质量等提出新要求。银行要想获取更多的利润，必然要为客户创造更高的价值，从而提高客户对银行的价值贡献。在这种状况下，银行应增强客户主导意识，重塑客户关系，构建新的经营管理体系，通过建立集成化、动态化的客户价值评估模型，将“以客户为中心”的理念真正落到实处。客户价值可分为历史价值、当前价值和潜在价值。当银行客户的历史数据不完整，或者对客户的未来消费行为预测条件不成熟等情况下，可以先考虑只以客户当前价值作为客户等级划分的标准，这在银行的实践中更具有操作性。衡量客户当前价值的方法主要有基于已销售产品的规模、FTP 模拟利润的贡献度、经济增加值的价值贡献度三种，银行可以根据实际需要采用一种或几种相结合的方法对客户价值进行计算。

三、考核模式：从条线考核+层级考核到岗位考核

银行绩效考核中，需要处理“总行—支行—员工”三个层次的管理问题。“条线”是指业务条线考核，“层级”是指岗位的级别，比如总行一般人员、总行部门总经理、支行内部员工等。条线考核一般针对支行人员，“条”的考核一般体现在各条线根据本条线的业务特点、任务目标进行业绩提成和综合管理等方面的考核。层级考核一般针对总行一般员工，对其考核一般采用各个维度的定性评价。

虽然条线考核与层级考核为行员提供了一个总体任务目标以及对应的总体价值，但是也存在无法体现岗位价值、岗位激励和约束不平衡、人员配置不合理问题，因此，岗位考核是解决这些问题的有效途径。

首先，在相对粗放的条线考核与层级考核中，对岗位的价值评估是模糊的。企业通过业务来体现价值，而在业务流程中，需要各个层次的岗位发挥对应作用来实现业务价值。因此，如果只进行条线考核和层级考核，往往会忽略岗位的价值。简单地说，可能会存在同酬不同工的情况，绩效结果与岗位价值可能会产生偏差。

其次，绩效考核需要考虑平衡激励与约束，而在条线考核与层级考核中，无法更好地有针对性地对岗位进行激励和约束。因为在一条业务线或同一层次的岗位中，员工需要完成的任务不同，如果没有针对岗位的激励和约束，往往无法让员工在绩效行为上对应绩效目标。

再次，条线考核与层级考核有可能无法识别岗位所需的人员能力，从而

导致在人员编制中出现人力资源不匹配的情况。如果只停留在条线考核以及层级考核的层面上，往往会出现员工与岗位不匹配现象。因此，银行需要明确条线上以及各个层级上各个岗位的职责明细，以及在业务流程中的任务，以确定各个岗位的价值，针对性地对各个岗位进行考核，体现员工个人劳动的价值。另外，对于岗位的人员安排，管理者应有针对性地进行资源配置。

四、考核内容：从重结果到“结果+过程+行为”考核“三合一”

银行业正在告别“跑马圈地”时代的粗放式经营，“重结果、轻过程”的管理模式亟须转变。随着流程银行的建设、业务流程的改造、组织架构的优化、全行岗位的定位及梳理等工作的完成，通过精细化管理寻求效益成为国内银行的共识。除了注重业绩结果外，银行更重视和加强绩效过程考核以及行为考核，在传统打分的基础上，借助移动互联网手段解决数据获取难、管理难的问题。如通过对客户经理的过程管理及行为管理，按照“固化营销行为与营销技巧——提供标准化的产品、流程支持——行为考核与结果激励——确保员工营销行为执行——业绩产生——得薪率提高——积极性提高”的发展过程，解决在经济下行期银行员工的薪率低和员工积极性不高等问题。

在总行职能部室员工的考核中，引入 KOI、KBI 等指标，对取得高绩效的关键工作任务、关键流程点，以及员工在工作过程中体现的关键行为、能力和工作态度等关键成功因素进行考核，有效地弥补 KPI 管理的不足，引导员工采取正确的关键行动以达成绩效目标，使银行的过程管理和行为管理真正步入量化和标准化管理的时代，在体现以人为本的企业文化的同时，也为银行的可持续发展夯实基础。

五、考核反馈：从单向沟通到绩效对话与辅导

从绩效考核到绩效管理的转变，需要重点关注绩效实施过程中的绩效对话与辅导，关注人才发展，让各级机构以及员工积极参与，通过绩效双向沟通反馈、辅导，提升员工能力。根据天维对支行行长的调查数据显示（见图10-3），超过50%以上的支行行长更加关注自己的绩效差距及原因，并期待上级能够为其改进提供帮助；支行行长最为关心的是自己的绩效差距及原因

（28%）以及绩效的改进措施（26%）；而较少支行行长选择的是下个周期的绩效目标（9%）。与总/分行给的支持不同，上级的反馈对支行行长的帮助是具体的。在此基础上，支行行长更加倾向于了解自己绩效的差距和原因，以及如何进行改进。

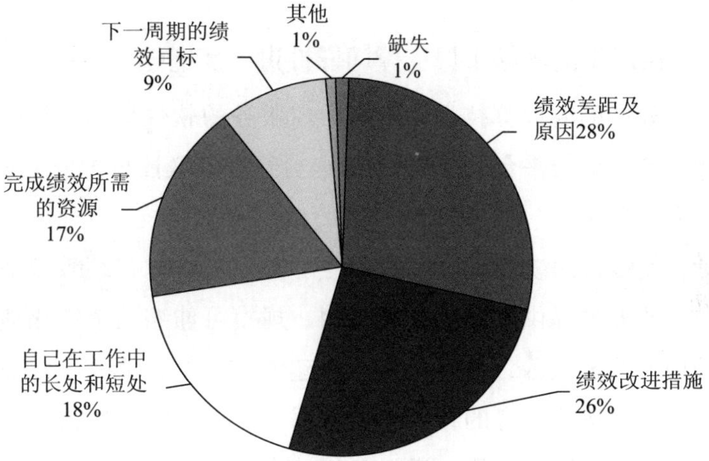

图 10-3　上级的反馈期望

目前，一些银行正在探索更加灵活、敏捷与及时反馈的绩效管理运营方式，采取多形式、多层次，如下沉基层开展绩效计划沟通会、每天业绩查询、月度绩效汇总报告、季度绩效分析会等手段，增加管理者与员工在绩效对话中的互动频率和持续性绩效辅导，使绩效管理与日常运营联系起来。持续对话、辅导和反馈，侧重员工能力的持续发展，可以帮助管理者进行及时的监督与控制，提升员工的业绩，有效监控员工个人与组织发展方向的一致性。

六、考核系统："大智移云"下的绩效考核系统

大数据、人工智能、移动互联网、云计算等新技术正深刻地改变着社会，并将继续改变金融的实现方式。"大智移云"时代的技术将会对绩效管理未来的工作流程、组织、信息系统乃至绩效管理的整体运作模式产生巨大的影响。"大智移云"推动着银行绩效考核管理工具全新升级。

（一）移动化为绩效考核乃至管理创造了更多的可能

绩效考核移动化使绩效管理突破时空，管理者和业务人员可以通过移动终端掌握客户动态，实现业绩查询、客户营销预约等业务的移动操作及远程处理，突破办公场所、上网条件等限制，使绩效考核业务操作和管理随时随地、触手可及。

（二）云技术下的考核工具支撑可靠性进一步增强

绩效云服务借助云计算技术，采用面向服务的软件架构（SOA）建设先进的绩效管理“绩效云平台”，满足总行与分行、省联社与各个法人机构绩效管理需求差异化的问题，真正实现“总行统一平台，支持分行差异化服务”的建设目标，使银行的绩效管理水平迈上一个新的台阶。“绩效云平台”的目标是以低成本的方式提供高可靠、高可用、规模可伸缩的个性化绩效管理服务。总行采用公共云服务，各行社无须自建考核系统，绩效云服务将实现按需使用。银行可以按照自身的特点和业务需求，选择自己所需的考核功能模块，进行弹性配置，即选即用，满足各行社个性化需求，极大地提高绩效管理的效率。

（三）大数据挖掘下的绩效分析，使绩效管理更为科学

绩效大数据基于数据并用数据说话和决策成为可能，管理决策所依赖的将更多的是数据而不是经验，使管理决策更具客观性和科学性。绩效管理是银行经营管理的关键环节，大数据的出现使绩效管理不再局限于传统的人力资源方面的数据，还涉及银行的销售、产品、客户、财务、风险等方面数据的延伸和渗透，也涉及工作流程、过程与行为事件、社交互动等数据。基于大数据技术，对所有财务数据、非财务数据、结构化数据、非结构化数据等进行深度的挖掘与管理，为管理者提供决策支持。绩效管理大数据模式下的思路不单是传统的绩效分析，还包括数据的分析、挖掘、建模、训练、验证、管理改进等一系列的活动。例如，可以将银行历史上每个员工的个人特征、行为、工作态度、过程、方法、结果等大数据，通过数据的挖掘找到与高绩效员工相关的典型特征，应用到招聘和人员培训等方面，让银行的每一个员工都能够持续产生高绩效。通过分析员工在处理业务流程各环节的中间数据

和结果数据，发现流程中的制约因素，找到提高流程效率、降低成本的关键点，从而优化流程，提高员工工作效率。

通过对各种绩效大数据的分析应用，使绩效管理更为智能化，进一步帮助管理者分析海量数据，进行决策。例如，通过大量数据的积累和深度的学习能力，监测员工绩效管理的全过程，实现智能化动态绩效评价，为管理者提供信息以利于快速分析和决策，发现问题并帮助员工明晰绩效差距和改进，做到“科学决策、优化运营和快速反应”。

（四）人工智能提高绩效考核效率，为银行转型升级服务

基础层的云计算、大数据等因素的成熟促进了人工智能的进步，深度学习促进算法上的突破则带来人工智能浪潮，使复杂任务分类的准确率大幅度提升，从而推动了计算机视觉、机器学习、自然语言处理、机器人技术、语音识别技术的快速发展。

基于深度学习的人工智能技术让图像识别渐渐走向成熟，加速人脸识别在金融领域的应用，摄像头的 OCR 技术识别银行卡和身份证号码及文字的功能，极大减轻了业绩预约的烦琐程度，提高了输入正确率。绩效考核依托大数据平台技术，采用语音识别对银行机构海量语音内容进行识别，可以在最短时间内了解不同业务的话务结构，从而降低客户投诉、流失、话务异常等问题，并预测业务热点趋势，发现潜在客户，利用数据为业务全流程带来新活力。

在移动绩效考核 App 中结合机器人技术，打造行员专属绩效考核管家，进行语音互动交流，根据客户知识库内容进行标准业务讲解和解答，可以有效地处理业务办理中的困难，提高客户满意度。同时，通过前端更精准的客户数据采集，开展更好的营销工作。此外，增强银行服务的科技创新感和服务新体验，为银行服务的转型升级注入全新的动力。“大智移云”相互关联、相互依赖，推动银行绩效管理进入全新阶段，踏上新台阶。

七、考核低碳化：绿色绩效考核

“绿色绩效考核”概念的提出源于两个方面，一是银行业务的绿色化，即

绿色信贷或绿色金融；另一个是银行作为经营机构，提倡走可持续化发展之路，并在此基础上提出了“绿色人力资源管理”理念。

近年来，“绿色金融”越来越受到国内众多金融机构，特别是银行的重视，发展绿色金融是银行业可持续发展的必然选择。目前，越来越多的商业银行加快推进绿色化进程，并成为绿色投资的主要融资渠道，通过绿色信贷、绿色债券、绿色发展基金、碳金融等方式防范经营风险，寻找新的利润增长点。在2016年中国主办的G20峰会上，将绿色金融列为议题。2016年1月，浦发银行与兴业银行在银行市场以低于同期金融债成本获得超额2倍的认购，启动了中国绿色债券的元年。目前，我国绿色金融实践主要仍以传统绿色信贷为主，2016年上半年，21家主要银行的绿色信贷余额达7.26万亿元，占各项贷款的9%。出于融资成本低、优惠风险权重考虑，越来越多的银行将执行绿色标准和规则，推动银行加快信贷结构调整，加快退出“两高一剩”行业，扩大在新兴绿色环保领域的布局，这将是今后一段时间的发展趋势。

绿色绩效考核首先要求银行树立资本约束和价值最大化理念，突出经济资本在绩效管理中的作用。在经营难度不断加大、利润不断缩窄的背景下，各家银行都更加重视对业务经济资本的衡量。

其次是考核权重向绿色信贷业务倾斜，引导信贷业务转型。银行等金融机构用优惠的信贷资金支持低耗能、低污染行业，借助高利率、控规模、严准入等手段限制高污染、高耗能产业融资等。在经济结构调整、产能优化的大背景下，钢铁、水泥等高污染、高能耗产业调整加快，行业风险积聚，不良率持续攀升。支持环境改善、应对气候变化和资源节约高效利用的经济活动，即提倡为环保、节能、清洁能源、绿色交通、绿色建筑等领域的项目投融资、项目运营、风险管理等提供金融服务。绿色融资成本较低、绿色放款的风险相对较低，银行可通过绩效考核向绿色信贷倾斜，提高绿色信贷绩效权重，激励行员多做绿色信贷业务，强化环境风险对信贷风险的压力测试，鼓励绿色信贷产品创新，积极参与碳金融市场，规避环境风险压力。

再次，绩效考核要强化银行自身可持续发展能力。绿色绩效考核强调以人为本，关注员工成长，促进企业发展。明确每个员工的职责，以此设计人力资源的工作绩效考核方案和工具，并对企业所有员工进行定期考核。根据绩效考核结果，设计工资福利及奖金发放方案和工具。强调个人努力与团结协作的统一性，工作报酬和工作奖惩的统一性，员工个人命运与公司命运一体化；又强调现实的工作表现，定量评价与定性分析相结合，业绩考核与工资待遇、奖惩相互依存。考核是人事决策的客观依据，待遇奖惩是考核的结果。过去，银行考核过于看重员工的工作业绩，而忽视了员工的行为业绩，对人性的把握、潜力的挖掘不足。在绿色人力资源体系中，尤为关注二维度综合测评。所谓二维度综合测评，是指综合员工的行为与品质、工作绩效考核机制，量化考核区域及分值，为员工的报酬、晋升、调配、培训、激励、辞退和职业生涯管理等工作提供科学依据的管理方法。坚持以二维度考核为导向的人力资源创新，不仅强调结果导向，更重要的是强化公司的荣誉，逐步实施机制创新、过程创新、策略创新和激励创新。建立企业文化的激励机制与绩效考核体系的另一个重要目的就是利用其评价和反馈功能，运用 KPI 考核体系衡量公司各个业务单元的经营结果，并与公司成员的薪资直接挂钩，明确提倡的优秀员工行为和反对的高压线行为，引导员工不断改善自己的行为，大力弘扬企业文化，促进员工的职业生涯发展。

八、考核理念：由评估型考核逐步向发展型考核转变

评估型绩效考核是对过去业绩、精准目的的评价，考核硬性指标；而发展型绩效考核加入更多过程指标和软性指标，如价值文化、技能水平与态度责任心，目的是对员工发展进行评价，体现考核的人性化。评估型绩效考核向发展型绩效考核的转变，体现了企业文化愿景与可持续发展要求的变化，也体现了现代组织的工作性质的变化。未来，将会有越来越多的农商行把组织的战略、价值、文化与愿景等融入考核体系。

长期以来，以财务指标衡量银行绩效一直是主导银行绩效评估的主流理念。这种绩效评估理念主要有以下特点：第一，在评估指标方面，重视财务评估指标，忽视非财务指标的评估。第二，在评估对象方面，把员工视为被动的被监控对象。第三，在评估类型方面，重视短期的财务结果，忽视长远的战略结果，因此，也被称为以结果为导向的终结性绩效评估。第四，在理论基础方面，主要以“X 理论”为基础，较适合于相对稳定的企业经营环境，

适用企业发展早期阶段的绩效评估。第五，在其影响结果方面，可能使许多高层管理者为满足短期的“财务”业绩而推迟或放弃长期的发展投资。总之，财务指标是静态的、滞后的，因而难以从财务指标中及时看到企业战略管理的绩效。因此，在当今变革的时代，企业迫切需要构建新型绩效评估体系，以更全面客观地评估企业的绩效，并且要适应时代的要求，进而推进企业的变革与发展，以实现企业战略目标。

发展型绩效评估的关键是管理者和员工共同探讨如何提高绩效水平，促进员工和企业共同发展。发展型绩效评估就是要把注意力从“评估过去”的绩效转移到探讨员工职业发展的层面。在发展型绩效评估过程中，管理者和员工共同探讨当前和未来的发展目标，为实现这些目标制订计划，进行职业规划。这些计划将为员工提高能力、胜任本职工作发挥作用，最终促进员工职业能力的发展。

注重软性评估指标，态度考核成为有效补充。在绩效评估设计中，要“整合‘硬性’‘软性’指标，使组织的‘骨骼’和‘血肉’重新相连”，以帮助组织实现多维目标。“软性”评估指标包括四个方面：一是在指标的目的或功能上，强调指标体系对组织和员工发展的促进价值，即把软性指标体系的建立视为促进员工发展的途径。二是在内容上，包括组织文化、员工的态度、责任、职业能力和技能等软性指标。三是在指标体系的特征上，注重指标体系的动态性。四是在指标体系的构成要素方面，重视指标体系的层级性。所谓层级性是指根据员工的成熟程度、发展水平，分层级制定指标体系，不同发展水平的员工有不同的层级标准；同时，各层级（高中低层级）之间的指标要相互衔接，并对各层级员工的发展具有引导作用。

从绩效管理的角度来讲，态度考核是员工能力转化为业绩的中介，一个人才即使再有能力，如果他没有良好的工作态度和敬业精神，也无法取得好的绩效。目前，大部分企业绩效管理体系还不完善，经营和运营数据还没有形成系统，更谈不上大数据挖掘，所以量化指标的提取会遇到一些阻碍。这个时候辅助一些行为态度考核势在必行，一方面，这样做可以提高主观考核的权重，让中高级经理人更愿意加入绩效管理活动中；另一方面，企业可以把纪律规范等其他机制和政策进行捆绑管理，提高整体人力资源管理效能。

将企业文化与绩效管理有机结合起来，从考核员工“固定”的工作成果转向关注员工的行为表现。把绩效管理作为一个持续性的管理活动，而不是一年一次的“事件”。从世界500强公司的考核中可以看出，如GE公司，其考核内容分为工作业绩和成长性价值；目前，浙江的一些农商行已经引入态度考核内容，考核权重达到30%。

综上所述，在我国经济发展方式转型的大背景下，银行所面临的内外部环境日益复杂，传统的银行经营管理模式难以为继，精细化管理成为银行转型升级的必然选择。绩效管理作为银行管理的重要抓手，必然随着银行发展模式、经营模式的改变而不断地发展。

参考文献

［1］蔡则祥．商业银行业务经营与管理［M］．北京：高等教育出版社，2015：8-39.

［2］曹雁，吴英策．企业绩效考评方法的选择研究［C］．国际人力资源开发研究会第六届亚洲年会，2007.

［3］曹涌涛，王建萍．论商业银行的社会责任［J］．金融论坛，2008，13（7）：53-58.

［4］常宏．我国商业银行支行营业网点转型研究［J］．时代金融，2018（5）：100-101.

［5］常越，杨栋．基于生物学隐喻的企业 EVA 实施模式及决策模型构建［J］．中国人力资源开发，2013（11）：53-57.

［6］陈华，朱卫忠．基层商业银行员工行为的管控现状、原因及对策［J］．中国集体经济，2014（21）：105-106.

［7］陈欢件．J 银行 Z 分行等级行评价体系改进研究［D］．杭州：浙江大学，2008.

［8］陈丽娜，刘燕．国有商业银行绩效评价的非财务指标评价体系研究［J］．经济体制改革，2008（4）：178-180.

［9］陈武．商业银行绩效管理理论与实践［M］．成都：西南财经大学出版社，2016.

［10］陈云．域外商业银行的未来绩效［J］．杭州金融研修学院学报，2009（12）：46-47.

［11］程延园．绩效管理经典案例解析与操作实务全书［M］．1 版．北京：中国经济出版社，2011.

［12］池国华，邹威．基于 EVA 的价值管理整合框架［J］．会计研究，2015（12）：38-44.

［13］戴雨欣．人力资源管理中绩效考核的问题与建议［J/OL］．中国商论，2019（1）：111-112.

［14］戴豫升，朱艺云．客户经理 EVA 考核应用研究——以邮储银行 A 支行为例［J］．武汉金融，2017（7）：58-62.

［15］邓凯成．资本约束下的银行经济资本管理与经营转型［D］．北京：中央财经大学，2008.

［16］邓利勇．对商业银行客户经理绩效考核优化的思考［J］．商，2015（2）：54.

［17］段良杰．国内股份制商业银行综合柜员胜任力特征模型研究［D］．南京：南京师范大学，2012.

［18］方五一．对中小银行分支行组织架构优化设置初探［J］．上海金融，2015（7）：101-106.

［19］方振邦，鲍春雷．绩效管理工具的发展演变［J］．理论界，2010（4）：204-206.

［20］高蕾．绩效考核理论与方法研究的文献综述［J］．中国乡镇企业会计，2012（4）：228-229.

［21］耿学辉．商业银行绩效管理研究［D］．青岛：青岛大学，2017.

［22］耿玉璧，夏咏．西部区域中心城市商业银行价值创造能力研究——基于 EVA 考核方法［J］．区域金融研究，2016（6）：45-49.

［23］侯丽．商业银行绩效管理系统设计研究［D］．杭州：浙江大学，2014.

［24］黄柸莹．当前我国公司价值管理方法应用现状及对策研究［J］．时代金融，2014（541）：184.

［25］黄宪代，军勋，赵征．银行管理学［M］．武汉：武汉大学出版社，2011：47-61.

［26］黄之光，纪尚伯，胡毅，等．私人银行商业模式分析模型——ZS 银行私人银行案例研究［J］．管理评论，2018，30（10）：295-304.

［27］兰日旭．近代中国银行业资金运作变迁及其绩效探析［J］．福建师

范大学学报（哲学社会科学版），2007（3）：68-72.

［28］兰日旭．中国金融现代化之路——以近代中国商业银行盈利性分析为中心［M］．北京：商务印书馆，2005：72-73.

［29］兰日旭．中国近代银行制度变迁及其绩效研究［M］．北京：中国人民大学出版社，2013.

［30］兰日旭．中国近代银行制度变迁特征探析——以银行制度结构为中心［J］．兰州学刊，2013（5）：47-51.

［31］黎佳，吴文嘉．商业银行客户经理绩效考核制浅析——以建设银行A支行为例［J］．现代营销（下旬刊），2018（1）：176-177.

［32］黎万刚．对商业银行绩效考评的研究与思考［J］．财会学习，2018（26）：205-206.

［33］李春燕，常允艳，徐健．浅析美国和日本绩效管理带给我们的启示［J］．科技资讯，2011（10）：181.

［34］李峰．广西国有商业银行综合柜员激励研究［D］．南宁：广西大学，2012.

［35］李乐．我国商业银行绩效管理探析［D］．呼和浩特：内蒙古大学，2011.

［36］李磊，刘长有，郭隆玉．知识型员工绩效考核体系设计［J］．全国流通经济，2018（32）：50-51.

［37］李莉．EVA价值管理评价体系应用探讨［D］．上海：复旦大学，2008.

［38］李岷韩．成都银行金融营销策略分析［J］．中国商论，2018（33）：44-45.

［39］李鑫，孙千洲．基于工作流程的企业职能部门精细化考核［J］．中国人力资源开发，2013（19）：54-60.

［40］林建华．农村商业银行整合BSC评价体系的构建与应用——以A农商银行为例［J］．中国人力资源开发，2015（8）.

［41］林文杰．EVA价值管理体系及在我国商业银行的应用［D］．武汉：华中科技大学，2012.

［42］罗明鸣．国内商业银行绩效管理研究述评［D］．北京：中国人民大学，2008.

［43］吕巍，阮红．银行零售客户价值提升与管理［M］．北京：人民邮电出版社，2007.

［44］马君．企业绩效考评系统内在设计机理研究［D］．成都：西南财经大学，2008.

［45］缪洋，牛聪．基于流程银行视角的中国商业银行组织架构变革探析［J］．商业银行经营与管理，2016（327）：29-32.

［46］彭剑锋．人力资源管理概论［M］．上海：复旦大学出版社，2011：358.

［47］彭莹，杨静，奚振斐．基于 EVA 的商业银行绩效评价研究［J］．西安金融，2006（7）：31-33.

［48］乔元博．中小型国有商业银行人力资源管理绩效研究［D］．武汉：华中农业大学，2013.

［49］屈家晖．基于胜任力模型 X 银行中层管理者绩效考核研究［D］．大连：大连海事大学，2014.

［50］任浩，刘石兰．基于战略的组织结构设计［J］．科学学与科学技术管理，2005，26（8）：123-126.

［51］任雪莹．我国农村商业银行绩效考核问题探究［J］．经贸实践，2018（15）：160-162.

［52］师广华，邱超．职能部门绩效管理过程中的问题及建议［J］．中国市场，2015（43）：96-97.

［53］孙智．日本银行如何对分支行进行绩效考核［J］．银行家，2004（2）：98-102.

［54］佟立杰．商业银行绩效评价研究［D］．天津：天津财经大学，2015.

［55］王吉妮．商业银行分支机构绩效评价体系相关问题探析［D］．上海：上海交通大学，2008.

［56］王金辉．我国城市商业银行绩效管理研究［D］．北京：对外经济贸

易大学，2015.

［57］王盛会.28大部门绩效考核指标设计全案［M］. 北京：人民邮电出版社，2014.

［58］王思慧，郑蔚. 日本绩效工资改革问题分析［J］. 现代日本经济，2013（1）：71-78.

［59］王思慧. 从年功工资到绩效工资——日本工资制度的变迁［J］. 日本研究论集，2008：167-179.

［60］王喆. 完善我国银行绩效管理机制的几点思考［J］. 中国商论，2018（29）：41-42.

［61］吴瑞亭. 商业银行经济资本管理探析［J］. 现代商业，2016（27）：188-189.

［62］吴威. 日本银行业重组与金融稳定性：演进过程与绩效分析［D］. 天津：南开大学，2007.

［63］许斌. 第一家外资银行的兴衰成败［J］. 中国城市金融，2011（3）：74-75.

［64］许学军. 商业银行绩效考核实务［M］. 上海：上海财经大学出版社，2006.

［65］许学军. 商业银行绩效考核务实［M］. 上海：上海财经大学出版，2006.

［66］杨畅，曹志强. 管理=绩效管理［J］. 中国水运（学术版），2007，7（1）：171-172.

［67］易棉阳，姚会元.1980年以来的中国近代银行史研究综述［J］. 近代史研究，2005（3）：252-282.

［68］殷鹏飞. 转型时期商业银行网点等级管理探析［J］. 金融理论与实践，2009（2）：55-57.

［69］用友银行客户事业部. 银行全面绩效管理：中国式世界级的银行管理解决方案［M］. 北京：企业管理出版社，2011.

［70］张登印，李颖，肖艳. 商业银行绩效考核量化大全［M］. 北京：人民邮电出版社，2013.

［71］张虎婴．历史的轨迹：中国金融发展小史［M］．北京：中国金融出版社，2005：55.

［72］张宁．从欧洲银行业的现状看西方银行业的发展趋势［J］．国际金融研究，1992（1）：35-39.

［73］赵曙明，武博．美、日、德、韩人力资源管理发展与模式比较研究［J］．外国经济与管理，2002，24（11）：31-36.

［74］郑楚华，李炜兴．国外企业绩效考核研究综述［J］．中小企业管理与科技（上旬刊），2014（6）：16-16.

［75］中国银行经济研究室．全国银行年鉴［M］．上海：汉文正楷印书局，1937：7-8.

［76］周静仪．国外优秀银行绩效考核的经验及对我国的启示［J］．广东广播电视大学学报，2008，17（4）：52-55.

［77］周俊．美国银行发展史［Z］．华泰联合证券，2011.

［78］周萍．商业银行绩效管理研究［D］．武汉：武汉理工大学，2006.

［79］周云飞．基于PDCA循环的政府绩效管理流程模式研究［J］．情报杂志，2009，28（10）：72-75.

［80］朱怡．美国银行的早期发展史初探［D］．上海：华东政法大学，2007.

［81］庄毓敏．商业银行业务与经营［M］．北京：中国人民大学出版社，2014：254.

［82］［美］彼得·德鲁克．管理的实践［M］．齐若兰，译．北京：机械工业出版社，2005.

［83］［美］罗伯特·卡普兰，大卫·诺顿．平衡计分卡——化战略为行动［M］．刘俊勇，等，译．广州：广东经济出版社，2004.

［84］［美］罗伯特·卡普兰，大卫·诺顿．战略地图——化无形资产为有形成果［M］．刘俊勇，等，译．广州：广东经济出版社，2004.